融合型·新形态教材
复旦社云平台 fudanyun.cn

健康养老专业系列教材

U0731037

养老机构
智慧运营与管理

主　审　黄岩松

主　编　潘国庆　刘隽铭　彭　婷

副主编　石　磊　李光耀　杨　鹏　雷　雨　王　程

复旦大学 出版社

本书编委（按姓氏音序排列）

曹文婷（岳阳职业技术学院）

杜素芝（海南科技职业大学）

何比琪（长沙民政职业技术学院）

侯帅杰（乌鲁木齐职业大学）

蒋雯音（宁波卫生职业技术学院）

金秉康（北京劳动保障职业学院）

雷　雨（重庆城市管理职业学院）

雷志华（长沙民政职业技术学院）

李　乐（岳阳职业技术学院）

李光耀（云南外事外语职业学院）

李水平（北京椿萱茂北苑养老服务有限公司）

梁君峰（湖南翊养咨询管理有限公司）

刘　威（承德应用技术职业学院）

刘隽铭（长沙民政职业技术学院）

刘书函（上海开放大学）

罗清平（长沙民政职业技术学院）

罗英楠（杭州暖心窝科技产业发展有限公司）

潘国庆（长沙民政职业技术学院）

彭　婷（长沙民政职业技术学院）

商琳琳（聊城职业技术学院）

石　磊（长沙友龄咨询有限公司）

寿永静（沧州职业技术学院）

王　程（杭州暖心窝科技产业发展有限公司）

吴　狄（广西工业职业技术学院）

熊　薇（岳阳职业技术学院）

杨　鹏（益阳医学高等专科学校）

杨思琦（红河卫生职业学院）

张　乐（湖南中医药高等专科学校）

张　洋（川南幼儿师范高等专科学校）

朱　静（丽江文化旅游学院）

健康养老专业系列教材编委会

前 言

Preface

随着我国人口老龄化程度的不断加深,老年人口规模持续扩大,养老服务需求急剧增长,养老行业正面临着前所未有的机遇与挑战。根据国家统计局2025年1月17日发布的数据,截至2024年末,我国60岁及以上人口达到31 031万人,首次突破3亿人,占全国总人口的22.0%。这一数据表明,我国人口老龄化已进入加速发展阶段,老龄化进程进一步深化。

养老机构作为养老服务体系的重要组成部分,其运营管理水平直接关系到养老服务的质量和老年人的生活品质。近年来,信息技术飞速发展,大数据、人工智能、物联网等新兴技术逐渐渗透到养老行业各个领域,为养老机构的运营管理带来了新的变革思路,智慧化运营已然成为养老机构发展的必然趋势。通过智慧化手段,养老机构能够实现对老年人健康状况的实时监测、服务流程的优化、资源配置的高效化以及管理决策的科学化,从而提升服务质量、降低运营成本、增强市场竞争力,更好地满足老年人日益多样化、个性化的养老服务需求。

然而,当前养老机构智慧运营与管理领域仍面临诸多问题。一方面,许多养老机构从业人员对智慧运营的理念和技术缺乏深入了解,在实际工作中难以有效应用相关技术提升运营管理水平;另一方面,市面上系统阐述养老机构智慧运营与管理的专业教材相对匮乏,无法满足养老服务专业人才培养以及行业从业人员学习提升的迫切需求。

基于此,我们汇聚了行业专家、养老机构管理人员以及职业院校养老教育资深教师,共同编写了这本《养老机构智慧运营与管理》教材。本教材作为教育部发布的《职业院校专业简介》(2022年修订)中智慧健康养老服务与管理专业的专业核心课程教材,旨在为养老服务相关专业学生以及养老机构从业人员提供全面、系统且具有实践指导意义的智慧运营与管理知识,以贯彻落实"积极应对人口老龄化"国家战略,推动新时代养老服务高质量发展,满足养老机构规范及可持续运营,实现"智慧健康"养老人才培养目标。

本教材的编写特点及原则主要体现在以下四个方面:

1. 内容全面且系统,紧扣国家政策要求

本教材以养老机构智慧运营与管理的全流程为主线,涵盖养老机构认知、筹建、服务、管理及提升等五大核心模块,下设20个项目、49项任务,构建起完整且系统的知识体系。教材内容不仅全面覆盖养老机构从无到有、从有到优的全过程,还紧密结合国家相关政策文件,如《"十四五"国家老龄事业发展和养老服务体系规划》《养老机构管理办法》等,确保教材内容的权威性和实用性。

2. 理论与实践深度融合,注重应用能力培养

教材不仅详细阐述智慧运营与管理的理论基础,还引入养老行业丰富的实际案例和实践项目,将

理论知识转化为实际工作能力，切实解决养老机构运营管理中的实际问题。通过"任务驱动""角色扮演""虚实融合"等教学方法，让学生在真实工作情境中开展技能练习，提升实操能力，真正做到学以致用。

3. 突出智慧化特色与优势，引领行业发展

紧跟养老行业智慧化发展趋势，深入剖析智慧技术在养老机构运营管理中的应用，如智能健康监测设备、智慧养老服务平台、数据分析与决策支持等。通过智慧化手段，优化资源配置，提升管理效率，创新养老服务模式，为养老机构的智慧化转型提供有力支持，培养适应新时代需求的智慧健康养老服务专业人才。

4. 注重实用性与前瞻性，满足行业需求

教材编写以满足养老机构实际运营管理需求为导向，内容深入浅出，语言通俗易懂，方便读者学习和应用。同时，密切关注养老行业发展的最新动态和前沿技术，及时将其融入教材，使读者能够掌握行业最新趋势和发展方向，培养具有前瞻性思维的养老服务专业人才。

另外，为方便院校教学，本教材配套开发了课件、课标、习题答案等，请至复旦社云平台www.fudanyun.cn下载（按书名搜索即可；云平台使用方法，请扫码查看）。本书可以扫码查看阅读资源，每个任务配有扫码做题，请刮开本书封底的二维码，用手机微信扫一扫，注册或登录，即可使用。

云平台使用
方法

本教材在编写过程中，得到了众多高校、养老机构和企业以及行业专家的大力支持与帮助。在此，我们向参与编写的云南外事外语职业学院、益阳医学高等专科学校、重庆城市管理职业学院、红河卫生职业学院、岳阳职业技术学院、川南幼儿师范高等专科学校、湖南中医药高等专科学校、北京劳动保障职业学院、广西工业职业技术学院、丽江文化旅游学院、聊城职业技术学院、乌鲁木齐职业大学、宁波卫生职业技术学院等高校致以崇高的敬意，感谢你们为养老服务专业人才培养倾注的心血与智慧。

我们同样感恩辽宁福禄健康产业集团、长沙友龄咨询有限公司、杭州暖心窝科技产业发展有限公司、北京椿萱茂北苑养老服务有限公司、湖南翊养咨询管理有限公司等企业的无私奉献。你们将丰富的行业经验与前沿技术毫无保留地分享给我们，为教材的实践性和前瞻性提供了坚实的支撑，让我们看到了养老行业智慧化转型的无限可能。

特别要感谢上海瑞福养老服务中心主任李传福、上海暖心窝养老服务有限公司（杭州暖心窝科技发展公司）创始人关延斌等多位行业专家。你们以严谨的学术态度和深厚的行业洞察力，对教材内容进行了细致的审核与把关，每一个建议、每一次讨论，都让我们感受到你们对养老服务事业的热忱与担当。你们的智慧与心血，已深深融入这本教材的每一个章节、每一项任务之中。

由于养老行业发展迅速，加之编者水平有限，书中难免存在不足之处，恳请广大读者提出宝贵意见和建议，以便我们不断完善。我们衷心希望本教材能够成为推动养老机构智慧运营与管理发展的有力工具，为我国养老服务事业的蓬勃发展贡献一份力量。让我们携手共进，为积极应对人口老龄化、提升养老服务水平、实现养老行业的智慧化转型而努力奋斗！

编　者

目 录

Contents

模块一

认知篇

项目一

养老机构认知

随着我国老龄化进程的加快,养老机构承担着为老年人提供照料和服务的重要责任,其发展受到了广泛关注。

我国养老机构的发展经历了从古代到现代、从萌芽到成熟的漫长过程,养老机构的管理和服务水平在不断提高,不仅让老年人享受到良好的服务,同时也减轻了子女的负担。随着科技的发展和社会的进步,智慧养老等养老模式也逐渐兴起,为老年人提供更加个性化、高质量的服务体验。

本项目主要包括两大任务,即养老机构的历史与发展、养老机构的类型与服务,涉及养老机构的概念、历史沿革、重要意义、养老机构类型划分,以及养老机构服务对象、服务内容、服务特点等。

```
                                              ┌─ 养老机构的概念
                         ┌─ 养老机构的历史与发展 ─┼─ 养老机构的历史沿革
                         │                     └─ 养老机构的意义
                         │
        养老机构认知 ──────┤
                         │                     ┌─ 养老机构类型划分
                         │                     ├─ 养老机构服务对象
                         └─ 养老机构的类型与服务 ─┼─ 养老机构服务内容
                                               └─ 养老机构服务特点
```

任务1　养老机构的历史与发展

知识索引

关键词： 养老机构　定义　历史沿革　意义
理论（技能）要点： 养老机构的定义
重点： 养老机构的概念　养老机构的意义
难点： 养老机构的历史沿革

任务目标

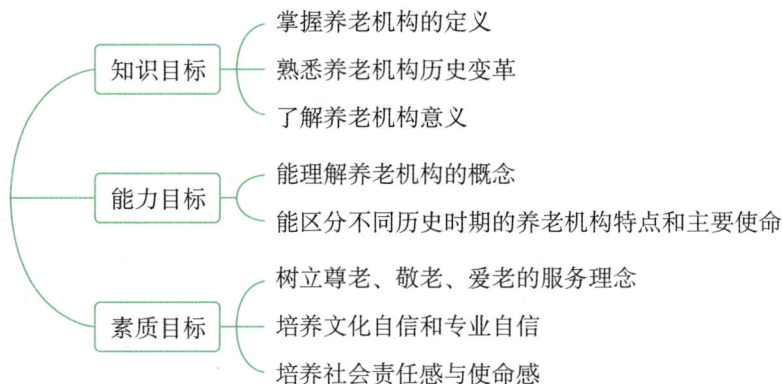

知识目标——掌握养老机构的定义
　　　　　　熟悉养老机构历史变革
　　　　　　了解养老机构意义

能力目标——能理解养老机构的概念
　　　　　　能区分不同历史时期的养老机构特点和主要使命

素质目标——树立尊老、敬老、爱老的服务理念
　　　　　　培养文化自信和专业自信
　　　　　　培养社会责任感与使命感

任务情境

2023年，长沙市某社区计划引入一家名为"幸福社区颐养中心"的养老服务机构，该机构计划提供日间照料、康复护理、文化娱乐等服务，不涉及24小时住宿。然而，在项目公示期间，部分居民对机构性质产生误解，认为其属于传统养老院，引发争议。那么，"幸福社区颐养中心"是否为养老机构呢？如何理解养老服务机构和养老机构？

知识准备

1. 从网上查找《养老机构管理办法》全文并预习。
2. 关注5个养老机构自媒体账号并关注其近期动态。

知识学习

知识点一　养老机构的概念

养老机构是社会养老的专有名词，指为老年人提供饮食起居、清洁卫生、生活护理、健康管理和文体娱乐活动等服务的机构。它可以是独立的法人机构，也可以是附属于医疗机构、企事业单位、社会团体或组织、综合性社会福利机构的一个部门或者分支机构。为了规范对养老机构的管理，促进养老服务健康发展，根据《中华人民共和国老年人权益保障法》和有关法律、行政法规，2013年6月28日，民政部发布《养老机构管理办法》（2020年修订），明确养老机构是指依法办理登记，为老年人提供全日集中住宿和照料护理服务,床位数在10张以上的机构。养老机构包括营利性养老机构和非营利性养老机构。2018年至2024年全国养老机构和床位数量可参照表1-1-1。

表1-1-1 2018年至2024年全国养老机构和床位数量统计表

项目		2018年	2019年	2020年	2021年	2022年	2023年	2024年
各类养老机构和设施	数量(万个)	16.8	20.4	32.9	35.8	38.7	40.4	40.6
	床位数(万张)	727.1	775.0	821.0	815.9	829.4	823.0	799.1
登记注册的养老机构	数量(万个)	2.9	3.4	3.8	4.0	4.1	4.1	4.0
	床位数(万张)	379.4	438.8	488.2	503.6	518.3	517.2	799.1

数量来源:历年民政部《民政事业发展统计公报》。

相对于养老机构,养老服务机构则是一个更为宽泛的概念,它不仅包括了专门为老年人提供集中居住和照料服务的机构(即传统的养老机构),还涵盖了提供社区服务、文化活动、教育、家政、信息咨询等多种服务的机构,如社区居家养老服务站、老年大学、老年活动中心、家政服务公司、健康咨询机构等。

阅读卡

《养老机构管理办法》

知识点二 养老机构的历史沿革

1949年新中国成立之后,我国养老机构的历史沿革是一个伴随着社会进步和人口老龄化而不断发展的过程(图1-1-1)。从最初的计划经济时代的福利性质养老机构,到如今的多元化、专业化、智慧化的养老服务体系,我国养老机构在保障老年人生活、提高老年人生活质量方面发挥了重要作用。未来,随着老龄化程度的不断加深和科技的不断发展,我国养老机构将继续保持快速发展的趋势,同时也将面临更多的机遇和挑战。

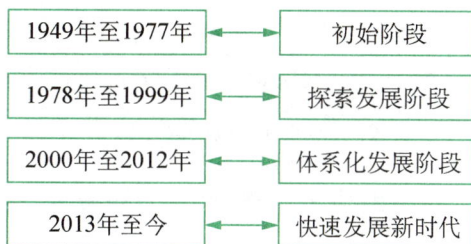

1949年至1977年	初始阶段
1978年至1999年	探索发展阶段
2000年至2012年	体系化发展阶段
2013年至今	快速发展新时代

图1-1-1 新中国养老机构历史沿革发展

一、初始阶段(1949年至1977年)

新中国成立初期,社会保障体系正在逐步建立,老年人群体开始受到关注。在这一阶段,我国仍然延续了传统的家庭养老模式,但社会福利制度逐步建立,部分养老责任由家庭转向国家和单位承担。养老机构主要由各级政府甚至乡镇政府、生产大队开办,如光荣院、敬老院等,主要收养"五保户"、孤寡老人、军属、烈属等优抚对象。

城市中,单位包办职工及家属的福利,无劳动能力、无生活来源、无法定赡养人和抚养人的城镇"三无"老年人由政府送到公办养老院集中供养。农村中,绝大多数老年人的养老由家庭承担,对于缺乏劳动能力或者完全丧失劳动能力,及生活没有依靠的老、弱、孤、寡、残疾的老年人,则实施"五保供养"制度。敬老院成为我国最早的社会养老制度安排。

二、探索发展阶段(1978年至1999年)

改革开放后,我国经济快速发展,人民生活水平逐步提高,老年人群体对养老服务的需求日益多样化。养老福利机构逐步发展,政府仍然是主要的责任主体,但开始鼓励社会资本参与。1979年民政部召开全国城市社会救济福利工作会议,开启了社会福利改革的进程。1984年民政部明确提出了"社会福利社会办"的指导思想,以社会福利机构改革为突破口,服务对象从传统的"三无"老人逐步向有需求的社会老人开放,部分公办机构开始面向社会开放,普通老年人可以自费入住。

三、体系化发展阶段(2000年至2012年)

随着计划生育基本国策的深入贯彻和人均寿命的增加,中国正式进入人口老龄化国家行列,养老问题成为全社会共同关注的焦点。养老需求激增,家庭小型化,"4—2—1"家庭结构逐步凸显。养老服务政策导向从完善养老服务方式向构建科学完备的社会养老服务体系转变,形成了机构、社区、居家三种基本养老方式齐头并进、体系化发展的特征。养老机构类型更加多样化,包括公办养老机构、民办养老机构、社区养老机构等。政府主导构建多元主体参与的社会养老服务体系,出台了一系列鼓励和支持养老行业发展的政策。一些专业与养老产业的机构和项目开始出现,如泰康保险机构涉足养老产业。

四、快速发展新时代(2013年至今)

现今经济快速发展,消费升级,科技、互联网等新技术不断涌现,为养老服务提供了更多可能。养老服务逐渐开始向多层次、多元化、专业化发展,提供方产品与服务更加多样化、特色化。党的十八大以来,党中央高度重视老龄工作,出台了一系列政策方针,我国老龄事业发展迎来全新的局面。社会养老服务体系建设呈现出新的格局,创新养老服务方式、统筹推进机构社区居家养老融合发展。截至2024年年底,全国共有提供住宿的养老机构4万个,养老服务床位799.1万张。其中,注册登记的养老机构数量及床位数量均有所增长,显示出养老机构行业的持续扩张。智慧养老开始兴起,互联网+、智能+、大数据+等技术被广泛应用于养老服务领域,推动了养老服务的创新和升级。

知识点三　养老机构的意义

在社会老龄化进程加速、家庭结构小型化趋势日益凸显的当下,养老机构的存在不仅是应对人口结构变迁的必然选择,更是破解传统家庭养老困境、重构社会养老支持体系的关键力量。它通过专业化服务填补家庭照护能力的不足,以规模化运营实现养老资源的集约配置,更以标准化管理保障老年群体权益,在缓解家庭养老压力、提升老年人生活质量、推动养老服务产业升级等方面发挥着不可替代的支撑作用,成为社会文明进步与民生保障体系完善的重要标志。

一、对国家的意义

1. 推动养老事业发展

养老机构是国家养老事业的重要组成部分,其发展有助于推动整个养老事业的进步。随着人口老龄化的加剧,国家对养老事业的投入和关注也在不断增加,而养老机构作为养老服务的提供者,其数量和质量直接关系到养老事业的发展水平。

2. 促进经济增长

养老产业是一个具有巨大潜力的新兴产业,其发展可以带动相关产业的发展,如医疗、护理、康复等,从而为社会创造更多的就业机会,促进经济的增长。

二、对社会的意义

1. 缓解社会养老压力

随着人口老龄化的加剧,社会养老压力不断增大。养老机构的出现,可以在一定程度上缓解这种压力,为老年人提供专业的养老服务,使他们能够安享晚年。

2. 促进社会和谐稳定

养老机构通过为老年人提供专业的养老服务,提高了老年人的生活质量和幸福感,从而有助于减少社会矛盾和问题,促进社会和谐稳定。

三、对家庭的意义

1. 减轻家庭负担

随着生活节奏的加快和工作压力的增大,许多家庭在照顾老年人方面感到力不从心。养老机构的出现,可以为家庭分担养老责任,减轻家庭成员的负担,使他们能够更好地专注于自己的工作和生活。

2. 提升家庭幸福感

将老年人送到养老机构,家庭成员可以更加放心地工作和生活、学习,同时也可以避免因照顾老年人而产生的矛盾和冲突,从而提升家庭的幸福感。

四、对老年人的意义

1. 提供全方位的养老服务

养老机构通常配备专业的照护团队,能够提供全方位、专业化的养老服务,包括日常生活照料、健康管理、心理慰藉等,确保老年人能够在舒适、安全的环境中度过晚年。

2. 丰富老年人的精神生活

养老机构通常设有活动室、功能房等,能够让老年人有更多的时间和机会参与社交、学习和娱乐活动,保持积极向上的精神状态,延缓老年认知能力的下降。

3. 提高老年人的生活质量

在养老机构中,老年人可以得到专业的照护服务,保持身体健康;同时,他们还可以与其他老人建立友谊和互助关系,分享彼此的生活经验和快乐,从而提高生活质量。

阅读卡

演一辈子小人物的"老戏骨"90岁牛犇用生命"感动中国"

📖 课后拓展

我国养老机构的发展经历了不同的阶段,不同阶段的养老机构具有一定历史特点和特色,请在你的家乡,寻找一所养老机构,了解一下它是在我国养老机构发展历程中的哪个阶段开办的,具有哪些特点。

测试

在线练习

任务2 养老机构的类型与服务

🏥 知识索引

关键词:养老机构　功能　服务对象　服务内容　服务特点

理论(技能)要点:养老机构的类型　养老机构功能　养老机构的服务内容

重点:识别养老机构的类型　不同类型的养老机构的服务对象

难点:掌握养老机构类型划分　养老机构的服务特点

任务目标

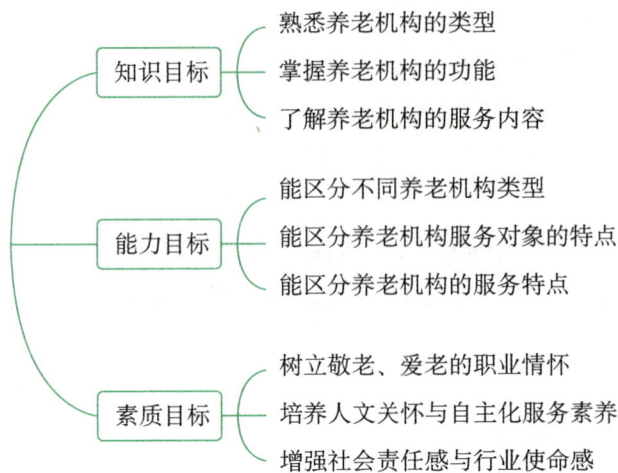

知识目标
- 熟悉养老机构的类型
- 掌握养老机构的功能
- 了解养老机构的服务内容

能力目标
- 能区分不同养老机构类型
- 能区分养老机构服务对象的特点
- 能区分养老机构的服务特点

素质目标
- 树立敬老、爱老的职业情怀
- 培养人文关怀与自主化服务素养
- 增强社会责任感与行业使命感

任务情境

某市一家中高端养老机构接收了一位患有高血压、糖尿病的老人张爷爷。张爷爷的子女因工作繁忙，平时无法频繁探望，但要求机构提供全面的生活照料和健康管理服务，并签署了《入住服务协议》。某次因机构未及时外出购药，导致老人断药2天，家属投诉机构"服务不到位"。张爷爷子女认为，机构承诺提供"健康管理服务"，应包括定期监测血压、血糖，并代购药品（因老人行动不便，需机构工作人员外出购买）。根据该案例，你认外出代购药品是不是养老机构的义务服务内容呢？

知识准备

1. 网络查找5家养老机构，并能初步区分它们的异同。
2. 网络查找5家养老机构对住养对象的要求。

知识学习

知识点一 养老机构类型划分

在老龄化趋势不断加剧的背景下，为了满足不同老年人群体的多元化需求，养老机构逐渐形成了多种类型，这些类型不仅基于出资及运营主体的不同而有所区分，更在服务对象、服务内容、设施配置及运营模式上展现出各自的特点与优势。从政府主导到市场运营，从基本生活照料到高端医养结合，每一种类型的养老机构都承载着为老年人提供安全、舒适、有尊严的晚年生活的使命。因此，对养老机构进行科学合理的类型划分，不仅有助于明确各类机构的功能定位，促进养老服务的优化升级，更能精准对接老年人的个性化需求，推动构建更加完善、高效的养老服务体系。

一、按投资主体划分

1. 公办养老机构

公办养老机构是由政府设立和运营的养老机构，是政府履行兜底保障职责的主要载体，也是养老服务体系的重要组成部分。这些机构通常包括社会福利院（中心）和特困人员供养机构（乡镇敬老院），分别由政府投资建设和管理。公办养老机构属于社会福利事业单位，在当地事业单位登记部门进行事业单位法人登记。

2. 社会办养老机构

社会办养老机构是由企事业单位、集体组织、民间组织、慈善机构及个人等社会力量,以独资、合资、合作等多种形式兴办的养老机构,包括营利性和非营利性。设立营利性养老机构,在市场监督管理部门办理登记。设立非营利性养老机构,一般在民政部门办理登记。

3. 混合型养老机构

虽然这一类型在直接按投资主体划分时可能不那么明确,但在现实中确实存在。这类养老机构可能由政府和社会资本共同投资,或者由不同社会组织合作经营。它们结合了公办和民办养老机构的优点,既有一定的社会福利性质,又能够灵活应对市场需求。

二、按运营模式划分

1. 公办(建)公营养老机构

由政府全额出资并直接运营的养老机构,也就是常说的公办养老机构。运营资金主要来源于政府财政拨款。

2. 民办(建)民营养老机构

由民间投资建设和运营的养老机构,也就是常说的民营养老机构。政府给予一定的政策支持和资金补贴。

3. 公办(建)民营养老机构

公办(建)民营是公办养老机构改革的主要趋势和方向,是政府将自身拥有所有权的养老机构,包括处于运营状态的、正在建设待运营的、拟建设的养老机构,按照一定程序,在保留所有权和保障基本养老服务的基础上,将经营权在一定时期内整体性让渡给具有一定资质的社会力量进行管理运营的做法。第一类是已经建成并运营的公办养老机构,即存量养老机构,改革后通常称为公办民营养老机构;第二类是正在建设待运营或拟建设的养老机构,即增量养老机构,改革后通常称为公建民营养老机构。

4. 公办(建)国营养老机构

公办(建)国营是公办(建)民营的内涵延伸,在一些地方,为充分发挥国有企业担当和体制优势,将公办养老机构移交国有企业进行运营和管理。

三、按功能定位划分

1. 自理型养老机构

自理型养老机构主要服务于日常生活中能够自行完成基本生活活动,如穿衣、洗漱、进食、行走等的老年人。通常提供安全、舒适、便利的生活环境,以及丰富多彩的休闲和娱乐活动,以满足老年人的精神文化需求。

2. 介助型养老机构

介助型养老机构是专门为介助型半自理老年人提供服务的机构。这类老年人某些生活行为依赖于外部用具或是帮手,属于半失能状态,以中老年人中超过80岁者为多。他们选择机构养老,主要是需要机构提供专业化的生活照护服务,更多地在老年部品提供、室内外适老化设施及用具细节的设计、每日起居作息的安排、康复训练、慢病管理等方面提供服务。

3. 介护型养老机构

介护型养老机构主要服务于日常生活中无法自行完成基本生活活动,如穿衣、洗漱、进食、行走等,且需要长期照护的老年人。通常配备有专业的医疗和护理团队,能够为老年人提供全方位、全天候的照护服务。

4. 综合型养老机构

综合型养老机构是目前中国养老机构中数量最多的类型，也是最为普遍和常见的养老设施。一般的养老机构收养的老人涵盖从生活基本能自理的老人一直到长期卧床不起，甚至需要"临终关怀"的老人，是一种混合型管理模式。

四、按机构等级划分

根据国家市场监督管理总局、国家标准化管理委员会2019年2月批准发布，并于当年7月1日正式实施《养老机构等级划分与评定》国家标准，养老机构的评定分为五个等级，从低到高依次为一级、二级、三级、四级、五级，级数越高，表示养老机构在环境、设施设备、运营管理、服务方面的综合能力越强。一般称之为一星级养老机构、二星级养老机构、三星级养老机构、四星级养老机构、五星级养老机构，另外，还有部分未评星级养老机构。

知识点二　养老机构服务对象

我国养老机构的服务对象主要是老年人，这些老年人因为年龄、健康状况或家庭状况等原因，无法完全独立生活，需要一定程度的照顾和护理。

一、公办养老机构的服务对象

1. 基本保障对象

包括无劳动能力、无生活来源、无法定赡养扶养义务人或者其法定义务人无履行义务能力的老年人；对国家和社会作出特殊贡献的老年人，如无法定赡养人、扶养人或者法定赡养人、扶养人无赡养、扶养能力且享受国家定期抚恤补助待遇的老年烈士遗属、因公牺牲军人遗属、病故军人遗属和进入老年的残疾军人、复员军人、退伍军人等。

2. 优先保障对象

包括享受最低生活保障和低保边缘家庭救助政策中的失能失智老年人或80周岁以上的高龄老年人；现役军人家属和烈士、因公牺牲军人、病故军人的遗属中的老年人；享受市级及以上劳动模范待遇、因见义勇为致残的老年人；计划生育特殊家庭中的老年人；经济困难的孤寡、空巢、留守、失能失智、高龄老年人。

3. 社会服务对象

在满足有意愿的特困老年人集中供养需求的前提下，重点为经济困难的空巢、留守、失能、残疾、高龄老年人以及计划生育特殊家庭老年人等（以下统称特殊困难老年人）提供服务。

二、社会办养老机构的服务对象

1. 高龄老人

随着年龄的增长，一些老年人可能会面临身体机能下降、行动不便等问题，需要专业的照料和护理。

2. 失能或半失能老人

这些老年人可能因为疾病或意外等原因，导致生活不能自理或部分不能自理，需要他人的帮助才能完成日常生活活动。

3. 空巢老人

子女因为工作、学习等原因不在身边，老人独自居住，可能会感到孤独和无助。养老机构可以为他们提供社交和心理支持。

4. 有特殊疾病或需求的老人

例如患有阿尔茨海默病、帕金森病等慢性疾病的老年人，或者需要康复训练的老年人等，养老机构可以提供专业的医疗和护理服务。

此外,不同性质的养老机构可能还有特定的服务对象。例如,公办养老机构的服务对象通常包括城镇"三无"老人(即无劳动能力、无生活来源、无赡养人和扶养人,或者其赡养人和扶养人确无赡养能力或者扶养能力的老人)、农村"五保"老人、低保、特困等低收入老人。这些养老机构在提供无偿或低偿供养服务的前提下,也会向社会上的其他老人提供服务。而民办养老机构则主要由民间力量出资创办,其服务对象通常不受限制。

阅读卡

自理老年人、介助老年人和介护老年人

知识点三 养老机构服务内容

养老机构作为老年人集中生活与照护的重要场所,其服务内容的设计与实施直接关系到老年人的生活质量与健康福祉。随着社会老龄化进程的加速,养老机构的服务已从单一的"生活照料"向"医养结合、康养融合、人文关怀"的多元化模式转型。

一、生活照料服务

生活照料服务是养老机构最基础的服务之一。它涵盖了老年人的日常起居、个人卫生、衣物洗涤、房间整理等方面。机构通常会安排专业的护理人员或服务人员,根据老年人的身体状况和自理能力,提供个性化的生活照料服务。例如,对于行动不便的老年人,机构会提供轮椅服务、协助行走等服务;对于自理能力较差的老年人,机构会提供喂食、洗澡、翻身等全方位的照料。

二、营养膳食服务

营养膳食服务是养老机构保障老年人身体健康的重要环节。机构通常会配备专业的营养师和厨师,根据老年人的身体状况、口味偏好和营养需求,制订个性化的膳食计划。膳食服务不仅注重食物的口感和营养搭配,还注重食物的卫生和安全,确保老年人能够享受到健康、美味的餐食。

三、医疗护理服务

医疗护理服务是养老机构的核心服务之一。机构通常会配备专业的医疗设备和医护人员,为老年人提供基本的医疗服务和护理服务。这些服务包括疾病诊断、药物治疗、康复理疗、健康监测等。对于有特殊医疗需求的老年人,机构还会提供个性化的医疗护理服务,如定期上门巡诊、特殊疾病管理等。

四、文化娱乐服务

文化娱乐服务是养老机构丰富老年人精神文化生活的重要手段。机构通常会组织各类文化娱乐活动,如书法、绘画、音乐、舞蹈等,让老年人在参与中感受到乐趣和成就感。此外,机构还会定期举办节日庆典、生日派对等活动,营造温馨、欢乐的氛围,让老年人感受到家的温暖。

五、精神慰藉服务

精神慰藉服务是养老机构关注老年人心理健康的重要体现。机构通常会安排专业的心理咨询师或志愿者,与老年人进行交流,了解他们的心理需求和困惑,提供心理支持和慰藉。同时,机构还会组织各类社交活动,如茶话会、座谈会等,促进老年人之间的交流与互动,帮助他们建立新的社交关系。

六、委托服务

委托服务是养老机构为老年人提供的个性化服务之一。根据老年人的需求和意愿,机构可以提供如购物、代取药品、陪诊等委托服务。这些服务不仅方便了老年人的生活,还让他们感受到了机构的关心和体贴。

七、安宁疗护服务

安宁疗护服务是养老机构为临终老年人提供的特殊服务。它旨在帮助老年人缓解病痛、减轻恐惧和焦虑,让他们在有尊严、舒适的环境中度过生命的最后阶段。机构通常会配备专业的安宁疗护团队,为老年人提供全方位的支持和关怀,包括疼痛管理、心理疏导、家属陪伴等。

知识点四　养老机构服务特点

养老机构是现代服务业的重要组成部分,也是国家社会福利的具体体现。由于服务对象的特殊性,决定了养老机构服务具有以下特点。

一、专业性

养老机构通常配备有专业的护理团队,包括注册护士、护理员等,他们具备专业的护理知识和技能,能够为老年人提供专业的护理服务。这些护理服务包括日常照料、医疗护理、康复护理等,旨在满足老年人在身体、心理和社会等多方面的需求。此外,养老机构还会根据每位老人的健康状况和需求,制订个性化的护理计划,确保每位老人都能得到适合自己的护理服务。

二、全天候性

养老机构的护理服务通常是全天候的,即24小时不间断地提供服务。这意味着无论何时,只要有需要,护理团队都会及时响应并提供必要的护理服务。这种全天候的服务模式确保了老年人在任何时间都能得到及时的照顾和关怀。

三、综合性

养老机构的护理服务还具有综合性的特征。除了基本的日常照料外,还包括医疗护理、心理护理、康复护理、娱乐活动等多个方面。这种综合性的服务模式旨在满足老年人在身体、心理、社会和文化等多方面的需求,提高他们的生活质量。

四、人文关怀性

在提供护理服务的过程中,养老机构还非常注重人文关怀。护理团队会关注老人的情感需求,提供精神慰藉和心理支持,让老人在晚年生活中感受到温暖和关爱。此外,养老机构还会组织各种文化活动、娱乐活动等,丰富老年人的精神生活,提高他们的幸福感。

五、高风险与公益性

养老机构的服务还具有一定的风险性,因为老年人往往伴随着各种疾病和生理机能的下降,需要更多的关注和照顾。同时,养老机构也具有一定的公益性,因为它们为老年人提供了重要的社会支持和服务,有助于缓解家庭和社会的养老压力。

课后拓展

1. 走访一家乡镇敬老院,到院仔细观察,了解入住的老年人属于什么样的人群,并对人群进行分类。

2. 走访一家综合性民办养老机构,了解他们的服务内容,与本教材的内容作个对比,看服务内容有哪些不同。

项目二

养老机构管理认知

养老机构的管理体系，涵盖了内部管理和外部管理两大核心层面，两者相辅相成，共同推动着养老行业的健康发展。在内部管理上，养老机构致力于构建一套严谨而高效的管理机制。外部管理则更多地体现在养老机构与社会的互动与合作上。养老机构积极与政府、社区、医疗机构等多方进行沟通协调，争取政策支持和资源投入，为老年人提供更全面的服务保障。通过不断优化内部管理，提升服务质量，同时加强外部合作，拓展服务领域，养老机构正逐步构建起一个全面、高效、和谐的养老服务体系。这一体系的建立，不仅为老年人提供了更加优质、便捷的养老服务，也为推动养老行业的可持续发展注入了新的活力。

养老机构管理指的是运用管理学的理论和方法，按照养老机构建设、运营与发展的客观规律，对人力、物力、财力等资源，进行计划、组织、控制、协调，从而最大化实现养老机构服务运营的综合效益。

本项目主要包括两大任务，即养老机构内部管理和外部管理，涉及内部管理和外部管理的定义、内容、方法以及组织结构设计原则和方法、常见组织结构、主要部门与职能等。

任务1 内部管理

知识索引

关键词： 内部管理　组织结构　内容　方法
理论(技能)要点： 内部管理定义　内部管理的内容和方法
重点： 内部管理的概念　内部管理的内容
难点： 内部管理的方法　组织结构的设计

任务目标

知识目标
- 掌握内部管理的定义
- 熟悉内部管理的内容和方法
- 了解常见的组织结构和部门职能

能力目标
- 能运用科学的管理方法进行有效组织管理
- 能识别不同的组织结构和区分部门职能

素质目标
- 热爱养老服务事业，树立服务意识
- 培养弘扬尊老、敬老传统，树立文化自信
- 培养勇担社会使命，强化社会责任感

任务情境

某养老机构提供低价服务，对于能够自理的老人，每月仅需支付约1 500元，对于半失能或完全失能的老人，也仅多收500至1 000元。即便如此，该养老院依旧面临着危机，由于农村地区的养老观念和个人收入限制，即使低价也难以吸引足够多的老人入住。随着人工成本和物价的上涨，养老院的开支不断攀升，而收入却未见增长，导致养老院日渐萧条。养老机构效益不好的原因多种多样，包括资金短缺、人才匮乏、管理不善、政策变化等。为提高养老院的效益和竞争力，养老院自身应该如何做才能积极应对这些问题和挑战？

知识准备

1. 查阅管理学的相关知识概念。
2. 查阅养老机构内部管理的现状、模式与发展趋势的相关知识。

知识学习

知识点一　内部管理概述

养老机构内部管理是指养老机构为实现运营目标，对机构内部资源、人员、服务流程、质量监控等进行系统化、规范化管理的过程。养老机构内部管理是确保养老机构高效运作和持续发展的关键环节。它

涵盖了多个方面,包括战略规划、组织结构、人力资源管理、财务管理、风险管理、运营管理以及机构文化建设等。它需要养老机构内部管理层和员工共同参与,目的是提高服务质量和效率,满足老年人需求,实现机构可持续发展的一系列管理行为。养老机构内部通过制定详尽的规章制度,确保了各项服务的有序进行,为老年人提供了一个安全、舒适的生活环境。同时,养老机构还注重员工的培训与发展,不断提升员工的专业素养和服务水平,以满足老年人日益增长的多元化需求。

养老机构管理的目的在于协调组织资源,通过科学的管理方法为老年人提供养老服务。而内部管理是确保养老机构服务质量的关键。通过加强内部管理,可以提升服务质量、保障老年人安全与权益、促进机构运营效率与成本控制、增强机构社会声誉与竞争力以及推动机构可持续发展。这些不仅有助于提升老年人的生活质量和社会福祉水平,还能为养老机构的长期稳定发展奠定坚实基础。

我国养老机构内部管理现状呈现出一定的规范化、专业化趋势。制度化管理方面,养老机构普遍建立了较为完善的内部管理制度,包括员工职责、服务流程、安全管理、财务管理等方面的规定。这些制度为养老机构的规范化运营提供了有力保障。专业化服务方面,随着养老行业的发展,越来越多的养老机构开始注重服务的专业化。他们通过引进专业人才、加强员工培训、提升服务质量等方式,努力为老年人提供更加专业、细致的养老服务。信息化管理方面,通过信息管理系统,养老机构能够更高效地进行运营管理,包括老年人信息管理、服务预约、费用结算等,提升了服务效率和质量。提供多样化服务,如医疗护理、康复服务、文化娱乐等。这种服务多样化不仅满足了不同老年人的需求,也提升了养老机构的竞争力。

知识点二　内部管理内容

养老机构内部管理涵盖运营全流程,涵盖行政管理、服务管理、财务管理、安全管理、后勤管理五大核心领域,需平衡服务质量、成本与风险。其目标是通过科学化、规范化的管理手段,提升机构运营效率,保障服务质量,为老年人提供安全、舒适、优质的生活环境。五大模块的协同作用见表1-2-1。

表1-2-1　五大模块的协同作用

模块	核心作用	协同关系
行政管理	统筹全局,制定政策与制度	为其他模块提供组织与制度保障
服务管理	提升服务质量,满足老人需求	依赖行政管理提供资源与支持
财务管理	保障资金安全,支持运营发展	为服务管理、后勤管理提供资金支持
安全管理	防范风险,确保机构稳定运营	是其他模块正常运作的基础
后勤管理	提供物质保障,优化生活环境	支撑服务管理与安全管理的实施

一、行政管理

行政管理是养老机构运行的"中枢神经",需通过科学设置组织架构、合理配置人员、完善制度体系,确保日常运营有序进行。包括组织机构设置、人员配置与管理、制度建设等,确保养老机构的日常运营有序进行。

1. 组织机构设置

根据机构规模和服务内容,设立护理部、医疗部、后勤部、财务部等职能部门,明确各部门职责与协作机制。例如,护理部负责老人日常照护,医疗部提供健康监测与疾病干预,后勤部保障物资供应与环境维护。

2. 人员配置与管理

根据服务需求,合理配置养老护理员、社会工作者、医生、康复师、营养师等岗位,确保人员数量与质量满足服务标准。定期开展专业技能培训(如急救技能、沟通技巧),建立绩效考核机制,激励员工提升服务质量。

3. 制度建设

制定员工手册、操作规范、应急预案等制度文件,明确工作流程与行为准则。例如,护理操作规范需细化到"每2小时翻身一次""喂食速度≤30 mL/分钟"等具体标准。

二、服务管理

服务管理是养老机构的核心竞争力,需通过标准化服务流程与个性化服务方案,提升服务质量和满意度。制定服务标准和规范,确保服务的质量和一致性。建立个性化的服务体系,根据老年人的特点和需求提供差异化的服务。定期开展服务质量评估和改进活动,提高服务水平和满意度。

1. 服务标准与规范

制定生活照料、医疗护理、精神慰藉等服务标准,确保服务的一致性与专业性。例如护理操作需遵循"三级查房制度",医疗护理需执行"用药双人核对"流程。

2. 个性化服务体系

通过需求评估,为老年人提供差异化服务,如:认知症老人采用怀旧疗法、感官刺激等非药物干预措施。为失能老人提供康复训练、辅助器具适配等服务。

3. 质量评估与改进

开展满意度调查,定期收集老人/家属反馈,分析服务短板。针对服务问题制订改进计划,实施后验证效果,持续优化服务流程。

三、财务管理

财务管理是养老机构可持续发展的基石,需通过科学规划与严格监管,确保资金安全与效益最大化。

1. 财务计划与预算

根据机构运营目标,制定年度财务计划,合理规划收入(如政府补贴、服务收费)与支出(如人员薪酬、设备采购)。

2. 资金管理制度

建立资金审批流程,确保资金使用合规;设立风险预警机制,防范资金链断裂风险。

3. 财务审计与监督

定期开展内部审计,核查财务数据真实性;接受外部审计,提升财务透明度。

四、安全管理

安全管理是养老机构的底线,需通过制度建设、设施配置与人员培训,构建全方位安全防护网。

1. 安全管理制度

制定消防安全、食品安全、医疗安全等管理制度,明确责任人与操作规范。例如消防安全需每月检查灭火器、疏散通道,确保紧急情况下老人可快速撤离。

2. 安全设施与培训

配置监控系统、紧急呼叫装置、防滑设施等安全设备;定期开展消防演练、急救培训,提升员工应急能力。建立健全安全管理制度,配置必要的安全设施,对工作人员进行安全教育培训,确保养老机构的安全运营。

五、后勤管理

后勤管理在养老机构中扮演着至关重要的角色,直接关系到老年人的生活质量和机构的运营效果,需通过物资管理、设备维护、环境优化等手段,为老年人提供安全、舒适、便利的生活环境。

1. 物资与设备管理

建立物资采购、库存管理制度,确保生活用品、医疗物资供应充足;定期维护医疗设备、康复器材,保障设备正常运行。

2. 环境与安全管理

优化居住环境(如无障碍设施、绿化景观),提升老人生活品质;加强食品安全、消防安全管理,消除安全隐患。

3. 后勤服务

提供餐饮、保洁、维修等后勤服务,满足老人日常生活需求;通过信息化手段(如智能手环、远程监控)提升后勤管理效率。

知识点三　内部管理方法

养老机构为实现既定的管理目标,采用基本思想和方法形成完整的管理体系,通过体系来不断发现和解决管理过程中的问题,规范管理手段,完善管理机制。养老机构经过长期的发展,结合自身服务特点和发展规律已形成了特定的管理模式和完整的管理体系和管理方法,这些模式和方法为养老机构内部管理提供了经验参考。

一、目标化管理

目标化管理,旨在通过设定明确、具体、可衡量的目标来指导员工的工作和行为,从而推动企业整体的发展和增长。目标化管理要求组织首先明确整体的战略目标和发展战略,然后将这些目标分解为具体而明确的部门和个人目标。这些目标通常具有明确性、量化性、可衡量性、可追溯性、激励性和可持续性等特点。

二、系统化管理

系统化管理是一种全面的管理方法论,它强调把组织看作是一个完整系统,对组织的各个方面进行全方位、全过程的管理。它通过整合组织内的各种资源,包括人力、物力、财力等,以实现整体最优化的目标。

二、制度化管理

制度化管理是以制度规范为基本手段协调组织集体协作行为的管理方式。制度化管理是组织成长必须经历的一个阶段,是组织实现法治的具体表现。它以科学制定的制度规范为组织协作行为的基本机制,主要依靠独立于个人意志、科学合理的理性权威来实施管理。组织在实施制度化管理时应该遵循以人为本的原则,注重规章制度的合法性、合理性和可操作性等方面的问题。

四、标准化管理

标准化管理是组织为了保证与提高产品质量,实现总的质量目标,力求在生产经营、管理范围内获得最佳秩序,对组织存在的实际或潜在的问题制定规则的活动。养老机构标准化管理主要包括:技术标准、管理标准、工作标准等内容。标准化管理可以使组织从上到下有一个统一的标准,形成统一的思想和行动;可以提高产品质量和劳动效率。

五、信息化管理

信息化管理是指利用信息技术手段,对组织的各项管理活动进行规划、组织、领导、协调和控制,以实现组织管理目标的管理活动。它的核心是通过信息技术来提高管理效率、降低管理成本、改善管理质量,从而提升组织的竞争力和盈利能力。管理内容主要涵盖信息化战略规划、信息系统建设、信息资源管理、信息安全保障等。目前,国内越来越多的养老机构采用"养老机构信息化管理系统"进行管理。例如:智慧门禁系统、智能床垫与监测系统、智能呼叫系统、智慧健康管理系统、智慧养老管理平台等。

管理模式和方法并非一成不变,新时期的组织管理模式强调灵活性、创新和快速响应市场变化。养老机构的内部管理中创新是重点和关键,学习和借鉴是创新的基础。因此,管理者必须努力学习,增强业务能力,提高自身素质,经常走出去,学习借鉴他人的经验和管理方法,不断探索和创新,从而形成富有自己机构特色的管理模式。

📖 课后拓展

1. 养老机构的内部管理需要顺应时代的发展,管理模式自然会随着时代的改变而变更。请你走访一家养老机构,通过不同的方法了解他们的组织管理模式。

2. 请你走访一家养老机构,观察他们是否使用了信息化管理手段。

测试

在线练习

任务2　外部管理

🏥 知识索引

关键词: 外部管理　内容　方法

理论(技能)要点: 外部管理定义　外部管理的内容和方法

重点: 外部管理的概念　外部管理的内容

难点: 外部管理的方法

👓 任务目标

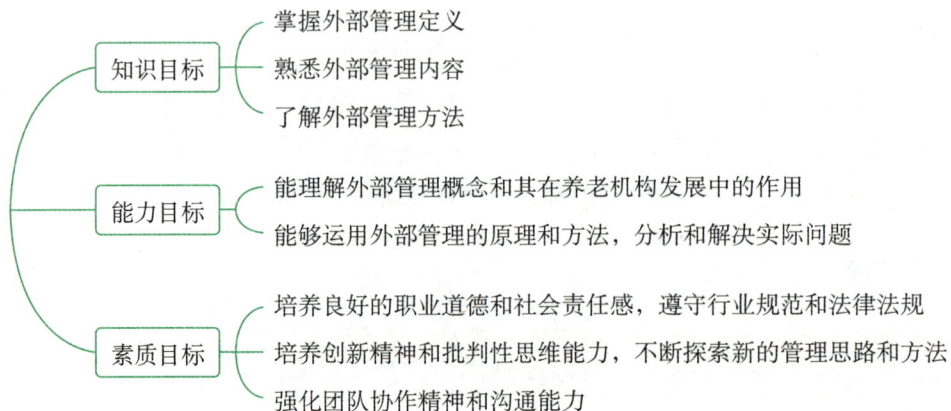

知识目标
- 掌握外部管理定义
- 熟悉外部管理内容
- 了解外部管理方法

能力目标
- 能理解外部管理概念和其在养老机构发展中的作用
- 能够运用外部管理的原理和方法,分析和解决实际问题

素质目标
- 培养良好的职业道德和社会责任感,遵守行业规范和法律法规
- 培养创新精神和批判性思维能力,不断探索新的管理思路和方法
- 强化团队协作精神和沟通能力

任务情境

某地方政府为激发公办养老机构活力,提升养老服务质量和效率,通过宏观管理手段,出台了一系列政策文件,明确公办养老机构改革的方向和目标。鼓励公办养老机构通过公建民营、政府购买服务等方式,引入社会资本和专业管理团队。制定养老服务标准和规范,加大监管力度,建立定期检查、评估机制,对公办养老机构的服务质量、管理水平等进行全面评估。建立激励机制,加强养老服务人才队伍建设,提高养老护理员的专业素质和技能水平。通过改革,公办养老机构的管理机制更加灵活,服务水平显著提升,老年人的生活质量和满意度得到提高。实现了社会效益与经济效益双赢。该政府对当地养老机构做了哪些方面的管理?该案例给你的启示是什么?

知识准备

1. 查阅政府职能相关知识。
2. 查阅我国养老机构外部管理的现状、方法与发展趋势的相关知识。

知识学习

知识点一 外部管理概述

养老机构外部管理是指养老机构为保障自身合法运营、提升服务质量、整合社会资源、增强社会影响力,而与政府、社会、社区、行业及市场等外部环境主体进行互动、协作与管理的过程。其核心是处理机构与外部环境的关系,而非内部日常事务管理。

养老机构外部管理是从宏观层面进行的,本质就是养老机构充分、合理地利用政府和市场两种主要手段,以政府为主导,与市场相结合,充分发挥二者作用,促进养老机构的规范和可持续化发展。政府是养老机构管理的主体,在外部管理中发挥着"领头人"作用。政府在其养老机构外部管理中主要行使行政管理职能,包括:经济调控、公共服务、市场监管、社会保障。

养老机构的主管部门是各级民政部门,主要负责养老服务机构成立、变更、撤销的审批等工作;除民政部门外,养老机构的外部管理部门还包括卫生健康、发展和改革、财政、人力资源和社会保障、自然资源、生态环境、消防、住房建设、工商、税务、公安、市政、电力等行政部门,各部门各司其职,共同对养老机构的运营、发展、监管和保障实施管理。

知识点二 外部管理内容

一、行政管理

1. 政策合规合法
监督养老机构执行国家及地方养老政策(如《养老机构管理办法》)、行业标准(如消防安全、无障碍设施规范)。定期联合民政、卫健等部门开展合规性检查,确保资质(如营业执照、医疗执业许可)齐全有效。

2. 政府关系协调
对接民政、财政等部门,协助养老机构申报补贴(如建设补贴、运营补贴)或税收优惠。协调街道、社区资源,推动"医养结合"项目落地或公共设施共享等。

3. 应急与安全管理
制定区域性养老机构突发事件应急预案(如火灾、传染病),组织跨机构联合演练。建立行业黑名单制度,对存在虐待老人、重大安全隐患的机构实施联合惩戒。

二、日常业务管理

1. 服务标准监督

通过第三方评估或满意度调查,监测护理服务质量(如褥疮发生率、老人投诉率)。推动标准化流程落地(如分级照护评估、药品管理流程),定期抽查执行情况。

2. 资源调配与支持

统筹区域养老资源,协调医疗机构、志愿者团队等为机构提供支援(如义诊、心理疏导)。搭建信息化平台,实现区域内养老机构床位、医护人员的动态调配。

3. 投诉与纠纷处理

设立养老服务质量投诉热线,协助处理重大纠纷(如费用争议、意外伤害)。建立行业调解委员会,联合司法部门提供法律咨询或仲裁服务。

三、机构运营管理

1. 市场与品牌管理

组织区域养老机构联合宣传(如"智慧养老"试点推广),提升整体行业形象。监测市场竞争秩序,防止恶意降价或虚假宣传等行为。

2. 成本与补贴监管

审核机构运营成本(如人力、能耗占比),指导合理使用政府补贴。推动集中采购平台建设,降低机构药品、耗材采购成本。

3. 创新与可持续发展

引入社会资本或PPP模式(Public-Private Partnership,公私合作模式),推动养老机构适老化改造或智慧化升级。组织行业培训(如认知症照护技能培训),提升整体服务水平。

知识点三 外部管理方法

一、依法管理

政府依据《养老机构管理办法》等法规,制定服务标准、安全规范及准入条件,对养老机构进行监管,确保机构合法运营。这包括养老机构的设立条件、服务标准、安全管理等方面。政府还会定期进行检查和评估,以确保养老机构符合规定标准。

二、分级管理

根据养老机构的特性、重要性或功能等因素,将其划分为不同的管理级别。每个级别都有特定的管理目标、责任和权限,从而形成一个有序、层次分明的管理体系。针对每个层级,制定具体的管理策略和控制措施。

三、目标管理

政府根据养老服务事业发展的需要,制定明确的管理目标。这些目标包括提升养老机构的服务质量、保障老年人的生活品质、促进养老服务市场的健康发展等。同时将目标细化,设定具体的指标,如床位使用率、服务满意度、投诉处理率等,以便对养老机构的运营进行量化评估。

四、社会监督

由社会各界对养老机构进行监督，以确保其行为符合法律法规、社会道德和公共利益。在养老机构的监管中，社会监督发挥着重要作用。政府可以通过完善信息公开制度、建立投诉举报机制、加强第三方评估和媒体监督等措施，推动养老机构提高服务质量和管理水平，保障老年人的合法权益，促进养老服务行业的健康发展。

📖 课后拓展

网络查阅相关资料，归纳整理当地政府对养老机构的管理模式和方法，并形成书面报告。

测试

在线练习

模块二

筹建篇

项目一

项目定位

项目定位是养老机构筹建阶段的核心战略环节,决定了机构的服务方向、资源分配及可持续发展路径。作为筹建篇的开篇项目,它既是养老机构从概念到落地的思维框架,也是后续建筑设计、功能布局的决策依据。通过精准的市场定位,养老机构能有效规避同质化竞争,形成差异化优势,在满足政策导向的同时实现社会效益与经济效益的平衡。

在我国养老需求多元化与市场竞争白热化的双重背景下,科学精准的项目定位已成为养老机构立足市场的生存法则。本项目系统构建"市场调查—定位内容"的知识闭环,与建筑设计、备案与监管等模块形成深度联动。学习者通过掌握SWOT分析、竞品研究等工具,将获得从宏观政策解读到微观服务设计的全链条规划能力,为打造兼具人文关怀与市场生命力的养老机构奠定基础。

本项目主要包括两大任务,即项目市场调查、项目定位内容,涉及调查内容、调查方法、目标客户群体分析、服务模式选择、项目选址、品牌与市场定位等内容。

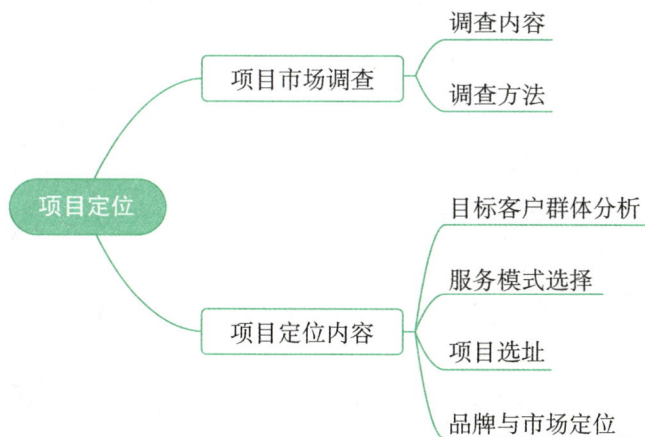

项目定位
- 项目市场调查
  - 调查内容
  - 调查方法
- 项目定位内容
  - 目标客户群体分析
  - 服务模式选择
  - 项目选址
  - 品牌与市场定位

任务1 项目市场调查

知识索引

关键词：市场调查方法　目标消费群体　数据分析

理论（技能）要点：调查方法选择　问卷设计技巧　数据收集与整理

重点：调查方法选择　数据准确性

难点：问卷设计合理性　数据有效分析

任务目标

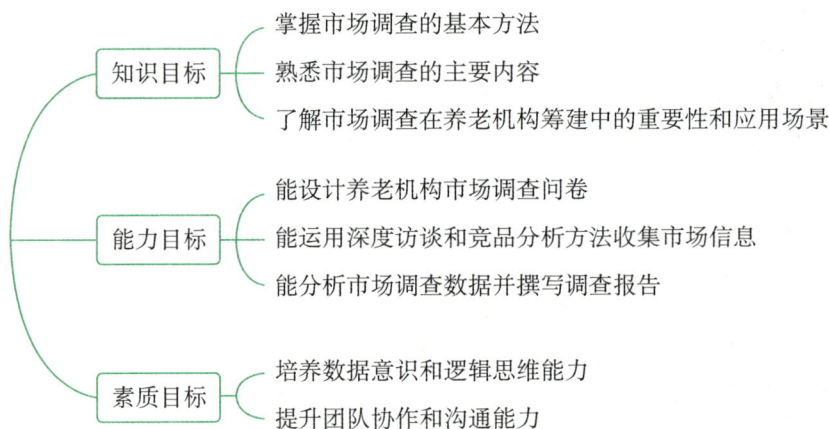

知识目标
- 掌握市场调查的基本方法
- 熟悉市场调查的主要内容
- 了解市场调查在养老机构筹建中的重要性和应用场景

能力目标
- 能设计养老机构市场调查问卷
- 能运用深度访谈和竞品分析方法收集市场信息
- 能分析市场调查数据并撰写调查报告

素质目标
- 培养数据意识和逻辑思维能力
- 提升团队协作和沟通能力

任务情境

　　小李负责养老机构的项目市场调查，他明确了调查内容，包括目标消费群体、政策环境、市场需求和竞争对手分析。采用问卷调查、深度访谈、焦点小组讨论、实地考察和数据分析等方法，小李发现失能和半失能老人对护理和康复服务需求大，而周边养老机构多以自理型服务为主。政策环境分析显示，当地政府对养老机构有优惠政策。

　　你觉得，小李在进行项目市场调查时，哪种调查方法最能帮助他深入了解目标消费群体的需求？为什么？

知识准备

　　1. 网上查找四川省市场监督管理局发布的《2024年居民养老现状消费调查报告》并阅读全文。

　　2. 搜集3～5个养老机构或相关组织发布的市场调查问卷。

知识学习

知识点一　调查内容

　　市场调查是指养老机构或相关组织为了收集、分析和解释有关老年消费者需求、偏好、行为以及市场环境的信息，以便更好地理解市场动态和老年消费者心理，从而做出更明智的营销决策的过程。它是市场研究的一部分,通常涉及对老年消费群体、产品、服务、品牌或行业的研究。

市场调查通常包括以下四个方面的内容。

一、目标消费群体分析

1. 识别目标消费群体

要对老年目标消费群体有一个清晰的定义,明确其年龄段、性别、职业、收入等特征。同时,还要了解他们的生活习惯、消费观念以及购买偏好等。这样可以确保后续的市场策略和产品(服务)开发更加贴近老年群体的实际需求。

2. 市场调研与数据分析

进行市场调研,收集老年目标消费群体的相关数据。通过问卷调查、访谈、社交媒体分析等方式获取老年消费者的反馈。运用数据分析工具,对这些数据进行处理和分析,发现老年消费者的需求和痛点,从而有针对性地制定营销策略。

3. 消费心理分析

了解老年目标消费群体的消费心理是关键。分析他们的购买动机、决策过程以及品牌偏好等,有助于洞察他们的心理需求。在此基础上,可以运用心理学原理,设计更具吸引力的产品包装(服务内容)、广告内容和营销活动,以激发消费者的购买欲望。

4. 消费行为分析

通过分析老年消费群体的消费行为,如购买频率、购买量、购买渠道等,可以了解他们的消费习惯和偏好。这有助于养老机构制定合适的产品(服务)定价策略、分销渠道以及促销活动,提高产品的市场占有率。

二、政策环境分析

1. 国内政局分析

国内政局的稳定性是养老机构发展的重要前提。政局安定能够促进经济繁荣,提高人民生活水平,从而增加市场需求,为养老机构提供更多发展机会。

2. 国际政局分析

国际政治经济形势对养老机构生产经营活动同样具有重要影响。良好的国际和平环境有利于我国养老机构走向国际市场,引进资金和技术。养老机构需要关注国际贸易协定、关税政策、外交关系等因素,以便及时调整市场策略。

3. 国内政策环境分析

党和国家提出的发展战略、产业政策、经济政策等对养老机构生产经营活动具有决定性影响。养老机构需要密切关注国家政策的调整和变化,以便及时调整自己的经营方向、目标、方针和策略。

4. 法律环境分析

法律环境是政策环境的重要组成部分,包括政府制定的法律法规等。养老机构需要仔细研究与自身业务相关的法律法规,如反不正当竞争法、税法、环境保护法等,以确保合规经营。

三、市场需求分析

1. 行业背景分析

主要是分析政治、经济、社会、技术四个方面对养老机构的影响,能帮助养老机构了解宏观行业环境,制定合理的产品策略。

2. 用户需求分析

主要从两个方面分析,一是老年人口的基本属性,二是老年用户的消费习惯、偏好等。基本属性包括年龄、性别、区域、人均GDP等。消费习惯和偏好则根据不同人群、不同场景而不同。

3. 市场规模分析

市场规模是指市场中可供销售的产品或服务的数量,这是衡量市场潜力的重要指标,也是了解市场规模进行市场分析的基础,而市场规模的估算可以通过多种方法进行,如消费者人口统计、销售潜力法、市场占有率法、行业比较法等。

4. 行业竞品分析

对竞争产品做分析总结,包括竞品的产品定位、场景与需求、功能、交互体验、商业模式等,通过罗列出已有的竞争对手做出精准的分析,以试图寻找更有发展的市场空间。

四、竞争对手分析

1. 竞争对手类

养老机构的竞争对手分三类:直接竞争对手是提供同类产品或服务,争夺市场份额的同行;间接竞争对手虽不直接竞争,但可能影响销售(如提供相关产品或服务),需关注其动向;潜在竞争对手可能在未来入市竞争,需警惕其发展,提前准备。

2. 竞争对手的市场地位分析

分析竞争对手在市场上的份额、增长率等。研究竞争对手的产品或服务特点,以及其对目标客户的吸引力。

3. 竞争对手的战略分析

研究竞争对手的市场定位、目标客户、产品定价等战略选择。观察竞争对手的市场活动,如广告宣传、促销活动等。

4. 竞争对手的优劣势分析

通过比较自身与竞争对手的产品、品牌、渠道等方面的差异,找出优势和劣势。考虑竞争对手的资源和能力,评估其对养老机构的威胁和机会。

知识点二　调查方法

在养老机构的筹建过程中,市场调查是项目定位的基础环节,其目的是全面了解目标消费群体的需求、市场竞争态势以及政策环境,为养老机构的精准定位提供科学依据。市场调查方法的合理选择与实施,直接影响调查结果的准确性和可靠性。以下是五种常用的市场调查方法及其具体实施步骤。

一、问卷调查

问卷调查是养老机构市场调查中最常用的方法之一,具有成本低、覆盖面广、数据收集快等优点。问卷设计应简洁明了,问题需围绕目标消费群体的需求、消费习惯、支付能力等展开。

1. 适用场景

适合大规模数据收集,尤其是对自理型老年人的需求调查。

2. 实施步骤

(1)确定调查目标和问题　明确问卷调查的目的,例如了解老年人对养老机构服务内容的偏好、对价格的敏感度、对地理位置的要求等。

(2)设计问卷内容　问卷内容应包括老年人的基本信息(如年龄、性别、健康状况)、养老需求(如护理服务、文化娱乐)、支付能力(如收费标准的接受度)等。

（3）选择调查方式　根据目标群体的特点,选择适合的调查方式,如现场调查、电话采访、网络问卷等。

（4）收集问卷并分析数据　通过多种渠道发放问卷,收集数据后进行整理和分析,提取有价值的信息。

3. 注意事项

问卷设计应避免复杂问题,确保老年人能够轻松作答。调查样本应具有代表性,覆盖不同年龄段和经济水平的老年人。

二、深度访谈

深度访谈是通过与养老机构的管理者、服务人员、老年人及其家属进行面对面交流,获取更深入的市场信息。访谈内容可以包括养老机构的运营模式、服务特色、收费标准、市场定位等。

1. 适用场景

适合了解受访者的深层次需求和心理状态。

2. 实施步骤

（1）确定访谈对象和主题　选择具有代表性的访谈对象,如养老机构管理者、服务人员、老年人及其家属。

（2）制定访谈提纲　围绕养老机构的服务内容、管理难点、市场竞争力等设计访谈问题。

（3）进行访谈并记录　通过面对面或电话访谈,记录受访者的回答和观点。

（4）整理访谈内容　提炼出访谈中的关键信息,为项目定位提供参考。

3. 注意事项

访谈过程中应保持中立,避免引导性提问。访谈对象的选择应具有多样性,确保信息的全面性。

三、焦点小组讨论

焦点小组讨论是通过组织老年人及其家属、养老服务专家等进行小组讨论,收集他们对养老机构的看法和建议。这种方法能够深入了解目标群体的真实需求和期望。

1. 适用场景

适合探讨某一问题的不同观点和看法。

2. 实施步骤

确定讨论主题和参与人员。选择讨论主题,如养老机构的服务模式、收费策略等,并邀请相关利益方参与。

（1）制定讨论提纲　围绕主题设计讨论问题,确保讨论内容的全面性和针对性。

（2）组织讨论并记录　通过小组讨论的形式,记录参与者的观点和建议。

（3）分析讨论结果　提炼出讨论中的关键观点,为项目决策提供支持。

3. 注意事项

讨论过程中应鼓励参与者自由表达,避免主导讨论方向。讨论时间应控制在合理范围内,以免参与者疲劳。

四、实地考察

实地考察是直接到养老机构进行观察和体验,了解其实际运营情况和服务质量。通过实地考察,可以直观地感受到养老机构的环境、设施、服务流程等。

1. 适用场景

适合了解养老机构的硬件设施和服务水平。

2. 实施步骤

（1）确定考察对象和目标　选择具有代表性的养老机构，明确考察的重点内容，如设施配置、服务质量等。

（2）制订考察计划　包括考察内容、时间安排、人员分工等。

（3）进行实地考察　通过观察、体验等方式，记录养老机构的实际情况。

（4）整理考察结果　分析考察结果，提炼出对项目定位的参考价值。

3. 注意事项

考察过程中应尊重养老机构的隐私和规定。考察内容应全面，涵盖硬件设施、服务流程、人员配置等方面。

五、数据分析

数据分析是通过收集和整理市场数据，运用统计学方法进行分析，以发现市场趋势和潜在需求。例如，可以分析老年人口的分布、消费能力、养老需求等数据，为养老机构的选址、服务内容设计等提供依据。

1. 适用场景

适合对大规模数据进行量化分析。

2. 实施步骤

（1）收集相关数据　包括老年人口统计数据、消费能力数据、政策环境数据等。

（2）数据清洗和筛选　去除无效数据，确保数据的准确性和完整性。

（3）数据分析与可视化　运用数据分析工具（如 Excel、SPSS）进行统计和可视化处理。

（4）解释数据分析结果　根据分析结果，为项目决策提供科学依据。

3. 注意事项

数据来源应可靠，避免使用不准确的数据。分析结果应结合实际情况进行解读，避免过度依赖数据。

📖 课后拓展

1. 假设你要在所在城市筹建一家面向中高端消费群体的养老机构，请运用所学的知识，设计一套完整的市场调查方法。

2. 分析影响目标消费群体对智慧养老接受度的因素，说明对智慧养老市场进行调查优先采用的方法，并针对推广难点提出3条养老机构改进策略。

在线练习

任务2　项目定位内容

🏥 知识索引

关键词：项目定位　养老机构　市场需求

理论（技能）要点：目标客户群体分析　服务模式选择　品牌与市场定位

重点：目标客户群体分析　品牌与市场定位

难点：服务模式选择 项目选址

任务目标

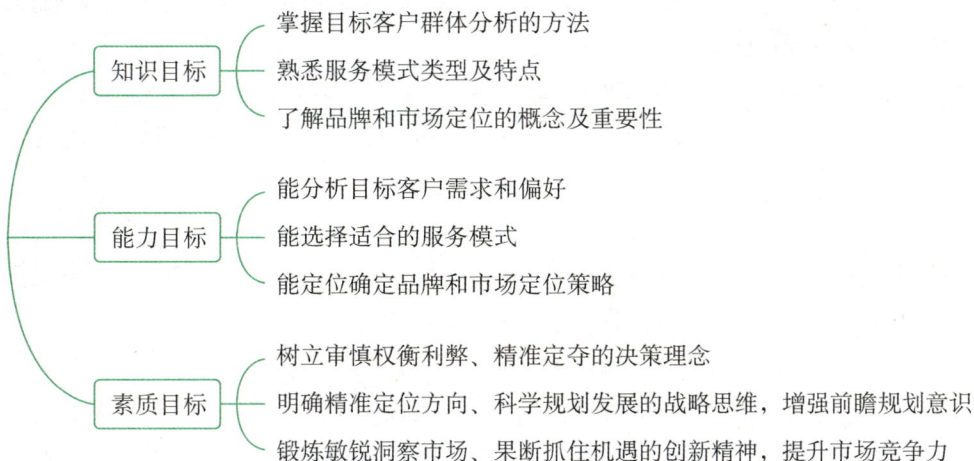

知识目标
- 掌握目标客户群体分析的方法
- 熟悉服务模式类型及特点
- 了解品牌和市场定位的概念及重要性

能力目标
- 能分析目标客户需求和偏好
- 能选择适合的服务模式
- 能定位确定品牌和市场定位策略

素质目标
- 树立审慎权衡利弊、精准定夺的决策理念
- 明确精准定位方向、科学规划发展的战略思维，增强前瞻规划意识
- 锻炼敏锐洞察市场、果断抓住机遇的创新精神，提升市场竞争力

任务情境

　　小李在完成养老机构的市场调查后，进入项目定位阶段。他需要根据调查结果，明确养老机构的目标客户群体、选择合适的服务模式、确定项目选址，并进行品牌与市场定位。小李发现，当地市场对护理型和康复型服务需求较大，但现有机构多以自理型服务为主。他决定将机构定位为提供护理型和康复型服务，以满足市场需求。在选址时，他综合考虑交通便利性、周边医疗资源和环境因素，选择了一个靠近医院、交通便利且环境优美的区域。品牌定位上，小李以"专业护理，温馨家园"为核心，计划通过广告宣传和社区活动提升品牌知名度。

　　你觉得小李的项目定位策略是否合理？为什么？

知识准备

　　1. 关注3个养老机构并了解他们服务的区域和服务内容。
　　2. 关注3个养老机构并找到养老机构的核心价值观、愿景、使命等内容。

知识学习

知识点一　目标客户群体分析

　　目标客户群体分析旨在深入分析养老机构目标客户的年龄、健康状况、消费能力、居住偏好等特征，明确主要服务对象，并评估其在生活照料、医疗护理、精神文化等方面的需求。通过细致的客户群体分析，养老机构能够更好地了解目标客户的特点和需求，为后续的服务设计和市场定位提供坚实基础。

一、目标客户特征分析

1. 年龄分布

（1）低龄老年人（60～70岁）

　　这一年龄段的老年人身体相对健康，活动能力较强，对文化娱乐、社交活动需求较高，如参加老年大学、各类兴趣小组等。他们刚刚退休，有一定的闲暇时间，渴望丰富自己的生活，对养老机构的活动设施和服务质量有较高要求。

（2）中龄老年人（70～80岁）

部分老年人开始出现身体机能下降的情况，对生活照料服务有一定需求，如日常起居协助、简单家务帮助等。同时，他们仍然关注自身的健康状况，对医疗保健服务较为重视，如定期体检、慢性病管理等。

（3）高龄老年人（80岁以上）

身体较为虚弱，通常需要全面的生活照料和医疗护理服务，如喂食、翻身、康复护理等。他们对养老机构的护理团队专业性和设施安全性要求极高，因为这一年龄段的老年人行动不便，容易发生意外。

2. 健康状况

（1）健康老年人

能够自理生活，注重预防保健和身体锻炼，对养老机构的健身设施、营养配餐等服务有需求。他们希望养老机构能提供一个良好的生活环境，促进身体健康。

（2）半失能老年人

在日常生活中有一定的困难，需要部分协助，如上下楼梯、洗澡等。这类老人对养老机构的无障碍设施和护理人员的照顾依赖较大，同时希望获得康复训练，以提高生活自理能力。

（3）完全失能老年人

完全依赖他人照顾，对医疗护理服务需求迫切，如24小时专人护理、疾病治疗等。养老机构需要配备专业的医护人员和先进的医疗设备，确保这类老人得到及时有效的治疗和护理。

3. 消费能力

（1）高收入群体

愿意支付较高的费用，以获得高品质、个性化的养老服务，如私人护理、高端住宿、定制化餐饮等。他们注重养老机构的品牌形象和服务质量，对设施的豪华程度和服务的细致程度有较高期望。

（2）中等收入群体

追求性价比，希望在合理的价格范围内获得较好的养老服务。他们关注养老机构的服务内容和收费标准，倾向于选择服务全面、价格适中的机构。

（3）低收入群体

对价格较为敏感，主要需求是基本的生活照料和医疗护理服务。政府和社会的扶持对于这类群体选择养老机构至关重要，需要通过补贴等方式降低他们的养老成本。

4. 居住偏好

（1）独居

部分老年人希望拥有独立的居住空间，享受自由和隐私，但又希望养老机构能提供必要的生活服务和紧急救援。

（2）合居

一些老年人愿意与他人合住，以减少孤独感，增加社交机会。养老机构在设计合居房间时，需要考虑空间布局和设施配备，满足多人共同生活的需要。

（3）社区式居住

老年人希望生活在社区环境中，与邻居和朋友互动交流。养老机构可以打造社区式居住区域，设置公共活动空间，促进老年人之间的社交和互助。

二、主要服务对象确定

1. 高龄老年人

高龄老年人由于身体机能退化，需要全面的生活照料服务，如协助穿衣、洗漱、如厕等。养老机构应配备专业的护理人员,提供24小时不间断的照顾。医疗护理方面,高龄老年人容易患有多种慢性疾病,需要定期体检、疾病监测和治疗。养老机构应设立医务室,配备医生和护士,提供基本的医疗服务,并与附近医院建立合作关系,确保老人在突发疾病时能及时得到救治。精神慰藉也非常重要,高龄老年人可能因子女不在身边而感到孤独,养老机构应组织各类活动,如唱歌、讲故事、手工制作等,丰富老年人的精神生活。

2. 空巢老年人

空巢老年人缺乏子女的陪伴,容易产生孤独感和失落感。养老机构应注重精神文化服务,提供心理咨询、亲情陪伴等服务,帮助老人排解孤独。组织社交活动,如老年交友会、集体旅游等,促进老人之间的交流和互动,扩大他们的社交圈子。同时,为空巢老年人提供便捷的生活服务,如送餐上门、家务代理等,满足他们的日常生活需求。

3. 失能老年人

失能老年人完全依赖他人照顾,养老机构需要提供专业的护理服务,包括日常生活照料、康复护理、心理护理等。配备专业的康复治疗师,为失能老年人制订个性化的康复计划,进行康复训练,尽可能提高他们的生活自理能力。加强对失能老年人的心理关怀,关注他们的情绪变化,及时给予心理疏导和支持,避免老人因长期卧床而产生抑郁等心理问题。

三、目标客户需求评估

1. 生活照料需求

包括日常起居、饮食、清洁等服务。不同身体状况的老年人对生活照料的需求程度不同,养老机构应根据老年人的实际情况,提供个性化的照料服务。例如,为失能老人提供床上护理、翻身拍背等服务;为半失能老人提供协助行走、洗澡等服务。饮食方面,要根据老人的口味、健康状况和饮食习惯,制订合理的膳食计划,确保营养均衡。同时,提供送餐服务,方便老人就餐。

2. 医疗护理需求

涵盖疾病管理、康复治疗、紧急救援等。养老机构应建立完善的医疗护理体系,配备专业医护人员,对老年人的健康状况进行定期评估和监测。对患有慢性疾病的老人,提供药物管理、病情监测等服务;对需要康复治疗的老人,制定康复方案,进行康复训练。同时,建立紧急救援机制,确保老人在突发疾病时能及时得到救治。

3. 精神文化需求

如文化娱乐活动、心理辅导、社交活动等。养老机构应丰富老年人的精神文化生活,设置文化活动室、图书馆、健身房等设施,提供各类文化娱乐活动,如书法、绘画、音乐、舞蹈等兴趣小组。定期组织心理健康讲座,为老年人提供心理咨询服务,帮助他们保持良好的心态。同时,组织社交活动,促进老年人之间的交流和互动,增强他们的归属感和社会认同感。

知识点二 服务模式选择

服务模式是养老机构运营的核心,直接影响服务质量和市场竞争力。选择合适的服务模式能够更好地满足目标客户群体的需求,提升机构的运营效率和经济效益。本知识点将详细介绍养老机构常见的服务模式及其选择依据,帮助学生掌握如何根据市场需求和自身条件选择合适的服务模式。

一、常见的养老机构服务模式

1. 自理型养老模式

自理型养老模式主要针对生活能够自理,希望在晚年保持独立生活能力,尤其是身体状况良好、生活自理能力强的老年人,为其提供基本的生活照料、餐饮服务和文化娱乐活动。在生活照料方面,提供舒适的居住环境,涵盖整洁的房间、公共活动区域等;餐饮服务注重营养搭配,提供规律饮食以满足老年人的饮食需求;文化娱乐上,组织如书法、绘画、棋牌、健身操等丰富多样的活动,充实老年人的精神生活。该模式具备显著优势,由于设施相对简单,运营成本较低,故而适合中低收入群体,同时老年人能够保持较高的自主性和独立性,尽情享受自由的生活方式。例如,某城市社区养老机构专注服务自理老人,开展照料服务和文化娱乐活动,收获了社区老年人的广泛好评与欢迎。

2. 护理型养老模式

护理型养老模式专门针对失能、半失能和失智,且需要长期护理和医疗支持的老年人,为其提供专业的医疗护理服务。服务内容上,配备专业医护人员,提供包含日常护理、疾病管理、康复治疗等在内的24小时医疗护理服务;制定个性化康复治疗方案,助力老年人恢复身体功能;同时提供涵盖饮食、起居、洗漱等方面的全面生活照料服务。该模式优势突出,不仅配备专业医护人员与先进医疗设备,可提供高质量护理服务,专业性强,而且24小时不间断的护理服务极大保障了老年人的安全,降低意外事故发生概率,安全性高。例如某城市专业护理型养老机构,凭借专业的医护团队和先进康复设备,为失能老人提供全方位护理服务,在市场上赢得了良好的口碑。

3. 康复型养老模式

康复型养老模式侧重于为因疾病或意外导致身体功能受损,以及需要恢复身体功能的老年人提供康复治疗服务,助力他们恢复身体机能。其服务内容丰富,首先通过对老年人身体状况进行全面的康复评估,量身定制个性化康复治疗方案;接着提供物理治疗、作业治疗、言语治疗等多种康复治疗服务;同时还给予心理辅导和精神支持,帮助老年人保持良好心理状态。该模式优势明显,不仅配备专业的康复治疗师和先进康复设备,能够输出高质量的康复服务,专业性强,而且借助个性化康复治疗方案,能够帮助老年人有效恢复身体功能,显著提升生活自理能力,效果突出。如某城市康复型养老机构,凭借专业的康复治疗师团队和先进设备,成功助力多名老年人恢复身体功能,使其得以重新回归家庭与社会。

4. 综合型养老模式

综合型养老模式是结合自理、护理和康复等多种服务模式,为希望在一个机构内获得全方位服务,尤其是需求多样化的老年人,提供一站式养老服务的模式。在服务内容上,针对自理老年人提供基本生活照料和文化娱乐活动;配备专业医护人员,为失能老人提供24小时护理服务;同时还提供个性化康复治疗方案,助力老年人恢复身体功能。该模式具备显著优势,一方面服务内容丰富,能满足不同健康状况老年人的需求,增强机构市场竞争力;另一方面提供一站式服务,极大地方便了老年人及其家属。例如,某城市大型综合型养老机构,通过整合多种服务,满足不同老年人的需求,成为当地养老市场的标杆典范。

二、服务模式选择的依据

1. 资源与能力

评估机构的资金、人员、设施等资源,确定能够支持的服务模式。例如,如果机构资金充足,可以考虑选择综合型或护理型养老模式,配备专业的医护人员和先进的设施;评估机构的专业能力和服务水平,选择与自身能力相匹配的服务模式。例如,如果机构在康复治疗方面具有专业能力,那么康复型养老模式可能更为合适;考虑服务模式的可持续性,选择能够长期运营且具有市场潜力的服务模式。例如,某城市养老机构在筹建初期,通过资源评估发现自身在资金和人员方面有一定优势,但在康复治疗方面专业能力不足。因此,该机构选择了自理型养老模式,逐步积累资金和经验,后续逐步拓展护理和康复服务,实现了可持续发展。

2. 政策与法规

了解当地的政策支持,选择符合政策要求的服务模式。例如,政府对护理型养老机构有补贴政策,可以选择护理型养老模式;了解当地的法规限制,确保服务模式的合法性。例如,某城市养老机构在筹建过程中,通过政策研究发现当地政府对护理型养老机构有专项补贴政策。因此,该机构选择了护理型养老模式,成功获得了政府补贴,降低了运营成本,提升了市场竞争力。

3. 市场趋势与竞争环境

分析养老市场的整体趋势,选择符合市场发展方向的服务模式。随着人口老龄化加剧,康复型和护理型养老模式的需求逐渐增加;分析竞争对手的服务模式、优势和不足,找到市场空白点,避免同质化竞争。例如,某城市养老机构在市场调研中发现,当地老年人对康复服务的需求较高,但市场上康复型养老机构较少。因此,该机构选择了康复型养老模式,填补了市场空白,获得了良好的市场反响。

三、服务模式选择的步骤

1. 内部评估

评估机构的资金、人员、设施等资源,确定能够支持的服务模式;评估机构的专业能力和服务水平,选择与自身能力相匹配的服务模式。某城市养老机构在内部评估中发现,自身在医疗护理方面具有一定的专业优势,但资金和人员资源相对有限。因此,该机构选择了护理型养老模式,逐步积累资金和经验,后续逐步拓展服务内容。

2. 服务内容设计

根据目标客户群体的需求和市场定位,设计具体的服务内容和流程。自理型养老模式可以设计丰富的文化娱乐活动,护理型养老模式可以设计专业的医疗护理服务。根据服务模式,规划养老机构的设施布局,确保设施能够满足服务需求。例如,某城市养老机构在方案设计中,根据自理型养老模式的需求,设计了丰富的文化娱乐活动和舒适的居住环境,配备了公共活动区域和健身设施,受到老年人的广泛欢迎。

3. 可行性分析

评估服务模式的财务可行性,包括投资成本、运营成本和预期收益。护理型养老模式的运营成本较高,但收费也相对较高,需要进行详细的财务分析;评估服务模式的潜在风险,制定相应的风险应对措施。例如,某城市养老机构在可行性分析中,通过财务分析发现,综合型养老模式虽然初期投资较大,但长期来看具有较高的经济效益和社会效益。因此,该机构选择了综合型养老模式,逐步实现了盈利。

服务模式选择是养老机构项目定位的重要环节。通过深入了解自身资源与能力、政策与法规以及市场趋势与竞争环境,养老机构可以选择最合适的模式,提供高质量的服务,满足客户需求,提升机构竞争力。同时,科学合理的服务模式选择步骤能够确保服务模式的有效实施和持续优化,为养老机构的长期发展奠定坚实基础。

知识点三 项目选址

项目选址是养老机构筹建过程中的关键决策之一。选址不仅影响养老机构的运营成本和市场覆盖范围,还直接关系到目标客户群体的便利性和满意度。因此,科学合理的项目选址对于养老机构的成功运营至关重要。

一、项目选址的重要性

1. 市场覆盖与客户便利性

选址应考虑目标客户群体的分布和交通便利性。选择在老年人口密集、交通便利的区域,可以扩大机构的市场覆盖范围,方便客户入住和家属探望。例如,选择在城市中心或公共交通便利的区域,可以吸引更多目标客户。

2. 运营成本与资源获取

选址还应考虑运营成本和资源获取的便利性。选择在基础设施完善、医疗资源丰富的区域,可以降低运营成本,提高服务质量。例如,选择在靠近医院的区域,可以方便老年人就医,减少医疗成本。

3. 环境与品牌形象

选址应考虑周边环境和品牌形象。选择在环境优美、安静的区域,可以提升养老机构的品牌形象,吸引追求高品质生活的老年人。例如,选择在公园附近或自然环境良好的区域,可以为老年人提供舒适的居住环境。

二、项目选址的考虑因素

1. 地理位置与交通便利性

通过市场调研,了解目标客户群体的居住分布,选择老年人口密集的区域;考虑公共交通的可达性,如靠近地铁站、公交站等,方便老年人出行和家属探望;选择在周边设施完善的区域,如超市、银行、菜市场等,方便老年人日常生活。

2. 周边设施与资源

选择在医疗资源丰富的区域,如靠近医院、诊所等,方便老年人就医;选择在商业设施完善的区域,如超市、银行、菜市场等,方便老年人日常生活;选择在文化设施丰富的区域,如图书馆、文化馆等,丰富老年人的精神文化生活。

3. 环境与安全性

选择在环境优美、安静的区域,如公园附近或自然环境良好的区域,为老年人提供舒适的居住环境;考虑周边的安全性,如治安状况、消防设施等,确保老年人的安全;避免噪声和污染,选择在远离工业区、交通主干道等区域。

4. 政策支持与法规限制

土地使用性质:了解当地的土地使用性质,选择符合养老机构建设要求的区域。

建筑规划:了解当地的建筑规划法规,确保项目的合法性。

政策支持:了解当地的政策支持,选择在政策优惠的区域,如税收优惠、补贴政策等。

5. 成本与预算

考虑土地购置或租赁成本,选择在成本合理的区域;考虑建设成本,选择在基础设施完善的区域,减少建设投入;考虑运营成本,如水电费、物业费等,选择在成本较低的区域。

以某城市一家新建的养老机构为例,该机构在选址时,通过市场调研发现当地老年人口主要集中在城市中心区域,且对环境和医疗资源有较高要求。因此,该机构选择在城市中心附近、靠近公园和医院的区域。这种选址不仅提高了市场覆盖范围,还提升了机构的品牌形象,获得了良好的市场反响。项目选址是养老机构筹建的重要环节。通过综合考虑地理位置、交通便利性、周边设施、环境安全性和政策法规等因素,养老机构可以选择最合适的地点,提升市场覆盖范围和客户满意度,降低运营成本,确保项目的成功运营。

阅读卡

某养老机构A
的项目选址

知识点四 品牌与市场定位

品牌与市场定位是养老机构在市场中脱颖而出的关键。明确的品牌定位和市场策略可以帮助养老机构在竞争激烈的市场中吸引目标客户群体,提升品牌知名度和市场影响力。

一、品牌与市场定位的重要性

1. 品牌建设与市场竞争力

品牌是养老机构的重要资产,通过品牌建设可以提升机构的市场竞争力。明确的品牌定位可以帮助养老机构在市场中树立独特的品牌形象,吸引目标客户群体。例如,通过打造高端、专业化的品牌形象,可以吸引高收入、追求高品质生活的老年人。

2. 市场细分与差异化竞争

市场定位是品牌建设的基础,通过市场细分和差异化竞争,养老机构可以在市场中找到独特的定位。例如,针对不同需求的客户群体,提供个性化、专业化的服务,实现差异化竞争。

3. 客户忠诚度与口碑传播

明确的品牌定位和市场策略可以提升客户的忠诚度和口碑传播。通过提供优质的服务和良好的客户体验,可以吸引客户长期入住,并通过口碑传播吸引更多的潜在客户。

二、品牌与市场定位的方法

1. 品牌定位

明确品牌的核心价值,如专业护理、高品质生活、个性化服务等,确保品牌定位与目标客户群体的需求一致;突出品牌的服务特色,如高端设施、专业医护人员、丰富的文化活动等,提升品牌的差异化优势;通过品牌设计、宣传口号、标志等元素,塑造独特的品牌形象,提升品牌的辨识度和记忆度。

2. 市场策略

将养老市场细分为多个具有相似需求的子群体,如自理老人、失能老人、高收入老人、中低收入老人等,选择目标市场。根据机构的资源和能力,选择最适合的目标市场,如高端养老服务市场、社区养老服务市场等;明确机构在目标市场中的独特位置,如高端、专业、亲民等,通过差异化竞争吸引目标客户群体。

3. 品牌传播

通过电视、报纸、网络等媒体进行广告宣传,提升品牌知名度;利用社交媒体平台,如微信、微博、抖音等,进行品牌推广,吸引年轻一代的潜在客户;通过提供优质的服务和良好的客户体验,鼓励客户进行口碑传播,提升品牌的美誉度;举办社区活动,如健康讲座、义诊活动等,提升品牌在社区的影响力;与医疗机构、社区组织、老年协会等建立合作关系,通过合作推广提升品牌影响力。

4. 品牌维护与提升

定期收集客户反馈,了解客户需求和意见,及时调整服务内容和品牌策略;持续提升服务质量,确保客户满意度,通过优质服务提升品牌忠诚度;关注市场动态和行业趋势,不断创新和改进服务内容,提升品牌的竞争力。

以某城市一家高端养老机构为例,该机构在品牌与市场定位时,通过市场调研发现当地高收入、追求高品质生活的老年人对高端养老服务有较高需求。因此,该机构将品牌定位为高端、专业化的养老服务,提供高品质的生活照料和医疗护理服务。通过广告宣传、社交媒体和口碑传播等方式,成功吸引了目标客户群体,提升了品牌知名度和市场影响力,获得了良好的经济效益和社会效益。品牌与市场定位是养老机构在市场中脱颖而出的关键。通过明确品牌定位和市场策略,养老机构可以在市场中树立独特的品牌形象,提升市场竞争力,吸引目标客户群体,提升客户忠诚度和口碑传播,从而实现可持续发展。

阅读卡

某养老机构A的品牌与市场定位

📖 课后拓展

1. 某城市计划新建一家养老机构,根据以下信息,分析该养老机构的市场定位、产品定位和品牌形象定位。

测试

在线练习

地理位置：位于城市中心区域，交通便利，周边有多个成熟社区和医疗机构。

目标客户群体：主要面向中高端收入、对生活品质有较高要求的老年人。

服务内容：提供生活照料、医疗护理、康复理疗、文化娱乐等多元化服务。

价格策略：采用会员制运营模式，会员费根据房型和服务套餐有所不同，月服务费根据实际需求和服务项目收取。

品牌形象：以"品质养老、尊享生活"为核心理念，打造高端、舒适的养老生活环境。

竞品情况：周边已有几家养老机构，但多以中低端服务为主，缺乏高品质的养老服务机构。

2. 假设你所在的城市要新建一家养老机构，请根据当地实际情况，设计该养老机构的项目定位内容，包括市场定位、产品定位和品牌形象定位，并说明设计理由。

项目二
建筑设计

建筑设计是养老机构物质载体构建的灵魂工程，直接影响运营效能、长者生活质量及安全风险管理水平。作为筹建篇的技术中枢，本项目贯穿适老化理念与建筑科学的深度融合，通过空间语言诠释养老服务的专业内涵。从消防系统的合规配置到节能技术的创新应用，每个设计细节都在重塑机构的核心竞争力。

随着《老年人照料设施建筑设计标准》等规范迭代升级，养老建筑已从基础功能满足转向人性化、智慧化发展新阶段。本项目与功能布局、后勤管理等模块形成技术协同，特别在无障碍动线设计、应急疏散规划等方面建立跨模块知识联结。通过研习本项目的设计方法论，学习者可以掌握将适老化原则转化为具体建筑解决方案的能力，培养兼顾政策合规性、运营经济性与人文关怀的专业视野。

本项目主要包括三大任务，即建筑设计的基本原则、方法与要点和消防设计，涉及安全性原则、舒适性原则、功能性原则、经济性原则、可持续性原则、室内设计方法与要点、室外设计方法与要点、消防规范与标准、消防设施配置、疏散设计、智能化消防管理。

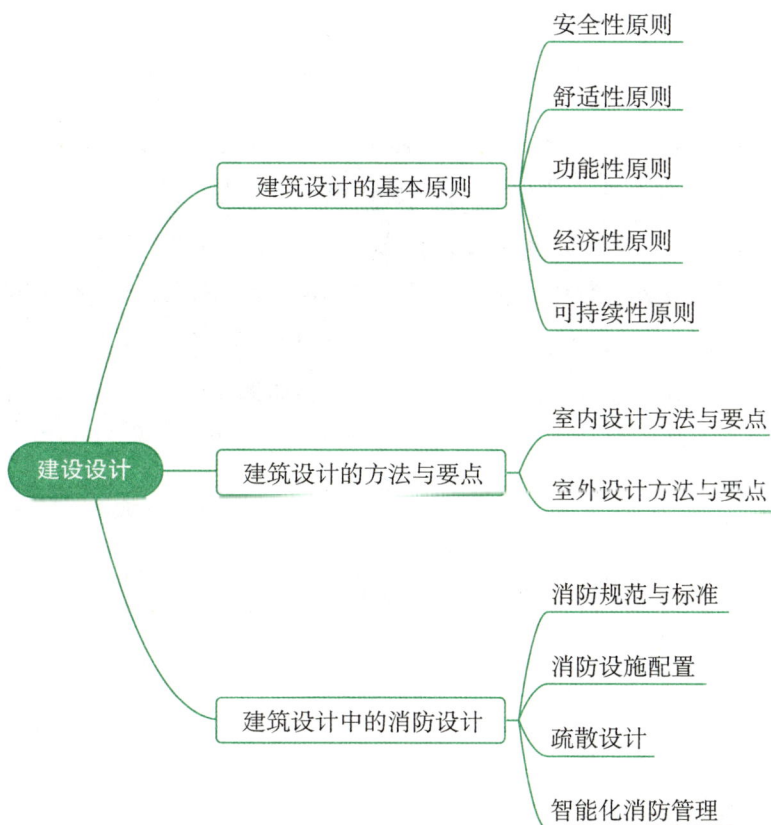

```
                                          ┌── 安全性原则
                                          ├── 舒适性原则
                     ┌── 建筑设计的基本原则 ──┼── 功能性原则
                     │                    ├── 经济性原则
                     │                    └── 可持续性原则
                     │
            建设设计 ──┼── 建筑设计的方法与要点 ──┬── 室内设计方法与要点
                     │                      └── 室外设计方法与要点
                     │
                     │                       ┌── 消防规范与标准
                     └── 建筑设计中的消防设计 ──┼── 消防设施配置
                                            ├── 疏散设计
                                            └── 智能化消防管理
```

任务1　建筑设计的基本原则

知识索引

关键词： 安全性　舒适性　功能性

理论（技能）要点： 安全性原则　舒适性原则　功能性原则

重点： 功能分区　无障碍设计

难点： 长期成本控制　灵活改造

任务目标

知识目标
- 掌握安全性原则、舒适性原则和功能性原则
- 熟悉经济性原则和可持续性原则
- 了解养老机构建筑设计的基本要求

能力目标
- 能依据设计原则进行养老机构建筑的初步规划
- 能分析养老机构建筑设计中的常见问题
- 能提出改进设计方案的建议

素质目标
- 培养安全意识和服务理念
- 提升环保和可持续发展意识

任务情境

　　小张是一名即将毕业的高职学生，专业是智慧健康养老服务与管理。他正在参与一家养老机构的筹建工作，负责建筑设计部分。在设计过程中，他需要遵循一系列基本原则，以确保养老机构的安全性、舒适性、功能性、经济性和可持续性。小张首先了解到，安全性是建筑设计的首要原则，必须确保建筑结构安全，同时配备完善的消防设施。舒适性原则要求室内环境温馨、采光良好，室外环境安静、绿化充足。功能性原则强调空间布局合理，满足老年人的日常生活和护理需求。经济性原则要求在保证质量的前提下，控制成本。可持续性原则则要求建筑设计考虑长期使用和环保因素。

　　你觉得，小张在设计养老机构建筑时，哪个原则最重要？为什么？

知识准备

　　1. 网上查找《老年人照料设施建筑设计标准》（JGJ 450—2018）全文并预习。

　　2. 关注养老机构建筑设计相关网站，了解相关案例。

知识学习

知识点一　安全性原则

安全性原则是养老机构建筑设计的核心，旨在通过科学合理的设计，最大限度地保障老年人的生命

安全和身体健康。这一原则不仅涉及物理环境的安全性,还包括紧急情况下的应对措施,确保老年人在日常生活中能够安全、自由地活动。

一、无障碍设计

无障碍设计是养老机构建筑设计中安全性原则的核心内容之一。老年人由于行动能力受限,无障碍设计能够帮助他们更自由地在建筑内活动,减少意外事故的发生。

1. 无障碍通道

在建筑的主要出入口和内部通道设置无障碍坡道,坡道的坡度应符合国家相关标准,一般不超过1∶12。坡道两侧应设置扶手,确保老年人能够安全通行。

2. 扶手设置

在走廊、楼梯、卫生间等关键区域设置高度适中的扶手,扶手表面应光滑且具有防滑性能,确保老年人在行走或站立时有可靠的支撑(图2-2-1)。

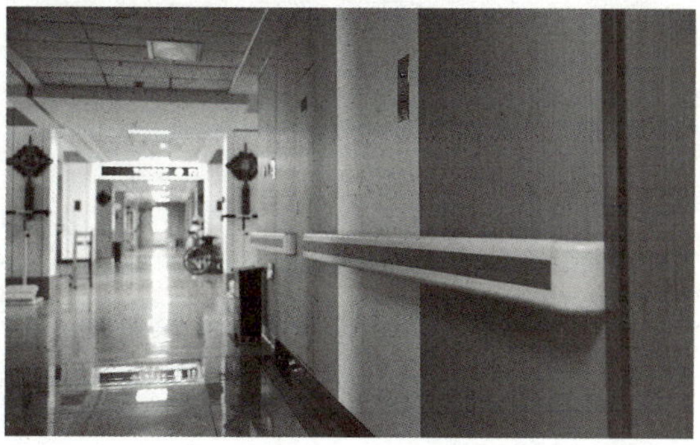

图2-2-1　走廊扶手

3. 低位设施

公共区域的洗手池、饮水器等设施应设置低位版本,方便轮椅使用者使用。低位设施的高度一般不超过80厘米,确保老年人能够轻松操作。

图2-2-2　防滑地面

二、防滑设计

地面防滑是养老机构建筑设计中不可忽视的重要环节。老年人由于行动不便,容易在湿滑的地面上滑倒,因此地面材料的选择和处理至关重要。

1. 防滑材料

选择具有良好防滑性能的地面材料,如防滑地砖、橡胶地板等,尤其是在卫生间、浴室等容易积水的区域。这些材料不仅具有良好的防滑性能,还应易于清洁和维护(图2-2-2)。

2. 地面处理

定期对地面进行防滑处理,确保地面始终保持良好的防滑性能。在设计阶段,应考虑地面材料的耐久性和维护成本,选择性价比高的材料。

三、紧急呼叫系统

紧急呼叫系统是养老机构建筑设计中保障老年人安全的重要设施。老年人在遇到突发情况时,能够通过紧急呼叫系统及时获得帮助。

1. 呼叫按钮设置

在老年人居住区、公共活动区、卫生间等关键区域设置紧急呼叫按钮,按钮应易于操作且位置明显。按钮应安装在老年人容易触及的高度,一般为离地80～100厘米(图2-2-3)。

图2-2-3　床头紧急呼叫器

2. 系统响应

确保紧急呼叫系统能够快速响应,呼叫信号应能够及时传递到护理站或监控中心。系统应具备备用电源,确保在停电情况下仍能正常工作。

四、消防设计

消防设计是养老机构建筑设计中安全性原则的重要组成部分。老年人在火灾等紧急情况下疏散能力较弱,因此消防设计必须严格符合国家相关规范。

1. 疏散通道

设计宽敞、无障碍的疏散通道,确保老年人能够快速疏散。疏散通道的宽度应不小于1.2米,确保轮椅和担架能够顺利通过。

2. 消防设施

配备足够的灭火器、消火栓、自动喷水灭火系统等消防设施。灭火器应放置在显眼且易于取用的位置,消火栓的间距应符合国家消防规范。

3. 防火分区

合理划分防火分区,避免火灾蔓延。防火分区的划分应结合建筑的使用功能和老年人的活动区域,确保每个分区都有独立的疏散通道。

知识点二　舒适性原则

舒适性原则旨在通过科学合理的建筑设计,为老年人创造一个温馨、舒适的居住环境,满足他们的生理和心理需求,提升生活质量。

一、采光与通风

良好的采光和通风是养老机构建筑设计中舒适性原则的重要内容。

1. 自然采光

优化窗户设计,确保室内采光充足,窗户面积应占房间面积的一定比例。窗户应采用双层玻璃,既能保证采光,又能减少噪声和热量的传递。

2. 通风设计

设计合理的通风系统,确保室内空气清新,避免异味积聚。通风系统应包括自然通风和机械通风,自然通风可通过窗户实现,机械通风则通过安装换气扇或新风系统来实现。

二、空间尺度

空间尺度的设计直接影响老年人的心理感受和活动便利性。

1. 合理布局

设计合理的房间和公共区域的面积,避免过于狭窄或宽敞。居住房间的面积一般应在15～20平方米之间,确保老年人有足够的活动空间。

2. 活动空间

设置足够的活动空间,如休闲区、娱乐区等,方便老年人进行日常活动。活动空间应配备舒适的座椅和适当的健身器材,满足老年人的休闲和锻炼需求。

三、温度控制

温度控制是确保老年人居住环境舒适的重要环节。

1. 供暖与制冷

采用节能的供暖和制冷系统,确保室内温度适宜,一般保持在22℃～26℃。供暖系统可采用地暖或暖气片,制冷系统则可选择中央空调或分体空调。

2. 隔热设计

建筑外墙和窗户应具有良好的隔热性能,减少外界温度对室内的影响。外墙可采用保温材料,窗户则可选择双层或三层玻璃。

四、噪声控制

噪声控制是提升老年人居住环境舒适度的重要措施。

1. 隔音设计

采用隔音材料和隔音技术,减少外界噪声对室内的影响。墙体可采用隔音砖,窗户可选择双层玻璃,以有效隔绝外界噪声。

2. 安静环境

设计安静的居住和休息环境,避免噪声干扰。公共活动区和居住区应合理分隔,确保老年人在休息时不受干扰。

知识点三　功能性原则

功能性原则要求建筑设计能够满足养老机构的多种功能需求,确保老年人的日常生活和机构的运营效率。

一、功能分区

明确的功能分区是养老机构建筑设计的基础。

1. 居住区

设计舒适的居住空间,满足老年人的日常生活需求。居住区应包括卧室、卫生间、储物间等,确保老年人能够独立完成日常生活活动。

2. 医疗区

设置医疗室、康复室等,提供基本的医疗服务。医疗区应配备必要的医疗设备和药品储存设施,确保老年人能够及时获得医疗救助。

3. 娱乐区

设计娱乐活动室、图书室等,丰富老年人的精神文化生活。娱乐区应配备适当的娱乐设施,如电视、音响、桌椅等,满足老年人的休闲需求。

4. 后勤区

设置厨房、储物室等,保障机构的正常运营。后勤区应具备良好的通风和排水系统,确保食品卫生和安全。

二、流线设计

合理的流线设计能够避免人员和物资的交叉干扰,提高运营效率。

1. 人员流线

规划老年人、工作人员、访客的流线,确保互不干扰。老年人流线应尽量简洁,减少不必要的行走距离。

图2-2-4　无障碍电梯

2. 物资流线

设计合理的物资运输流线,确保物资能够高效配送。物资流线应与人员流线分开,避免交叉干扰。

三、无障碍流线

无障碍流线设计是确保老年人能够自由活动的重要措施。

1. 无障碍通道

确保老年人能够在各功能区域之间顺畅流动,无需跨越障碍物。通道宽度应不小于1.2米,确保轮椅和担架能够顺利通过。

2. 电梯设置

在多层建筑中设置无障碍电梯,方便老年人上下楼。电梯按钮应设置在老年人容易触及的高度,电梯内应配备扶手和紧急呼叫按钮(图2-2-4)。

知识点四　经济性原则

经济性原则要求在满足养老功能与安全需求的前提下,通过科学的成本控制策略实现长期可持续运营。其核心在于平衡初期投资与长期收益,确保资源利用效率最大化,避免因过度投入或维护不足导致的运营风险。

一、材料选择

选择合适的建筑材料是控制成本的重要环节。

1. 环保材料

选用环保、耐用、易清洁的建筑材料,减少维护成本。例如,选择防水、防潮的地面材料,减少后期维修的频率。同时,环保材料往往具备更长的使用寿命,进一步降低了长期更换的需求。

2. 经济材料

避免过度设计,选择性价比高的材料。例如,选择普通瓷砖而非大理石,既能满足使用需求,又能降低建设成本。此外,对于家具、洁具等固定设施,应优先考虑其耐用性和易清洁性,而非单纯追求品牌或外观,以此平衡成本与品质。

二、长期运营成本

优化能源利用是降低长期运营成本的关键。

1. 节能设备

采用节能灯具、节水设备等,减少资源消耗。例如,安装LED灯具和感应水龙头,既能节约能源,又能减少维护成本。感应式水龙头的应用,则能在保证用水便利的同时,有效避免水资源浪费。

2. 维护成本

选择易于维护的材料和设备,降低维护费用。例如,耐磨损的地面材料、低故障率的电气设备等,可以显著降低日常维护和修理的费用。此外,建立科学的维护管理体系,定期进行设备检查与保养,也是预防故障发生、延长设备使用寿命的重要措施。

三、灵活改造

随着老龄化社会的加速发展,养老设施的功能需求也在不断变化。因此,在设计阶段就应充分考虑未来改造的可能性,避免因功能需求变化而造成资源浪费。

1. 灵活空间

设计可灵活调整的空间,适应未来功能需求的变化。例如,设置可移动隔断,方便根据需要调整房间大小。

2. 模块化设计

采用模块化设计,便于未来的扩展和改造。例如,采用标准化的房间布局,方便根据需求增加或减少房间数量,从而快速响应市场变化和服务需求(图2-2-5)。这种设计方式不仅提高了养老设施的适应性和灵活性,也为其长期运营提供了更多的可能性。

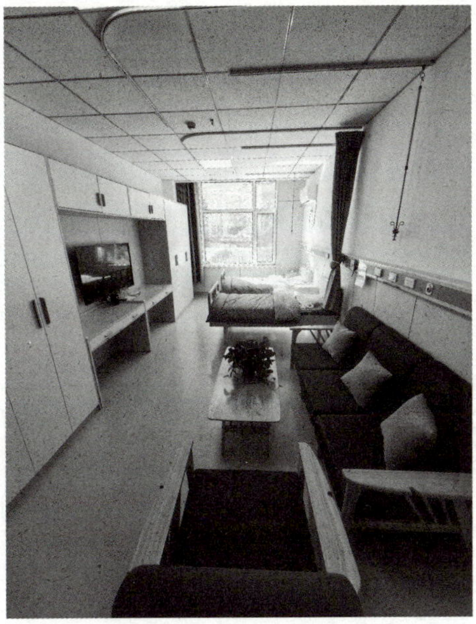

图2-2-5 老年人居室

知识点五 可持续性原则

在养老机构的建设与运营中,可持续性原则犹如一条贯穿始终的生命线,它不仅关乎环境保护与资源节约,更是对未来世代负责的具体体现。这一原则强调,在满足老年人生活需求的同时,必须将环保理念融入每一个细节,确保养老机构在运营过程中对环境的影响最小化,同时将资源利用效率最大化,实现经济、社会与环境的和谐共生。

一、节能设计

节能设计是可持续性原则的核心组成部分,它通过科技与设计的巧妙结合,实现了能源的高效利用。

1. 自然采光

自然采光作为最直接的节能手段,被广泛应用于养老机构的建筑设计中。通过优化窗户布局与尺寸,引入充足的自然光线,不仅为老年人营造了明亮舒适的居住环境,还大幅减少了人工照明的依赖。双层玻璃窗户的应用,既保证了良好的采光效果,又有效隔绝了外界噪声与热量,提升了建筑的保温隔热性能。

2. 节能设备

在设备选择上,节能灯具、高效空调系统等成为标配。智能温控系统的引入,更是将节能理念推向了新高度。该系统能够根据室内人员活动情况自动调节温度,避免能源的无谓浪费,为老年人提供了更加个性化的舒适体验。

二、环保材料

选用环保材料是减少环境影响、保障居住者健康的关键步骤。

1. 无污染材料

在养老机构的建设中,无毒、无污染的建筑材料成为首选。低挥发性有机化合物(VOC)的涂料、无甲醛的板材等,这些材料的应用,有效降低了室内空气污染,为老年人创造了一个更加安全、健康的居住环境。

2. 可再生材料

优先使用可再生材料,如竹材、再生木材等,不仅具有良好的物理性能,还能显著降低建造成本,减少对自然资源的依赖。它们的广泛应用,体现了养老机构在追求经济效益的同时,对环境保护的坚定承诺。

三、绿化设计

绿化设计作为可持续性原则的又一重要体现，不仅美化了养老机构的环境，更提升了居住者的生活质量。

1. 绿化区域

绿化区域的设置，为老年人提供了亲近自然、放松身心的空间。选择适合当地气候的植物，既保证了绿化的成活率，又降低了维护成本，实现了生态与经济的双赢。

2. 屋顶绿化

在条件允许的情况下，设计屋顶绿化，减少建筑能耗，不仅可以有效隔热、降低室内温度，减少空调使用频率，还能增加城市的绿地面积，改善城市微气候。这一创新设计，为养老机构增添了一抹独特的绿色风景，让老年人在享受舒适生活的同时，也能感受到大自然的恩赐。

📹 课后拓展

1. 课后研究新兴绿色能源技术，如地热能在养老机构中的应用潜力。了解地热能如何通过热泵系统为建筑供暖、制冷，思考其在不同地区养老机构应用的可行性与优势，进一步拓宽能源可持续利用思路。

2. 收集国内外养老机构可持续设计的成功案例，从能源、水资源、材料及空间规划等方面分析其设计亮点与创新点。通过案例研究，加深对养老机构建筑设计可持续性原则的理解，并思考如何将优秀经验应用于实际设计。

测试

在线练习

任务2　建筑设计的方法与要点

📋 知识索引

关键词：室内设计　室外设计　空间规划

理论（技能）要点：室内设计方法与要点　室外设计方法与要点　空间规划要点

重点：无障碍设计　空间布局合理性

难点：环境与功能的平衡　空间灵活性与适应性

📖 任务目标

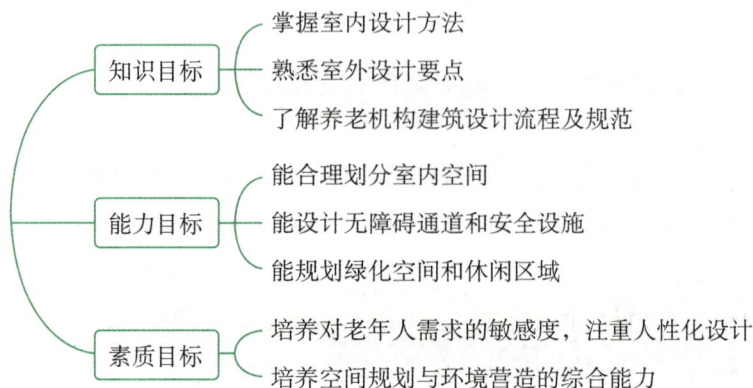

任务情境

小李在参与养老机构的筹建工作时，负责建筑设计的具体实施。他需要掌握室内和室外设计的方法与要点，以确保养老机构的建筑既美观又实用。在室内设计方面，小李注重空间的合理划分，确保活动区域宽敞明亮，休息区域安静舒适。他还特别关注无障碍设计，确保老年人能够自由行动。在室外设计方面，小李规划了充足的绿化空间和休闲区域，同时考虑了建筑与周边环境的和谐统一。

你觉得，小李在室内设计和室外设计中，哪个方面更需要关注细节？为什么？

知识准备

1. 网上查找《老年人照料设施建筑设计标准》（JGJ 450—2018）全文并预习。
2. 收集关于当地老年人生活习惯、身心特点以及对养老环境需求的调研数据。

知识学习

知识点一　室内设计方法与要点

室内设计是养老机构建筑设计的重要组成部分，直接影响老年人的生活质量和居住体验。根据《老年人照料设施建筑设计标准》（JGJ 450—2018），室内设计应遵循安全性、舒适性、功能性、经济性和可持续性原则，确保老年人的安全、舒适和便利。

一、空间布局

1. 功能分区明确

根据老年人的活动规律和需求，合理划分居住区、医务区、娱乐区和后勤区。生活区应靠近主要出入口，便于老年人进出；医疗区应靠近护理站，便于医护人员快速响应。

2. 无障碍设计

确保室内通道宽敞无障碍，门的宽度不小于1.2米，确保轮椅和担架能够顺利通过。卫生间应设置无障碍设施，如无障碍马桶、扶手等（图2-2-6）。

3. 灵活性与适应性

设计时应考虑未来可能的功能调整，预留足够的空间和接口，便于改造和升级。

4. 洁污分流

建筑及场地内的物品运送应洁污分流，且运送垃圾废物、换洗被服等污物的流线不应穿越食品存放、加工区域及老年人用餐区域。

图2-2-6　无障碍卫生间

5. 医疗废物处理

临时存放医疗废物的用房应设置专门的收集、洗涤、消毒设施，且有医疗废物运送路线的规划。

6. 遗体运出路径

遗体运出的路径不宜穿越老年人日常活动区域。

二、材料选择

1. 环保与易清洁

选择环保、无毒、易清洁的材料，减少室内污染，便于日常维护。地面材料应防滑、耐磨，墙面材料应具有一定的吸音和隔音性能。

2. 色彩与质感

色彩应温馨、柔和，避免使用过于刺眼或单调的颜色。材质应选择舒适、温暖的材料，提升老年人的居住体验。

三、照明设计

1. 充足与均匀

确保室内照明充足且均匀，避免出现暗角。主要活动区域应有足够的自然采光，必要时可设置辅助照明。室内照明的照度不应低于300 lx。

2. 柔和与无眩光

选择柔和的光源，避免眩光，保护老年人的视力。夜间照明应设置低亮度的夜灯，方便老年人夜间活动。照明开关离地面高度应为0.8～1.0米。

3. 嵌装脚灯

居室至居室卫生间的走道墙面距地0.4米处应设嵌装脚灯，确保夜间行走安全。

4. 备用照明

居室、单元起居厅、餐厅、文娱与健身用房宜设置备用照明，照度值不应低于该场所一般照明照度标准值的10%。

四、家具与设备

1. 安全与舒适

家具应选择圆角设计，避免尖锐边缘，防止老年人碰撞受伤。座椅和床应具有适当的高度和软硬度，确保舒适（图2-2-7）。座椅高度应为450～500毫米，床的高度应为450～550毫米。

2. 智能化设备

配备智能化设备，如智能照明系统、智能呼叫系统等，提升老年人的生活便利性和安全性。

3. 电源插座

居室电源插座的高度应为0.3～0.5米，确保老年人使用方便且安全。

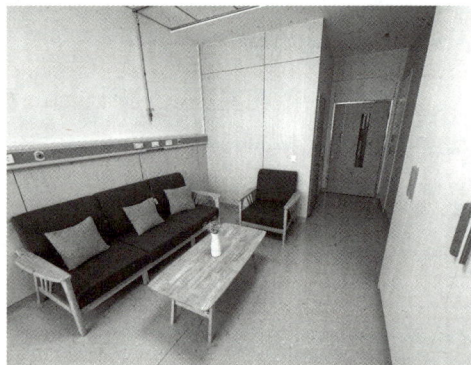

图2-2-7　适老化家具

五、细节设计

1. 标识系统

设置清晰的标识系统，包括楼层标识、功能区域标识等，方便老年人识别和使用。标识应采用大字体，高度应为1.5～1.8米（图2-2-8）。

2. 储物空间

提供充足的储物空间，方便老年人存放个人物品，保持室内整洁。储物空间的高度应为700～1 500

毫米。

3. 扶手

在卫生间、浴室和走道等关键位置设置扶手,扶手高度应为0.85～0.9米,确保老年人行走和使用时的安全。

4. 防噪设计

居室、休息室楼板的计权规范化撞击声压级应小于65 dB,确保老年人的居住环境安静舒适。

图2-2-8　导向标识

六、老年人居室和休息室设计

1. 禁止设置在地下室

老年人全日照料设施的老年人居室不允许布置在地下室、半地下室。这些场所如设置在地下、半地下时,遭遇火灾等紧急状态下,烟气不易排除,人员疏散困难,直接危害老年人的安全。而且,处于地下的房间平时的卫生环境方面隐患较大,通风、采光等各方面均较地上房间为差。

2. 采光与通风

居室应具有天然采光和自然通风条件,日照标准不应低于冬至日日照时数2小时。当居室日照标准低于冬至日日照时数2小时时,老年人居住空间日照标准应按同一照料单元内的单元起居厅日照标准不应低于冬至日日照时数2小时。同一生活单元内至少1个居住空间日照标准不应低于冬至日日照时数2小时。

3. 使用面积

每间居室应按不小于6平方米/床确定使用面积。单人间居室使用面积不应小于10平方米,双人间居室使用面积不应小于16平方米。护理型床位的多人间居室,床位数不应大于6床;非护理型床位的多人间居室,床位数不应大于4床。床与床之间应有为保护个人隐私进行空间分隔的措施。居室的净高不宜低于2.4米;当利用坡屋顶空间作为居室时,最低处距地面净高不应低于2.1米,且低于2.4米高度部分面积不应大于室内使用面积的1/3。居室内应留有轮椅回转空间,主要通道的净宽不应小于1.05米,床边留有护理、急救操作空间,相邻床位的长边间距不应小于0.8米。居室门窗应采取安全防护措施及方便老年人辨识的措施。

4. 日间照料设施的休息室

老年人日间照料设施的每间休息室使用面积不应小于4平方米/人。

5. 单元起居厅

应按不小于2平方米/床确定使用面积。平面及空间形式应适应老年人日常起居活动,并满足多功能使用的要求。

6. 餐厅设计

老年人全日照料设施中,护理型床位照料单元的餐厅座位数应按不低于所服务床位数的40%配置,每座使用面积不应小于4平方米;非护理型床位的餐厅座位数应按不低于所服务床位数的70%配置,每座使用面积不应小于2.5平方米。老年人日间照料设施中,餐厅座位数应按所服务人数的100%配置,每座使用面积不应小于2.5平方米。单人座椅应可移动且牢固稳定,餐桌应便于轮椅老年人使用。空间布置应能满足餐车进出、送餐到位服务的需要,并应为护理人员留有分餐、助餐空间(图2-2-9)。当单元起居厅兼作为老年人集中使用的餐厅时,应同时符合单元起居厅与餐厅的设计规定。

图 2-2-9　老年人餐厅

7. 居室卫生间

护理型床位的居室应相邻设居室卫生间，居室及居室卫生间应设满足老年人盥洗、便溺需求的设施，可设洗浴等设施；非护理型床位的居室宜相邻设居室卫生间。居室卫生间应当设盥洗、便溺、洗浴等设施时，应留有助洁、助厕、助浴等操作空间。应有良好的通风换气措施。与相邻房间室内地坪不宜有高差；当有不可避免的高差时，不应大于15毫米，且应以斜坡过渡。

8. 公用卫生间

照料单元应设公用卫生间，且应与单元起居厅或老年人集中使用的餐厅邻近设置。坐便器数量应按所服务的老年人床位数测算（设居室卫生间的居室，其床位可不计在内），每6～8床设1个坐便器。每个公用卫生间内至少应设1个供轮椅老年人使用的无障碍厕位，或设无障碍卫生间。应设1～2个盥洗盆或盥洗槽龙头。

9. 盥洗室

当居室或居室卫生间未设盥洗设施时，应集中设置盥洗室，盥洗盆或盥洗槽龙头数量应按所服务的老年人床位数测算，每6～8床设1个盥洗盆或盥洗槽龙头。盥洗室与最远居室的距离不应大于20米。

10. 浴室

当居室卫生间未设洗浴设施时，应集中设置浴室，浴位数量应按所服务的老年人床位数测算，每8～12床设1个浴位。其中轮椅老年人的专用浴位不应少于总浴位数的30%，且不应少于1个。浴室内应配备助浴设施，并应留有助浴空间。浴室应附设无障碍厕位、无障碍盥洗盆或盥洗槽，并应附设更衣空间。

七、文娱与健身用房设计

文娱与健身用房总使用面积不应小于2平方米/床（人）。文娱与健身用房的位置应避免对老年人居室、休息室产生干扰。大型文娱与健身用房宜设置在建筑首层，地面应平整，且应邻近设置公用卫生间及储藏间。严寒、寒冷、多风沙、多雾霾地区的老年人照料设施宜设置阳光厅，湿热、多雨地区的老年人照料设施宜设置风雨廊。

八、医疗保健用房设计

1. 医务室

医务室使用面积不应小于10平方米，平面空间形式应满足开展基本医疗服务与救治的需求，且应有较好的天然采光和自然通风条件（图2-2-10）。

2. 康复用房

当设置康复用房时，除应符合国家现行有关标准的规定外，室内地面应平整，表面材料应具有防护性，房间平面布局应适应不同康复设施的使用要求（图2-2-11）。宜附设盥洗盆或盥洗槽。

3. 医疗服务用房

当设置临床、预防保健、医技等医疗服务用房时，应符合国家现行有关标准的规定。

图 2-2-10　医务室

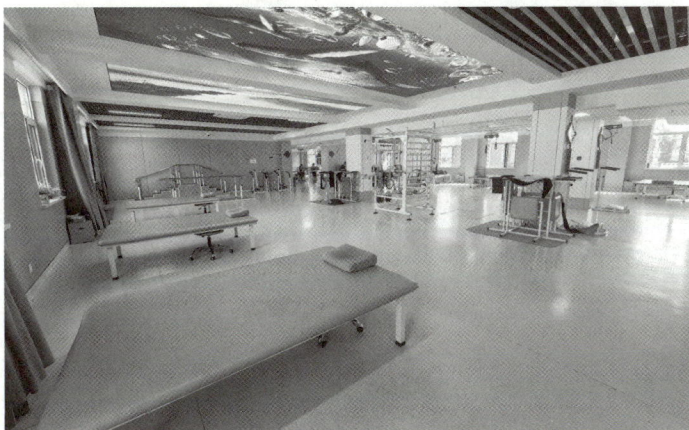

图2-2-11 康复室

九、出入口和门厅设计

1. 平坡出入口

宜采用平坡出入口,平坡出入口的地面坡度不应大于1/20,有条件时不宜大于1/30。

2. 旋转门

出入口严禁采用旋转门。

3. 防滑措施

出入口的地面、台阶、踏步、坡道等均应采用防滑材料铺装,应有防止积水的措施,严寒、寒冷地区宜采取防结冰措施。

4. 助行器和轮椅停放区

出入口附近应设助行器和轮椅停放区(图2-2-12)。

图2-2-12 轮椅停放区

十、走廊设计

老年人使用的走廊,通行净宽不应小于1.8米,确有困难时不应小于1.4米;当走廊的通行净宽大于1.4米且小于1.8米时,走廊中应设通行净宽不小于1.8米的轮椅错车空间,错车空间的间距不宜大于15米。

十一、电梯设计

1. 电梯数量

电梯的数量应综合设施类型、层数、每层面积、设计床位数或老年人数、用房功能与规模、电梯主要技术参数等因素确定。为老年人居室使用的电梯,每台电梯服务的设计床位数不应大于120床。

2. 电梯位置

电梯的位置应明显易找,且宜结合老年人用房和建筑出入口位置均衡设置。

十二、楼梯设计

1. 梯段通行净宽

梯段通行净宽不应小于1.2米,各级踏步应均匀一致,楼梯缓步平台内不应设置踏步。

2. 踏步设计

踏步前缘不应突出,踏面下方不应透空。

3. 防滑材料

应采用防滑材料饰面,所有踏步上的防滑条、警示条等附着物均不应突出踏面。

十三、门窗设计

老年人用房的门开启宽度不应小于0.8米,有条件时,不宜小于0.9米。护理型床位居室的门不应小于1.1米。建筑主要出入口的门不应小于1.1米。含有2个或多个门扇的门,至少应有1个门扇的开启净宽不小于0.8米。

十四、阳台和上人平台

相邻居室的阳台宜相连通。严寒及寒冷地区、多风沙地区的老年人用房阳台宜封闭,其有效通风换气面积不应小于窗面积的30%。阳台、上人平台宜设衣物晾晒装置。开敞式阳台、上人平台的栏杆、栏板应采取防坠落措施,且距地面0.35米高度范围内不宜留空。

十五、无障碍设计

1. 轮椅通行空间

轮椅作为中度失能和重度失能老年人出行的主要交通工具,应能够自由出入经过无障碍设计的场地和建筑空间,因此轮椅通过的空间净宽度不应小于0.8米。

2. 轮椅坡道

老年人使用的室内外交通空间,当地面有高差时,应设轮椅坡道连接,且坡度不应大于1/12。当轮椅坡道的高度大于0.1米时,应同时设无障碍台阶(图2-2-13)。

3. 连续扶手

老年人因身体衰退常常需借助安全扶手等扶助技术措施通行,因此老年人照料设施交通空间的主要位置两侧应设置连续扶手,其位置、尺寸等设计应该符合现行国家标准《无障碍设计规范》(GB 50763—2012)的规定。

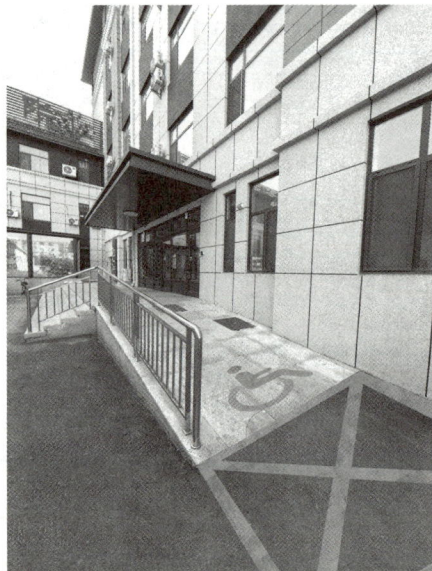

图2-2-13 轮椅坡道

4. 无障碍洁具

卫生间、盥洗室、浴室,以及其他用房中供老年人使用的盥洗设施,应选用方便无障碍使用的洁具。无障碍设施的地面防滑等级及防滑安全程度应符合相关标准。

十六、室内装修设计

1. 一体化设计

老年人照料设施的室内装修设计宜与建筑设计结合,实行一体化设计。

2. 收纳与使用空间

室内装修应考虑康复辅助器具的收纳、使用空间,并预留所需建筑设备的条件。

3. 装饰材料选择

室内装饰材料的选择,应符合国家现行有关标准的规定。

4. 部品与家具布置

室内部品与家具布置应安全稳固,适合老年人生理特点和使用需求。

5. 色彩设计

室内色彩应有利于营造温馨、宜居的环境氛围,宜以暖色调为主。

6. 标识设置

标识设置应系统、连续、科学合理,符合老年人认知特点,且应符合相关现行国家标准的规定。

7. 人员疏散

老年人照料设施的人员疏散应符合现行国家标准《建筑设计防火规范》[GB 50016—2014(2018年版)]的规定。每个照料单元的用房均不应跨越防火分区。

8. 门的设计

向老年人公共活动区域开启的门不应阻碍交通。老年人用房的厅、廊、房间如设置休息座椅或休息区、布设管道设施、挂放各类物件等形成的突出物应有防刮碰的保护措施。

9. 缓冲空间

建筑的主要出入口至机动车道路之间应留有满足安全疏散需求的缓冲空间。

10. 紧急送医通道

全部老年人用房与救护车辆停靠的建筑物出入口之间的通道,应满足紧急送医需求。紧急送医通道的设置应满足担架抬行和轮椅推行的要求,且应连续、便捷、畅通。

11. 门锁与把手

老年人的居室门、居室卫生间门、公用卫生间厕位门、盥洗室门、浴室门等,均应选用内外均可开启的锁具及方便老年人使用的把手,且宜设应急观察装置。

十七、建筑和场地设计

1. 清洁与卫生

老年人照料设施的建筑和场地的设计应便于保持清洁、卫生,空间布局应有利于防止传染病传播。

2. 建筑间距

老年人全日照料设施设有生活用房的建筑间距应满足卫生间距要求,且不宜小于12米。

3. 洁污分流

建筑及场地内的物品运送应洁污分流,且运送垃圾废物、换洗被服等污物的流线不应穿越食品存放、加工区域及老年人用餐区域。

4. 医疗废物处理

临时存放医疗废物的用房应设置专门的收集、洗涤、消毒设施,且有医疗废物运送路线的规划。

5. 遗体运出路径

遗体运出的路径不宜穿越老年人日常活动区域。

6. 防噪设计

居室、休息室楼板的计权规范化撞击声压级应小于65 dB,确保老年人的居住环境安静舒适。

7. 热水供应

建筑宜供应热水,并宜采取集中热水供应系统。储水温度不宜低于60℃,热水配水点水温宜为40～50℃。热水供应应有控温、稳压装置,宜采用恒温阀或恒温龙头,明装热水管道应设有保温措施。有条件的地区宜优先采用热泵或太阳能等非传统热源制备生活热水,并宜配有辅助加热设施。太阳能热水系统应设防过热设施。

8. 节水与降噪

卫生洁具和给水排水配件应选用节水型低噪声产品。给水、热水管道设计流速不宜大于1.00米/秒,排水管应选用低噪声管材或采用降噪声措施。

9. 供暖系统

设置散热器供暖系统时,应采用供水温度不大于85℃热水作为热媒。有条件时,宜采用热水地面辐射供暖系统,供水温度不应大于60℃。

室内设计是养老机构建筑设计的重要环节,通过合理布局、材料选择、照明设计、家具与设备配置以及细节设计,可以有效提升老年人的生活质量和居住体验。设计时应充分考虑老年人的需求和安全,确保设计的科学性和实用性。

知识点二　室外设计方法与要点

室外设计是养老机构建筑设计的重要组成部分,直接影响养老机构的整体环境和老年人的户外活动体验。根据《老年人照料设施建筑设计标准》(JGJ 450—2018),室外设计应注重绿化空间、休闲区域和无障碍通道的规划,确保老年人能够安全、舒适地进行户外活动。同时,室外设计还需考虑救护车辆通行、停靠和救援的需求,确保紧急情况下的快速响应和安全救援。

一、绿化空间

1. 绿化覆盖率

绿化覆盖率应不低于30%,提供充足的绿色空间,改善空气质量,提升居住环境的舒适度。

2. 植物选择

选择适合当地气候的植物,避免使用有毒、有刺的植物。设置花坛和绿化带,增加绿化层次感。绿化区域应设置不少于1.5米宽的步行道。

3. 景观绿化设计

为创造良好的景观环境,应对老年人照料设施建筑总平面进行场地景观绿化设计。绿化种植应选用适应当地气候的树种,乔、灌、草结合,以乔木为主,达到四季常青。为了避免对老年人安全和健康造成危害,不应种植易产生飞絮、有异味、带刺、有毒、根茎易于露出地面的植物。对于人可进入的绿化区,应保证林下净空不低于2.2米,并不应有蔓生枝条。

二、休闲区域

1. 功能分区

设置休闲座椅、凉亭、健身器材等设施,满足老年人的休闲和锻炼需求。休闲区域应靠近主要出入口,方便老年人进出。休闲区域的面积不应小于100平方米。

2. 无障碍设计

确保休闲区域的通道无障碍,设置无障碍坡道和扶手,方便老年人使用轮椅和助行器。无障碍坡道的坡度不应大于1∶12(约8.33%)。

3. 动静分区

室外活动场地宜根据老年人活动特点进行动静分区,一般将运动项目场地作为动区,设置健身运动器材,并与休憩静区保持适当距离。在静区根据情况进行园林设计,并设置亭、廊、花架、座椅等设施以及轮椅、助行器停放空间。座椅宜布置在冬季向阳、夏季遮阴处,便于老年人使用。

4. 安全性

为保证老年人室外活动的安全性,室外活动场地的位置应避免与车辆交通空间交叉。同时,为创造适宜老年人活动的环境气候条件,活动场地位置宜选择在向阳、避风处,并保证场地能获得日照。

5. 场地设计

为了老年人使用安全方便,活动场地表面应平整、排水畅通,并采取防滑措施。同时为了满足轮椅使用者活动,场地坡度不应大于2.5%。根据老年人生理特点,老年人集中的室外活动场地应邻近设置满足老年人使用的公用卫生间,且需满足轮椅老年人的无障碍需要。公用卫生间的位置在活动场地附近或相邻的建筑内均可。

三、救护车辆通道和停靠场地

1. 通道净空

救护车辆通道应满足最小3.5米×3.5米的净空要求,确保救护车能够顺利通行和停靠。

2. 车道设置

当利用道路作为救护车辆停靠场地时,道路应设置两条车道以上,确保救护车有足够的空间进行操作。

3. 遮蔽物净空

当救护车辆停靠场地位于建筑出入口雨搭、挑棚、挑檐等遮蔽物之下时,地面至遮蔽物底面净空应不小于3.5米,确保救护车能够顺利进入和操作。

四、环境营造

1. 景观设计

设置水景、雕塑等景观元素,提升养老机构的整体美观度。景观设计应与建筑风格相协调,营造温馨、舒适的氛围(图2-2-14)。根据《老年人照料设施建筑设计标准》(JGJ 450—2018),水景深度不应超过0.5米,边缘应设置安全防护设施。

图2-2-14 室外景观

2. 噪声控制

通过绿化带和隔音设施,减少外部噪声对养老机构的影响,确保老年人能够享受安静的环境。根据《老年人照料设施建筑设计标准》(JGJ 450—2018),室外噪声水平应控制在55 dB以下。

3. 特殊地区设计

严寒、寒冷、多风沙、多雾霾地区的老年人照料设施宜设置阳光厅,湿热、多雨地区的老年人照料设施宜设置风雨廊。

五、安全设施

1. 照明系统

设置充足的室外照明,确保夜间活动的安全。照明应均匀分布,避免出现暗区。根据《老年人照料设施建筑设计标准》(JGJ 450—2018),室外照明的照度不应低于50 lx。

2. 监控系统

安装监控设备,确保室外区域的安全,便于管理人员及时发现和处理问题。监控设备应覆盖所有主要通道和休闲区域。

六、其他设计要点

1. 场地坡度

室外活动场地的坡度不应大于2.5%,以确保老年人行走时的安全和舒适。根据《老年人照料设施建筑设计标准》(JGJ 450—2018),场地坡度应控制在2.5%以内,以减少滑倒和摔倒的风险。

2. 无障碍通道

无障碍通道的宽度不小于1.2米,确保轮椅和担架能够顺利通过。通道应平坦、无台阶,必要时设置无障碍坡道。根据《老年人照料设施建筑设计标准》(JGJ 450—2018),无障碍通道的最小宽度为1.2米,最小净高为2米。

3. 地面材料

选择防滑、耐磨的地面材料,确保老年人行走安全。地面材料的防滑等级应达到B级。

4. 水景设计

老年人低头观察事物时间较长时,易发生头晕摔倒事故。因此,老年人照料设施建筑总平面中设置水池等观赏水景的,水深不宜大于0.5米,且水池周边需要设置警示牌、栏杆等安全提示和安全防护措施。

室外设计是养老机构建筑设计的重要环节,通过合理规划绿化空间、休闲区域和无障碍通道,设置救护车辆通道和停靠场地,选择合适的材料和设施,可以有效提升老年人的户外活动体验和居住环境的舒适度。设计时应充分考虑老年人的需求和安全,确保设计的科学性和实用性。

阅读卡

悦康园养老机构的室外设计探索

📖 课后拓展

1. 列举两项你认为最重要的室内安全设计细节,并简述其重要性。

2. 如何实现养老机构室内外空间的有机结合？请描述一个具体的设计思路。

测试

在线练习

任务3　建筑设计中的消防设计

🏥 知识索引

关键词：消防规范　设施配置　疏散设计

理论(技能)要点：消防规范与标准　消防设施配置　疏散设计要点

重点：消防设施的合理配置　疏散通道的安全性与便利性

难点：消防规范的准确理解和应用　智能化消防管理系统的集成与应用

📚 任务目标

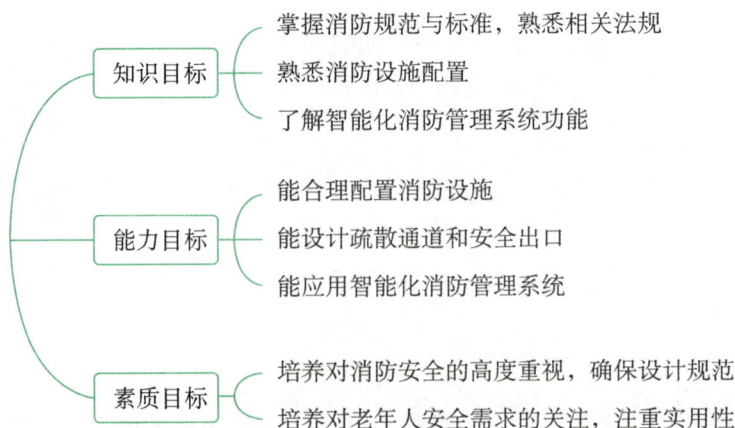

知识目标
- 掌握消防规范与标准,熟悉相关法规
- 熟悉消防设施配置
- 了解智能化消防管理系统功能

能力目标
- 能合理配置消防设施
- 能设计疏散通道和安全出口
- 能应用智能化消防管理系统

素质目标
- 培养对消防安全的高度重视,确保设计规范
- 培养对老年人安全需求的关注,注重实用性

任务情境

小王在参与养老机构的筹建工作时,负责建筑设计中的消防部分。他深知消防设计的重要性,因此严格按照消防规范与标准进行设计。小王首先确保建筑符合当地的消防法规,然后详细规划了消防设施的配置,包括灭火器、消防栓、自动喷淋系统等。他还特别关注疏散设计,确保所有房间都有明确的疏散通道,并在关键位置设置了疏散指示标志。最后,小王引入了智能化消防管理系统,以便实时监控和快速响应火灾情况。

你觉得,小王在消防设计中,智能化消防管理系统的引入是否必要?为什么?

知识准备

1. 网上查找《养老机构消防安全管理规定》全文并预习。

2. 关注养老机构消防设计和管理相关网站,了解相关案例。

知识学习

知识点一　消防规范与标准

消防规范与标准是养老机构建筑设计中不可忽视的重要组成部分。老年人在火灾等紧急情况下疏散能力较弱,因此消防设计必须严格符合国家相关规范,以确保老年人的生命安全。

一、建筑耐火等级

养老机构的建筑耐火等级应符合《建筑防火通用规范》(GB 55037—2022)和《老年人照料设施建筑设计标准》(JGJ 450—2018)的要求。耐火等级的确定应根据建筑的高度、面积和使用功能等因素综合考虑,一般不应低于三级耐火等级。

1. 耐火等级的确定因素

建筑的高度、面积、使用功能以及所在地区的火灾风险等级都是确定耐火等级的重要因素。例如,高层建筑由于火灾蔓延速度快,耐火等级要求更高。

2. 耐火等级的具体要求

二级耐火等级要求建筑的主要承重构件如柱、梁、楼板等应采用不燃烧体,且具有一定的耐火极限。例如,柱的耐火极限不应低于2.5小时,梁不应低于2小时,楼板不应低于1.5小时。

三级耐火等级适用于多层住宅建筑、一般商业建筑、普通工业建筑、小型公共建筑等。对于养老机构,三级耐火等级要求承重墙的耐火极限不低于2小时,非承重墙不低于0.5小时,楼板不低于1小时,屋顶不低于0.75小时,主要结构构件(梁、柱)不低于1小时。

3. 耐火等级的检测与验收

在建筑施工完成后,需要由专业的检测机构对建筑的耐火等级进行检测和验收,确保其符合设计要求。

二、防火分区

合理划分防火分区是防止火灾蔓延的关键措施之一。防火分区的划分应结合建筑的使用功能和老年人的活动区域,确保每个分区都有独立的疏散通道。

1. 防火分区的划分原则

根据建筑的使用功能和火灾风险,将建筑划分为多个相对独立的区域,每个区域都有独立的疏散通

图2-2-15　防火门

应低于1.5小时（图2-2-15）。

三、疏散通道宽度

疏散通道的宽度应确保老年人能够快速疏散，其净宽度不应小于1.2米，确保轮椅和担架能够顺利通过。疏散通道应保持畅通，不得设置影响疏散的障碍物。

1. 疏散通道的设计要求

疏散通道设计需严格遵循消防规范，通道平面布局应符合直线化或短距离原则，减少不必要的转折。在与其他功能区域衔接时，需采用明显的视觉区分，如色彩标识或地面材质差异，避免老年人因环境变化产生疏散方向误判。同时，通道内与疏散无关的设施设备，如储物柜、展示架等不得随意设置，确保疏散路径的纯粹性与畅通性。

2. 疏散通道的维护与管理

定期检查疏散通道的畅通性，确保没有杂物堆积或障碍物设置。同时，要确保疏散通道的照明设施完好，以便在火灾时提供足够的照明。

3. 疏散通道的宽度计算

根据建筑内的人员密度和疏散需求，计算疏散通道的最小宽度，确保其能够满足所有人员同时疏散的需求。

知识点二　消防设施配置

消防设施配置是养老机构建筑设计中保障老年人安全的重要设施。通过合理配置灭火设施、报警系统和防烟排烟系统，可以有效提高火灾发生时的应对能力。

一、灭火设施

养老机构应配置足够的灭火器、消火栓、自动喷水灭火系统等灭火设施。灭火器应放置在显眼且易于取用的位置，消火栓的间距应符合国家消防规范。自动喷水灭火系统应覆盖所有老年人活动区域，确保在火灾初期能够及时喷水灭火。

1. 灭火器的配置与维护

灭火器应放置在显眼且易于取用的位置，如走廊、楼梯间、公共活动区等，且应定期检查和维护，确保其处于良好状态（图2-2-16）。常见的灭火器类型包括干粉灭火器、二氧化碳灭火器等，每种类型都有其适用的火灾类型。

道和防火分隔设施。

2. 防火分区的最大允许建筑面积

根据《建筑防火通用规范》（GB 55037—2022）的要求，老年人照料设施的防火分区最大允许建筑面积不应大于1 500平方米，当设置自动灭火系统时，可增加1倍。

3. 防火分隔设施的设置

防火墙、防火门、防火卷帘等防火分隔设施是划分防火分区的关键。防火墙应为不燃烧体，耐火极限不应低于3小时，防火门应采用甲级防火门，耐火极限不

2. 消火栓系统的设置

消火栓的间距应符合国家消防规范,一般不应超过30米,且应配备足够的水带和水枪。消火栓系统应定期进行水压测试,确保其能够在火灾时正常工作。

3. 自动喷水灭火系统的覆盖范围

自动喷水灭火系统应覆盖所有老年人活动区域,包括居住区、医疗区、娱乐区等,确保在火灾初期能够及时喷水灭火,控制火势蔓延。

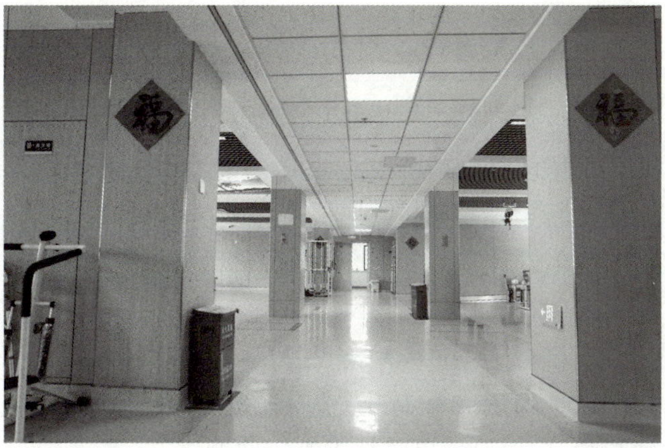

图2-2-16 灭火器

二、报警系统

安装火灾自动报警系统是及时发现和报警火灾的关键。报警系统应覆盖所有老年人居住区、公共活动区和走廊等关键区域,确保火灾发生时能够及时发出警报,通知所有人员进行疏散。

1. 报警系统的组成与功能

火灾自动报警系统通常由烟雾探测器、温度探测器、报警控制器等组成,能够实时监测火灾迹象并及时发出警报。

2. 报警系统的安装与调试

报警系统应由专业人员进行安装和调试,确保其能够准确检测火灾并及时报警。安装位置应根据火灾传播的特点进行合理选择,如靠近天花板处。

3. 报警系统的维护与升级

定期对报警系统进行维护和测试,确保其处于良好工作状态。同时,随着技术的发展,应及时对系统进行升级,提高其性能和可靠性。

三、防烟排烟系统

设置防烟楼梯间、排烟风机等防烟排烟设施,确保火灾时的通风和疏散安全。防烟楼梯间应保持正压,防止烟气进入,排烟风机应能够及时排出烟气,为疏散人员提供清晰的视线和呼吸空间。

1. 防烟楼梯间的设置要求

防烟楼梯间应具备良好的密封性能,能够有效防止烟气进入。通常采用机械加压送风系统,确保楼梯间内的气压高于外界,阻止烟气侵入。

2. 排烟风机的选型与安装

排烟风机的选型应根据建筑的面积、高度和人员密度等因素进行计算,确保其排烟量能够满足需求。安装位置应尽量靠近烟气产生源,以提高排烟效率。

3. 防烟排烟系统的联动控制

防烟排烟系统应与火灾自动报警系统联动,当火灾发生时,能够自动启动相应的防烟排烟设备,确保其能够在火灾时正常工作。

知识点三 疏散设计

疏散设计是养老机构建筑设计中确保老年人生命安全的重要环节。通过合理设计疏散通道、安全出口和疏散指示标志,可以有效提高火灾发生时的疏散效率。

一、疏散通道

设计宽敞、无障碍的疏散通道,确保老年人能够快速疏散。疏散通道的宽度应不小于1.2米,确保轮椅和担架能够顺利通过。通道内应设置明显的疏散指示标志,指引疏散方向。

1. 疏散通道的设计原则

疏散通道应尽量简洁,避免曲折和复杂的布局,以减少老年人在疏散过程中的困惑和延误。通道内应设置明显的疏散指示标志,指引疏散方向,且应保持视觉连续。

2. 疏散通道的无障碍设计

疏散通道应避免设置门槛、台阶等障碍物,以减少老年人在疏散过程中的绊倒风险。对于必须设置的台阶,应提供坡道或扶手等辅助设施。

3. 疏散通道的照明与标识

疏散通道应配备应急照明系统,确保在火灾时能够提供足够的照明。同时,疏散指示标志应采用发光材料或自备电源,确保在断电情况下仍能正常工作。

二、安全出口

设置多个安全出口,避免单一出口导致的拥堵。安全出口应分布合理,确保每个区域都有至少两个安全出口,且出口应直接通向室外或安全区域。

1. 安全出口的设置要求

安全出口应分布合理,确保每个区域都有至少两个安全出口,且出口应直接通向室外或安全区域。安全出口的宽度应不小于1.1米,确保能够满足大量人员同时疏散的需求。

2. 安全出口的标识与维护

安全出口应设置明显的出口标志,且应保持畅通,不得被杂物堵塞。定期检查安全出口的畅通性,确保其能够在火灾时正常发挥作用。

3. 安全出口的应急照明

安全出口应配备应急照明系统,确保在火灾时能够提供足够的照明,帮助人员快速找到出口。

三、疏散指示

安装清晰的疏散指示标志,确保老年人能够快速找到出口。疏散指示标志应设置在疏散通道和楼梯间内,且应保持视觉连续,确保在火灾时能够有效引导人员疏散。

1. 疏散指示标志的设置位置

疏散指示标志应设置在疏散通道和楼梯间内,且应保持视觉连续,确保在火灾时能够有效引导人员疏散。指示标志应设置在老年人容易看到的位置,如墙面距地面1.5米处。

2. 疏散指示标志的类型与功能

疏散指示标志通常分为灯光指示标志和蓄光指示标志。灯光指示标志在断电情况下能够通过自带电源继续工作,蓄光指示标志则能够在吸收光线后持续发光,确保在黑暗中也能清晰可见。

3. 疏散指示标志的维护与检查

定期对疏散指示标志进行维护和检查,确保其能够正常工作。检查内容包括标志的亮度、完整性以及是否被遮挡等。

知识点四　智能化消防管理

智能化消防管理是提升养老机构消防安全水平的重要手段。通过引入智能消防管理系统,可以实时监控火灾风险,提高火灾预警和应急响应能力。

一、智能监控系统

智能消防管理系统应具备实时监控火灾风险的功能,能够自动检测烟雾、温度等异常情况,并及时发出警报。系统应与消防控制室相连,确保管理人员能够及时获取火灾信息。

1. 智能监控系统的功能与优势

智能监控系统能够实时监测火灾迹象,如烟雾、温度等,并及时发出警报。其优势在于能够快速发现火灾,提高火灾预警能力,为疏散和灭火争取宝贵时间。

2. 智能监控系统的安装与调试

智能监控系统的安装应由专业人员进行,确保其能够准确检测火灾并及时报警。安装位置应根据火灾传播的特点进行合理选择,如靠近天花板处。

3. 智能监控系统的维护与升级

定期对智能监控系统进行维护和测试,确保其处于良好工作状态。同时,随着技术的发展,应及时对系统进行升级,提高其性能和可靠性。

二、远程监控设备

配备远程监控设备,确保火灾发生时能够及时通知相关部门。远程监控设备应能够将火灾信息发送到消防部门和机构管理人员的手机或其他终端设备,以便及时采取措施。

1. 远程监控设备的功能与应用

远程监控设备能够将火灾信息实时发送到消防部门和机构管理人员的终端设备,确保火灾信息能够及时传达。其应用范围广泛,包括火灾报警、火灾定位、火灾情况传输等。

2. 远程监控设备的安装与调试

远程监控设备的安装应确保其能够稳定连接网络,并能够准确发送火灾信息。调试过程中应进行多次测试,确保设备能够在火灾时正常工作。

3. 远程监控设备的维护与管理

定期对远程监控设备进行维护和检查,确保其通信功能正常。同时,应建立设备管理档案,记录设备的安装、调试、维护等情况,以便追溯和管理。

三、智能化消防管理系统的集成与应用

智能化消防管理系统应与养老机构的其他管理系统进行集成,如安防系统、楼宇自控系统等,实现信息共享和协同工作。通过系统的集成,可以提高管理效率,降低运营成本。

1. 智能化消防管理系统的集成方式

智能化消防管理系统可以通过网络通信协议与其他管理系统进行集成,实现数据共享和联动控制。例如,与安防系统集成,实现火灾发生时自动开启门禁;与楼宇自控系统集成,实现火灾时自动关闭空调等设备。

2. 智能化消防管理系统的应用效果

通过系统的集成和应用,可以提高养老机构的消防安全管理水平,降低火灾风险。同时,能够提高管理效率,减少人力资源的投入,降低运营成本。

3. 智能化消防管理系统的未来发展

随着科技的不断进步,智能化消防管理系统将不断发展和完善。未来,系统将更加智能化、自动化,

能够实现更加精准的火灾预警和更加高效的应急响应。

📖 课后拓展

1. 研究不同类型养老机构（如自理型、护理型）在消防设计上的差异，分析其特殊需求及应对策略。

2. 探讨新兴技术（如智能消防设备、物联网消防系统）在养老机构消防设计中的应用前景与挑战。

测试

在线练习

项目三

备案与监管

登记备案是养老机构合法运营的法律基石，构建了政府监管与市场运作的对话桥梁。作为筹建篇的合规保障模块，本项目详解从机构设立到持续监管的全周期法律框架，帮助从业者在政策红线与创新空间之间找到平衡点。规范的登记备案流程不仅是风险防火墙，更是获取政府资源支持的通行证。

在"放管服"改革深化与行业监管趋严的背景下，登记备案已从单纯行政审批升级为信用体系建设的重要组成部分。本项目与行政办公管理、风险管理等模块形成管理矩阵，特别是在跨部门协同监管、信用管理体系等方面形成知识呼应。通过系统学习，学习者可以构建完整的法律合规认知体系，提升运用政策工具规避运营风险、争取发展资源的实务能力。

本项目主要包括两大任务，即登记与备案、后续监管与服务，涉及养老机构行政审批法律依据、基本原则、设立条件、登记程序、备案要求、定期检查与评估、服务质量监督与整改、信息公开与透明、政策扶持与资金监管等内容。

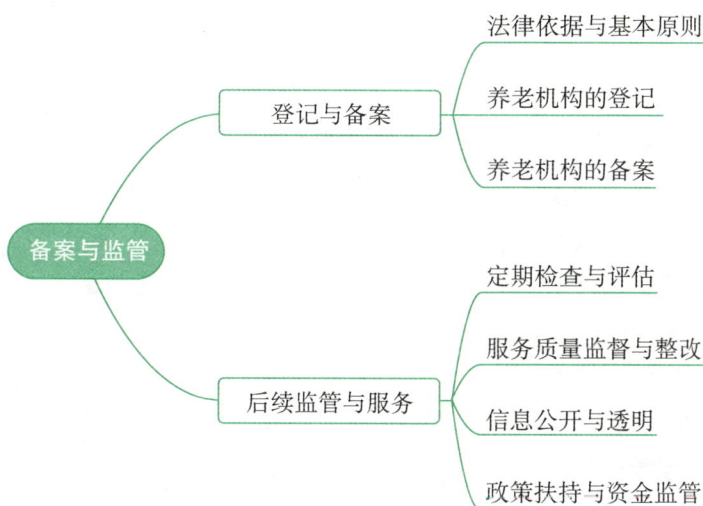

```
                                    ┌─ 法律依据与基本原则
                    ┌─ 登记与备案 ──┼─ 养老机构的登记
                    │               └─ 养老机构的备案
    备案与监管 ──────┤
                    │                   ┌─ 定期检查与评估
                    │                   ├─ 服务质量监督与整改
                    └─ 后续监管与服务 ──┤
                                        ├─ 信息公开与透明
                                        └─ 政策扶持与资金监管
```

任务1　登记与备案

知识索引

关键词：基本原则　设立条件　登记　备案

理论（技能）要点：设立条件　登记类型　备案程序

重点：登记类型　备案程序

难点：登记与备案的实务流程

任务目标

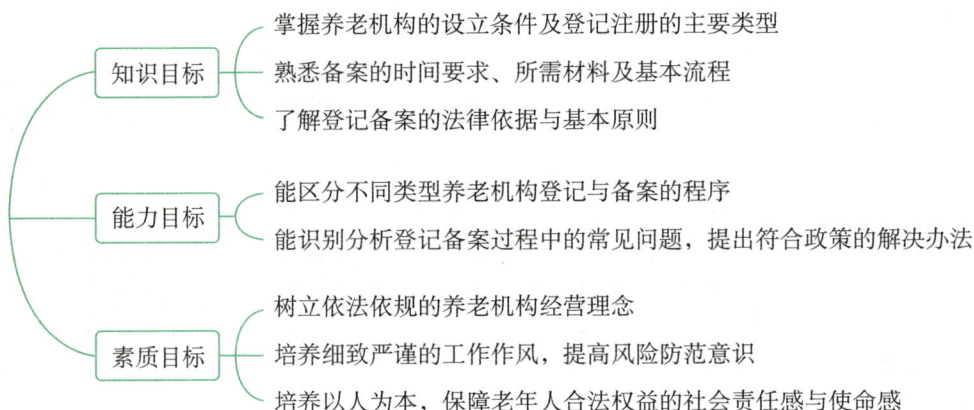

知识目标
- 掌握养老机构的设立条件及登记注册的主要类型
- 熟悉备案的时间要求、所需材料及基本流程
- 了解登记备案的法律依据与基本原则

能力目标
- 能区分不同类型养老机构登记与备案的程序
- 能识别分析登记备案过程中的常见问题，提出符合政策的解决办法

素质目标
- 树立依法依规的养老机构经营理念
- 培养细致严谨的工作作风，提高风险防范意识
- 培养以人为本，保障老年人合法权益的社会责任感与使命感

任务情境

某公司计划设立一家以"综合护理"为主要服务内容的养老机构，场地已通过消防验收，且具备初步的服务设施和资金。根据《养老机构管理办法》的相关规定：该公司在申请登记前需满足哪些具体条件？在登记过程中可能遇到哪些常见问题？

请你结合相关法律法规提出解决办法。

知识准备

1. 网上查找新修订的《中华人民共和国老年人权益保障法》全文并预习。

2. 阅读《养老机构管理办法》中"备案办理"相关细则。

知识学习

知识点一　法律依据与基本原则

一、法律依据

当前养老机构的行政审批已从设立许可阶段转为登记备案阶段。2019年1月，民政部发布《关于贯彻落实新修改的〈中华人民共和国老年人权益保障法〉的通知》，要求各级民政部门不再实施养老机构设立许可，依法做好备案和登记管理，加强养老机构事中和事后监督，指导各地依法做好养老机构的登记和备案管理工作,体现了放权与监管并进的原则,调动多方力量参与养老服务工作。

2020年11月1日实施修订后的《养老机构管理办法》,对备案的具体操作规程作出了进一步的细化和规范。主要包括四个方面的内容,第一,细化了养老机构设立登记的内容。备案的前提是养老机构依法登记,明确了不同类型的养老机构登记归属部门。第二,明确了养老机构备案时间和备案机关。第三,规定了养老机构备案材料、备案流程,以及备案事项变更的有关内容。第四,对备案信息公开和部门间数据共享提出了要求。

二、基本原则

养老机构的登记备案涉及一系列政策法规,其核心是为了规范养老机构的设立与运营,保障老年人的合法权益。养老机构登记备案须遵循以下基本原则。

1. 合法合规原则

养老机构的设立必须符合国家相关法律法规,包括但不限于《中华人民共和国老年人权益保障法》《养老机构管理办法》等,登记备案时需要提供法定设立主体的资质证明,确保养老机构的法律身份和运营活动合法合规。

2. 权责明确原则

养老机构的登记备案要求机构明确其权利和责任,以保障老年人的生命安全和身心健康。备案内容包括机构的运营管理制度、安全管理制度和服务标准、突发事件应急预案等。

3. 监督管理原则

登记备案是养老机构接受政府监督的重要途径,相关部门通过登记备案对机构进行资质审查、监督检查和质量评估,民政部门建立信用评价体系,对机构的运营情况进行动态监管。

4. 属地管理原则

养老机构的登记备案实行属地管理,由所在地区的民政部门负责。属地管理便于政府部门实时掌握养老机构的信息和运营状况,实施分类指导,若机构跨地区运营,需要在运营所在地备案并接受监管。

5. 服务能力匹配原则

养老机构的服务能力必须与其备案的服务内容、服务对象相匹配。机构需要具备足够的场地、设施和专业服务人员,满足备案要求。

6. 保障安全原则

养老机构登记备案时必须对消防安全、食品安全和医疗保障等方面进行审查,确保老年人居住环境和服务过程中的安全性。

养老机构的登记备案是对养老服务行业的规范和引导,其基本原则从合法性、安全性和透明性等方面入手,为老年人提供可靠的保障。这些原则不仅为养老机构的设立和运营提供了明确的方向,也为政府监督和社会监督奠定了基础,推动了我国养老服务体系的健康发展。

知识点二　养老机构的登记

2015年,国务院正式发文,明确将养老机构设立许可改为后置审批,实行先照后证。设立营利性养老机构,在工商行政管理部门办理登记后,再到辖区县级以上人民政府民政部门申请设立许可。2018年,国务院决定取消养老机构设立许可,此举极大地缩减了养老机构的开业成本,养老机构完成登记后即可开展服务活动。

不同类型的养老机构申请登记的归属部门也有区别,随着政府服务信息化、便民化水平日益提高,各地民政部门依托全国一体化在线政务服务平台,推进登记管理机关、备案机关信息系统互联互通、数据共享。

一、营利性养老机构

营利性养老机构应向市场监督管理部门申请登记。由机构向市场监督管理部门提交《企业名称预先核准通知书》(如涉及特许经营需提供相关许可),机构章程,股东或投资人相关材,设立机构的基本信息(包括场所租赁合同、房屋产权证等),法定代表人或负责人身份证明等相关申请材料。经市场监管部门审核材料的真实性、完整性后,若登记通过,即可发放营业执照。

二、非营利性养老机构

非营利性养老机构应向民政部门申请民办非企业单位登记,由机构向属地民政部门提交《非营利性社会组织登记申请表》、设立资金来源及合法性证明、机构章程、场所使用证明文件(如租赁协议或产权证)、法定代表人身份证明和无犯罪记录证明、专业技术人员资质材料等相关材料。由民政部门组织审核,审核通过后,颁发《民办非企业单位登记证书》。

三、公办养老机构

公办养老机构应向编制管理部门申请事业单位法人设立登记。由机构提交《事业单位法人设立登记申请书》、机构的设立批准文件、机构章程、法定代表人任职文件及身份证明、开办资金验资证明、住所证明(如房屋产权证或租赁合同)等申请材料。编制部门审核材料的完整性和合法性,审核通过后,颁发《事业单位法人证书》。

知识点三　养老机构的备案

一、养老机构备案部门与时间

营利性养老机构、非营利性养老机构和公办公营养老机构登记成功后,均须在当地民政部门备案。

若是首次备案,须自登记机关核发营业执照、法人登记证书或其他合法文件之日起10个工作日内完成;若是变更备案,须在养老机构名称、法定代表人、服务内容、床位数量等重要事项变更后10个工作日内向原备案部门提交变更备案申请。此外,每年需向备案部门提交年度工作报告,包括服务质量、运营情况等内容进行年度备案。

二、养老机构备案材料

备案所需材料根据养老机构类型有所不同,基本材料包括备案申请书,法人登记证书(如营业执照、民办非企业单位登记证书、事业单位法人证书),以及消防安全合格证或相关证明、服务场所的合法使用证明(如产权证或租赁合同)等。

三、养老机构备案流程

备案流程通常包括以下六个步骤(图2-3-1)。

1. 准备材料

根据机构类型整理备案所需材料,确保材料齐全、真实有效。

2. 提交申请

向机构所在地的县级以上人民政府民政部门提交备案申请及材料。民政部门通常提供线下窗口服务或线上备案平台,部分地区支持全流程网上办理。

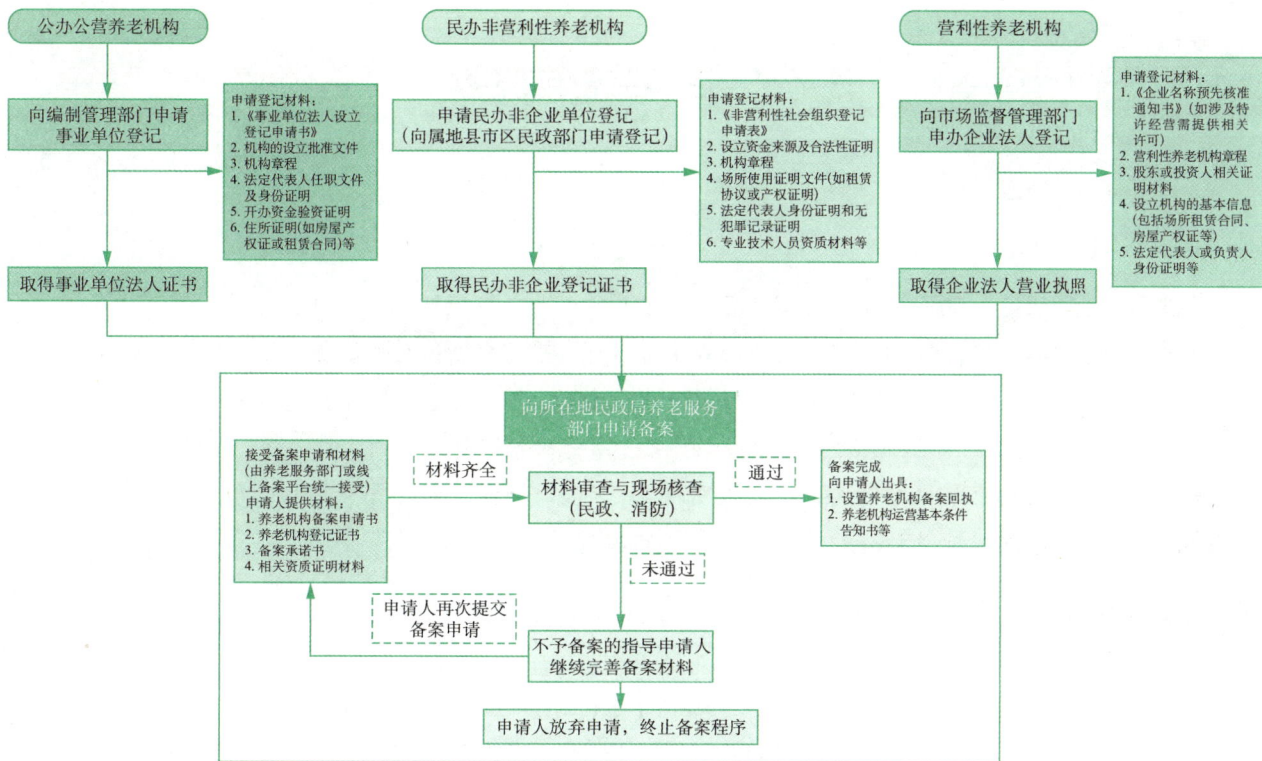

图2-3-1 养老机构登记备案流程图

3. 材料审查

民政部门对备案材料进行审核,包括真实性、合法性和完整性,审核过程中可能要求补充或调整材料。

4. 现场核查

民政部门可能安排现场核查,对场地设施、消防安全、人员配备等进行实地检查,对不符合条件的机构,要求限期整改。

5. 备案完成

审核通过后,民政部门出具备案回执。备案成功的养老机构即具备合法运营资格,可对外开展养老服务。

6. 信息公示

民政部门将备案完成的养老机构信息录入养老机构信息管理系统,向社会公开。不同地区民政部门可能会根据地方实际情况对备案材料和流程进行调整。

课后拓展

1. 登记和备案分别在养老机构管理中扮演怎样的角色? 两者的法律意义和功能有何不同?

2. 若养老机构在运营过程中发生法人变更或服务范围调整,需要如何补充或重新备案? 结合法规具体条款说明理由。

测试

在线练习

任务2　后续监管与服务

知识索引

关键词： 定期检查　服务质量　信息公开

理论（技能）要点： 制订检查计划，现场检查服务质量、安全管理和设施设备

建立监督机制，处理投诉并督促整改

公示监管信息，提供查询服务，接受社会监督

重点： 监督机制的有效性　信息公示的透明性

难点： 问题整改的持续性和有效性　资金监管的准确性和公正性

任务目标

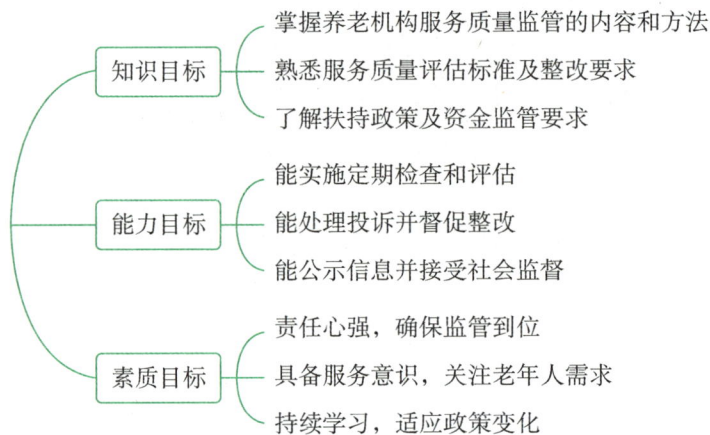

知识目标
- 掌握养老机构服务质量监管的内容和方法
- 熟悉服务质量评估标准及整改要求
- 了解扶持政策及资金监管要求

能力目标
- 能实施定期检查和评估
- 能处理投诉并督促整改
- 能公示信息并接受社会监督

素质目标
- 责任心强，确保监管到位
- 具备服务意识，关注老年人需求
- 持续学习，适应政策变化

任务情境

小李是一名智慧健康养老服务与管理专业的学生，正在实习阶段，参与一家养老机构的筹建和运营管理工作。在机构顺利通过登记与备案后，他负责协助机构进行后续的监管与服务工作。他了解到，定期检查与评估是确保养老机构服务质量的关键环节，需要对机构的设施、人员、服务流程等进行全面检查。服务质量监督与整改则要求他及时发现并解决服务中的问题，确保老年人的权益得到保障。此外，他还负责信息公开与透明工作，确保机构的运营情况对社会公开，接受公众监督。同时，他需要关注政策扶持与资金监管，确保机构能够合理利用政府提供的资源，合规运营。

你觉得，小李在后续监管与服务工作中，哪一项任务最为关键？为什么？

知识准备

1. 查找阅读与养老机构监管相关的其他法规，如《中华人民共和国消防法》《中华人民共和国食品安全法》《医疗机构管理条例》等。

2. 了解各地方出台的养老服务相关实施细则或补充规定。

知识学习

知识点一　定期检查与评估

一、制订检查计划

1. 确定检查时间

养老机构的定期检查是确保其服务质量和服务安全的重要手段。检查时间的确定需要综合考虑养老机构的运营周期、服务特点以及相关政策要求。通常，检查可以分为定期检查和不定期抽查两种形式。定期检查一般每季度或每半年进行一次，而不定期抽查则根据具体情况灵活安排，如接到投诉或发现异常情况时及时进行。例如，某市民政局规定每季度的最后一个月对养老机构进行定期检查，同时在接到投诉后的五个工作日内进行突击检查，以确保问题能够及时得到处理。

2. 明确检查内容

检查内容应涵盖养老机构的各个方面，以全面评估其运营状况和服务质量。主要包括以下方面。

（1）服务质量　检查护理人员是否按照护理标准进行操作，老年人的生活照料是否到位，如饮食、起居、卫生等。

（2）安全管理　检查消防设施是否完好有效，安全通道是否畅通，是否有应急预案并定期演练。

（3）设施设备　检查养老机构的设施设备是否正常运行，如电梯、空调、医疗设备等。

（4）人员配备　检查护理人员、管理人员的资质是否符合要求，人员配备是否充足。

（5）环境卫生　检查养老机构的环境卫生状况，包括公共区域、老年人房间、餐饮区域等。

二、现场检查

1. 检查服务质量

现场检查服务质量时，检查人员可以通过观察、询问、查阅记录等方式进行。例如，可以观察护理人员是否按时为老年人翻身、喂药；询问老年人对生活照料的满意度；查阅护理记录是否完整、准确。检查人员还可以与老年人及其家属进行交流，了解他们对服务质量的真实感受。例如，某养老机构在检查中发现部分老年人对餐饮服务不满意，经过调查发现是菜单设计不够合理，随后及时调整了菜单，提高了老年人的满意度。

2. 检查安全管理

安全管理是养老机构运营的重要保障。检查人员需要仔细检查消防设施是否完好，如灭火器是否在有效期内，消防栓是否能正常使用；安全通道是否畅通无阻，是否有明显的指示标识；应急预案是否完善，并且是否定期组织演练。例如，某养老机构在检查中发现消防通道被杂物堵塞，检查人员立即要求机构清理通道，并对相关责任人进行批评教育，确保了安全通道的畅通。

三、评估服务质量

1. 评估服务质量

评估服务质量需要建立科学合理的评估指标体系。评估指标可以包括护理服务的规范性、老年人的满意度、餐饮服务的质量、环境卫生状况等。评估可以通过问卷调查、实地观察、数据统计等方式进行。例如，某市民政局设计了一套服务质量评估问卷，涵盖老年人对生活照料、医疗护理、餐饮服务、文化娱乐等方面的满意度，通过问卷调查收集数据，再结合实地检查情况进行综合评估。

2. 评估结果应用

评估结果应作为养老机构等级评定和政策扶持的重要依据。等级评定可以激励养老机构提高服务质量，政策扶持则可以帮助养老机构提升服务能力和水平。例如，某市根据评估结果将养老机构分为不同等级，等级高的养老机构可以获得更多的财政补贴和政策支持。同时，评估结果还应反馈给养老机构，帮助其发现自身存在的问题并进行改进。例如，某养老机构在评估中发现服务质量有待提高，根据反馈意见制定了详细的改进计划，通过加强员工培训、优化服务流程等措施，显著提高了服务质量。

知识点二　服务质量监督与整改

一、建立监督机制

1. 设立监督渠道

为确保养老机构服务质量，需建立多渠道的监督机制。设立投诉电话、邮箱以及在线投诉平台，方便老年人及其家属随时反馈问题。例如，某养老机构在大厅和每个房间都张贴了投诉电话和二维码，方便家属和老年人随时反馈。同时，定期召开家属座谈会，收集意见和建议。监督渠道的设立应确保畅通无阻，任何时间都能接收反馈。

2. 定期收集反馈

定期收集反馈是监督机制的重要环节。养老机构应每月汇总投诉和建议，分析问题的共性和趋势。例如，某养老机构通过每月的投诉统计，发现餐饮服务的投诉较多，随即对餐饮部门进行专项检查，发现部分食材的新鲜度不够。通过及时调整供应商，问题得到了有效解决。定期收集反馈不仅能及时发现服务中的问题，还能为服务质量的持续改进提供数据支持。

二、处理投诉与建议

1. 及时处理投诉

接到投诉后，养老机构应立即启动处理程序。首先，详细记录投诉内容，包括投诉人、投诉事项、联系方式等。然后，迅速调查核实，确定问题的责任部门和责任人。例如，某老年人投诉护理人员态度不好，机构立即安排专人与护理人员沟通，了解情况，并对护理人员进行再培训，同时向老年人及其家属反馈处理结果，确保投诉得到妥善处理。

2. 整改存在问题

针对投诉和检查中发现的问题，养老机构需制定整改措施。整改措施应具体、可操作，明确整改责任人和整改期限。例如，某养老机构在检查中发现部分房间的照明不足，立即安排维修人员进行更换，并在一周内完成所有问题房间的整改。整改后，还需进行复查，确保问题得到彻底解决，防止类似问题再次发生。

知识点三　信息公开与透明

一、公开监管信息

1. 定期发布信息

养老机构应定期向社会公开监管信息，增强透明度。公开内容包括机构的基本信息、服务内容、收费标准、安全管理情况等。例如，某市民政局要求养老机构每季度在官网发布一次运营报告，详细说明机构的服务质量、财务状况、改进措施等。定期发布信息有助于公众了解养老机构的运营状况,增强信任。

2. 发布评估结果

评估结果的公开是信息公开的重要部分。养老机构的等级评定、服务质量评估结果等应定期向社会公布。例如,某市每年公布养老机构的星级评定结果,包括评定等级、评定依据、改进方向等。发布评估结果不仅能激励养老机构提升服务质量,还能为老年人及其家属选择养老机构提供参考。

二、提供查询服务

1. 设立查询平台

为方便公众查询,养老机构应设立专门的查询平台。平台可以是在线数据库、电话查询系统或现场查询窗口。例如,某养老机构开发了在线查询系统,公众可以通过输入机构名称或地址,查询到详细的服务信息、监管记录等。查询平台应确保信息的准确性和及时性,方便公众随时获取所需信息。

2. 指导公众查询

养老机构应提供查询指导,帮助公众有效使用查询平台。可以通过制作查询指南、举办培训讲座、设立专人解答等方式,指导公众如何查询信息。例如,某养老机构在官网发布了详细的查询指南,并安排工作人员在接待日解答公众疑问,确保公众能够顺利获取信息,提高查询服务的满意度。

知识点四 政策扶持与资金监管

一、落实扶持政策

1. 财政补贴

政府对养老机构的财政补贴是扶持政策的重要内容。补贴形式包括建设补贴、运营补贴、床位补贴等。例如,某市对新建养老机构给予每张床位2 000元的建设补贴,对收住失能老年人的机构给予每月200元的床位补贴。养老机构需按照要求提交申请材料,确保补贴资金及时到位,用于提升服务质量。

2. 税收优惠

税收优惠是降低养老机构运营成本的重要措施。养老机构可以享受减免增值税、房产税、城镇土地使用税等优惠政策。例如,某养老机构通过申请,获得了增值税减免资格,每年节省了大量运营资金。落实税收优惠需要养老机构熟悉政策,及时办理相关手续,确保优惠政策得到有效执行。

二、监管资金使用

1. 资金使用检查

为确保扶持资金的合理使用,政府定期对养老机构进行资金使用检查。检查内容包括资金的使用范围、使用效率、财务管理制度等。例如,某市民政局每年对养老机构进行财务审计,检查资金是否专款专用,是否有违规使用的情况。资金使用检查有助于规范养老机构的财务管理,提高资金使用效率。

2. 确保资金用途

扶持资金应严格按照规定用途使用,确保用于提升养老服务质量和改善老年人生活条件。例如,某养老机构将床位补贴用于护理人员培训和设施设备更新,有效提升了服务质量。确保资金用途需要养老机构建立完善的财务管理制度,定期向政府部门报告资金使用情况,接受监督和检查,防止资金被挪作他用。

📖 课后拓展

1. 如何通过政府部门的协作监管机制，提升养老机构的服务质量和安全性？请举例说明。

2. 若养老机构在突发事件中发生管理混乱，老年人权益受到影响，政府应如何介入处理？

测试

在线练习

项目四

功能布局

　　功能布局是养老机构空间资源的战略配置,直接决定服务流线的科学性与运营成本的可控性。作为筹建篇的微观落地模块,本项目搭建从理论原则到场景应用的转化桥梁,通过空间分区实现医疗护理、生活照护、精神慰藉等多维服务的有机整合。

　　面对长者从基础生存需求向品质生活需求的跨越,功能布局已升级为"空间即服务"理念的实践载体。本项目与照护服务、后勤保障等模块形成强关联,在医养结合空间规划、多代共融活动区设计等方面提供支撑。学习者通过掌握动线分析、人因工程等工具,可以获得将服务理念转化为物理空间的专业能力,为创建高效、安全、人性化的养老环境提供解决方案。

　　本项目主要包括两大任务,即基本原则、主要功能区域设计与配置,涉及向心化原则、多核化原则、网络化原则、庭园化原则、生活区设计与配置、医疗保健区设计与配置、餐饮服务区设计与配置、文化娱乐区设计与配置等内容。

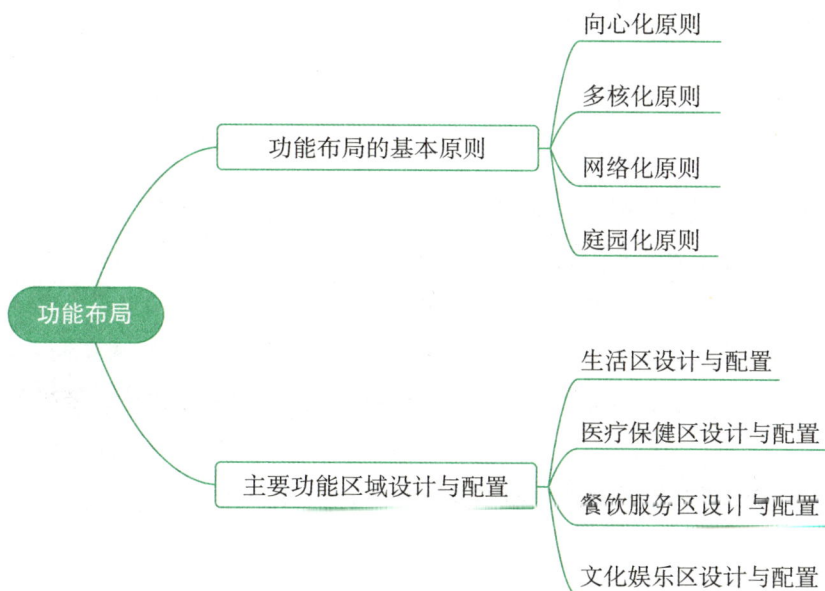

```
                                         ┌─ 向心化原则
                                         │
                         ┌─ 功能布局的基本原则 ┤─ 多核化原则
                         │               │
                         │               ├─ 网络化原则
                         │               │
                         │               └─ 庭园化原则
功能布局 ─────────────────┤
                         │               ┌─ 生活区设计与配置
                         │               │
                         └─ 主要功能区域设计与配置 ┤─ 医疗保健区设计与配置
                                         │
                                         ├─ 餐饮服务区设计与配置
                                         │
                                         └─ 文化娱乐区设计与配置
```

任务1　功能布局的基本原则

知识索引

关键词：向心布局　多核分布　网络配置

理论（技能）要点：向心化原则　多核化原则　网络化原则　庭园化原则

重点：向心化布局　多核化分布

难点：网络化配置　庭园化设计

任务目标

知识目标
— 掌握向心化和多核化原则
— 熟悉网络化和庭园化原则
— 了解功能布局的基本概念

能力目标
— 能应用向心化和多核化原则进行功能布局设计
— 能解释网络化和庭园化原则的实际意义

素质目标
— 系统思维，具备整体规划意识
— 创新意识，能提出优化布局的创意
— 环保意识，注重环境与设施的和谐

任务情境

张院长是某养老院的负责人，他发现养老院的功能布局存在一些问题，影响了运营效率。他决定对养老院进行改造，以提高服务质量和管理效率。在改造过程中，他遵循了向心化、多核化、网络化和庭园化原则。通过向心化布局，将主要设施集中在社区中心，减少了老年人的行走距离。采用多核化布局，在不同区域设置服务核心，提高了服务效率。网络化布局优化了交通流线，形成了高效的服务网络。庭园化设计则通过景观和绿化，改善了养老院的环境。改造后，养老院的运营效率显著提高，老年人的满意度也得到了提升。

你觉得，对养老机构进行功能布局设计的意义是什么？

知识准备

1. 预习《老年人照料设施建筑设计标准》，了解建筑空间规划的基本原则。
2. 查阅养老机构空间规划案例，学习如何根据老年人需求进行空间规划。

知识学习

知识点一　向心化原则

养老机构的功能布局需要充分考虑老年人的便利性和服务的可达性。向心化原则通过将高频使用设施集中布置在养老机构中心,确保老年人能够快速、便捷地到达这些设施,从而提高他们的生活质量和独立性。

一、定义与意义

向心化原则要求养老机构的配套设施相对居中布置,确保对老年人有较均衡的服务半径,使他们能够快捷地到达并享受各类养老服务。这一原则有助于减少老年人的行走距离,提高服务的可达性,增强老年人的独立性和自主性。例如,在一个大型养老社区中,将餐厅、活动室等高频使用设施布置在社区中心,老年人无论从哪个方向出发,都能在较短时间内到达,减少了行走的疲劳和不便。

二、实施要点

1. 设施布局

将高频使用设施(如餐厅、活动室)布置在机构中心,确保老年人能够快速到达。例如,某养老机构在改造时,将餐厅和活动室设置在机构中心位置,老年人从各个居住区到餐厅的平均步行时间减少了30%,活动参与率提高了20%。

2. 服务半径

确保主要设施的服务半径不超过老年人步行10分钟的距离,通常约为500米。例如,某养老社区通过合理规划,确保所有主要设施都在老年人步行5分钟范围内,显著提高了服务的可达性。

3. 交通流线

优化内部交通流线,减少交叉和迂回,提高通行效率。例如,某养老机构通过设置清晰的指示标识和无障碍通道,避免老年人迷路或绕远路,提高了通行效率。

三、具体实施

在实际操作中,可以通过以下步骤实现向心化布局。

1. 需求分析

分析老年人的日常活动需求,确定高频使用设施。

2. 位置规划

将这些设施布置在机构中心,确保服务半径均衡。

3. 交通优化

设计合理的交通流线,确保老年人能够便捷地到达各个设施。

四、注意事项

1. 设施集中

避免设施过于分散,导致老年人行走距离过长。

2. 标识清晰

设置清晰的指示标识,帮助老年人快速找到目的地。

3. 安全性

确保交通流线的安全性,避免交叉和拥挤。

知识点二　多核化原则

为了满足养老机构内不同区域老年人的多样化需求,提高服务效率和服务质量,多核化原则通过在多个区域设置服务核心,确保服务的全面性和及时性。

一、定义与意义

多核化原则强调根据服务对象的不同需求,将服务核心多点布局,从而有针对性地为周边人群提供服务。这一原则可以提高服务效率,满足不同区域老年人的多样化需求。例如,在大型养老机构中,可设置多个小型医疗站,分别服务于不同区域的老年人,确保医疗服务的及时性和响应速度。

二、实施要点

1. 服务分区

根据养老机构的规模和布局,划分多个服务区域,每个区域设置服务核心。例如,某大型养老机构在东、西、南、北四个区域分别设置了医疗站,每个医疗站配备医生、护士和康复师,能够及时响应老年人的健康需求。

2. 功能配置

在每个服务区域内设置医疗站、护理站等核心设施,确保服务的全面性和及时性。例如,某养老机构在每个服务区域设置了护理站,配备了专业的护理人员,确保老年人能够及时获得护理服务。

3. 人员配备

确保每个服务区域都有足够的专业人员提供及时服务,避免服务盲区。例如,某养老机构通过合理配置医护人员,确保每个服务区域都有足够的医疗支持,健康问题的及时处理率提高了30%。

三、具体实施

在实际操作中,可以通过以下步骤实现多核化布局。

1. 需求评估

评估不同区域老年人的服务需求,确定服务核心的位置。

2. 功能配置

根据需求配置相应的设施和人员,确保服务的全面性。

3. 人员培训

对服务人员进行专业培训,提高他们的服务能力和响应速度。

四、注意事项

1. 服务均衡

确保每个服务区域的服务能力和资源均衡,避免服务不均。

2. 沟通协调

加强各服务区域之间的沟通和协调,确保服务的连贯性和一致性。

3. 动态调整

根据老年人的需求变化,动态调整服务核心的位置和功能。

知识点三　网络化原则

网络化原则通过合理规划设施布局和交通流线,形成高效的服务网络,确保老年人能够便捷地到达各个设施,提高服务效率和资源利用率。

一、定义与意义

网络化原则提倡配套设施以等级划分并合理布局,形成网络化布局,避免集中化服务配套设施造成的路径长、效率低等问题。这一原则有助于提高整体服务效率,确保资源的合理分配。通过合理规划交通流线,确保老年人能够便捷地到达各个设施,形成高效的服务网络。

二、实施要点

1. 等级划分

根据设施的功能和使用频率,进行等级划分。例如,将餐厅划分为一级设施,活动室划分为二级设施。不同等级的设施在服务内容和覆盖范围上有所区别,一级设施提供基础且高频的服务,二级设施提供专业性较强或使用频率相对较低的服务。

2. 布局优化

合理规划设施位置,形成高效的服务网络。例如,将一级设施布置在机构中心,二级设施分布在各个服务区域内。通过这样的布局,老年人可以在较短的距离内获取不同等级的服务,提高服务的可达性。

3. 交通规划

设计合理的交通流线,确保老年人能够便捷地到达各个设施。例如,设置无障碍通道和清晰的指示标识,方便老年人通行,步行时间减少了20%。同时,交通流线的设计应避免交叉和迂回,提高通行效率。

三、具体实施

在实际操作中,可以通过以下步骤实现网络化布局。

1. 需求分析

分析老年人的日常活动需求,确定设施的等级和位置。通过问卷调查、访谈等方式,了解老年人对不同类型服务的需求频率和强度,为设施的等级划分提供依据。

2. 布局规划

根据需求合理规划设施位置,形成高效的服务网络。在规划过程中,应充分考虑机构的地理环境、老年人口分布等因素,确保设施布局的合理性。

3. 交通设计

设计合理的交通流线,确保老年人能够便捷地到达各个设施。交通设计应包括步行道、无障碍设施、公共交通站点等,以满足不同老年人的出行需求。

四、注意事项

1. 资源分配

确保资源的合理分配,避免资源浪费或服务不足。在设施布局和资源分配时,应根据老年人口的密度和服务需求进行科学合理的分配,确保每个区域的老年人都能享受到均衡的服务。

2. 交通优化

优化交通流线,确保老年人能够快速、安全地到达各个设施。定期对交通流线进行评估和调整,及时解决交通拥堵、标识不清等问题。

3. 动态调整

根据老年人的需求变化,动态调整设施布局和交通流线。随着老年人口结构、服务需求等因素的变化,及时对设施布局和交通流线进行优化调整,以满足老年人不断变化的需求。

知识点四　庭园化原则

庭园化原则通过结合自然景观和园林设计,为老年人提供一个舒适、美观、健康的居住环境,促进他们的身心健康和社会交往。

一、定义与意义

庭园化原则注重配套设施与用地内外的景观资源相结合,形成园林化的服务空间,提升服务空间的品质。这一原则有助于改善老年人的生活环境,促进身心健康。例如,通过设置花园、水景等景观,为老年人提供休闲和康复场所,增强他们的生活幸福感。

二、实施要点

1. 景观设计

结合自然景观,设置花园、水景等,提供休闲和康复场所。例如,某养老机构在社区中心设置了一个大型花园,种植了各种花卉和树木,并设置了步行道和休息亭,老年人可以在花园中散步、休息,参与园艺活动。

2. 空间利用

利用庭院空间组织文化娱乐活动,增强老年人的参与感。例如,某机构在庭院中设置活动区,定期举办园艺活动和文化讲座,老年人的户外活动时间增加了25%。

3. 环境优化

通过绿化和景观设计,改善养老机构的整体环境。例如,种植遮阴树木,设置喷泉和雕塑,营造舒适的氛围,心理健康状况显著改善。

三、具体实施

在实际操作中,可以通过以下步骤实现庭园化布局。

1. 景观规划

结合自然景观,设计花园、水景等,提供休闲和康复场所。

2. 活动组织

利用庭院空间组织文化娱乐活动,增强老年人的参与感。

3. 环境维护

定期维护绿化和景观设施,确保环境的美观和舒适。

四、注意事项

1. 景观多样性

确保景观设计的多样性,提供丰富的视觉和体验享受。

2. 安全性

确保庭院设施的安全性,避免老年人在活动中受伤。

3. 维护管理

定期维护绿化和景观设施,确保环境的长期美观和舒适。

📖 课后拓展

1. 观察你所在社区附近的养老机构,记录其功能布局是否体现了向心化、多核化、网络化或庭园化原则。选择其中一个原则,说明其在布局中的具体体现。

2. 假设你要设计一个养老机构的生活区,请根据向心化原则,简单描述你会如何布置主要设施(如餐厅、活动室)的位置。

测试

在线练习

任务2　主要功能区域设计与配置

知识索引

关键词：生活区　医疗保健　餐饮服务　文化娱乐

理论(技能)要点：生活区设计　医疗保健区设计　餐饮服务区设计　文化娱乐区设计

重点：生活区的无障碍设计

难点：医疗保健区的设备配置

任务目标

知识目标
- 掌握生活区和医疗保健区的设计要点
- 熟悉餐饮区和文化娱乐区的设计要点
- 了解功能区域设计的基本要求

能力目标
- 能设计养老机构的功能区域
- 能合理配置设施设备
- 能评估功能区域的适用性

素质目标
- 细致入微，关注老年人的特殊需求
- 创新意识，优化功能区域设计
- 服务意识，以老年人需求为核心

任务情境

小张是一名智慧健康养老服务与管理专业的学生,正在参与一家养老机构的筹建工作,负责功能区域的设计与配置。他需要根据养老机构的功能需求,合理规划生活区、医疗保健区、餐饮服务区和文化娱乐区。在生活区设计中,他注重老年人的舒适和便利,配置了宽敞的卧室和无障碍卫生间。医疗保健区则配备了专业的医疗设备和康复设施,确保老年人能够得到及时的医疗服务。餐饮服务区注重营养搭配,提供多样化的餐饮选择,并设置了舒适的就餐环境。文化娱乐区则配备了丰富的文化活动设施,如图书室、棋牌室和健身房,以满足老年人的精神文化需求。

你觉得,小张在设计养老机构功能区域时,哪个区域的设计最为关键? 为什么?

知识准备

1. 预习养老机构功能区域设计规范,了解各功能区域的设计要点。

2. 查阅养老机构设施设备配置案例,学习如何根据功能区域的需求配置设施设备。

知识学习

知识点一　生活区设计与配置

生活区是老年人日常生活的核心区域,其设计直接影响老年人的生活质量和安全性。通过合理的功能区域设计、环境设计和物品配置,可以确保老年人能够独立、安全地进行日常生活活动(表2-4-1)。

表2-4-1　生活区设备配置

设备类别	主要设备	具体说明
家具配置	床铺	应选用适合老年人使用的床铺,床垫软硬适中,高度适宜,方便老年人上下床
	衣柜	提供足够的储物空间,方便老年人存放衣物和日常用品
	桌椅	选择适合老年人使用的桌椅,高度和角度可调,方便老年人阅读、写作和用餐
	其他家具	如床头柜、梳妆台等,也应根据老年人的需求进行配置
生活辅助设备	洗衣机	为老年人提供方便的洗衣服务,确保衣物干净整洁
	冰箱	用于存放食品和饮料,方便老年人随时取用
	微波炉或煤气灶	提供简单的烹饪设施,满足老年人对饮食的个性化需求
医疗护理设备	护理床	为需要长期卧床的老年人提供舒适的休息环境
	理疗仪、按摩器等	帮助老年人缓解身体不适,促进康复
	血压计、血糖仪等	定期监测老年人的健康状况,及时发现并处理异常情况
文化娱乐设备	图书、报刊等	丰富老年人的精神文化生活,提供学习和娱乐的素材
	电视机、音响等	提供视听娱乐服务,让老年人在空闲时间观看电视节目或听音乐
	棋牌桌、健身器材等	鼓励老年人积极参与文体活动,促进身心健康

一、功能区域设计

1. 卧室设计

卧室应确保足够的空间,便于轮椅和护理床的使用。床的位置应靠近窗户,确保充足的自然光线。例如,某养老机构在卧室设计中采用了大窗户和可调节高度的床,老年人可以在床上享受阳光,同时方便护理人员的操作。

2. 卫生间设计

卫生间应配备无障碍设施,如扶手、防滑地砖、无障碍淋浴间等。例如,某养老机构在卫生间安装了智能马桶和紧急呼叫按钮,确保老年人在使用时的安全。

3. 公共起居空间

公共起居空间应设置舒适的座椅、茶几和电视等设施,为老年人提供休闲和社交的场所。例如,某养老机构在公共起居空间设置了软垫座椅和可调节灯光,营造温馨的氛围。

二、环境设计

1. 采光与通风

确保生活区有良好的采光和通风条件。例如,某养老机构在生活区设计中采用了大面积的窗户和通风系统,确保室内空气清新。

2. 色彩与装饰

使用柔和的色彩和温馨的装饰,营造舒适的居住环境。例如,某养老机构在生活区采用了米色和淡蓝色的墙面,搭配木质家具,营造出温馨的氛围。

3. 噪声控制

通过隔音材料和合理布局,减少噪声对老年人的影响。例如,某养老机构在生活区的墙壁和天花板安装了隔音材料,确保老年人能够安静休息。

三、物品配置

1. 家具配置

配备舒适的床、衣柜、书桌、座椅等家具。例如,某养老机构为每个房间配备了可调节高度的床和软垫座椅,满足老年人的不同需求。

2. 辅助设备

提供助行器、轮椅、护理床等辅助设备。例如,某养老机构为行动不便的老年人配备了电动轮椅,方便他们在生活区内自由活动。

3. 个性化物品

允许老年人携带个人物品,如照片、书籍等,增加归属感。例如,某养老机构在每个房间设置了个人物品展示区,老年人可以摆放自己的照片和纪念品。

知识点二 医疗保健区设计与配置

医疗保健区是养老机构中提供健康服务的核心区域,其设计直接影响老年人的健康状况和服务质量。通过合理的功能区域设计、环境设计和物品配置,可以确保老年人及时获得高质量的医疗服务(表2-4-2)。

表2-4-2 医疗保健区设备配置

设备类别	主要设备	具体说明
医疗诊断设备	心电图机	用于监测老年人的心脏状况,及时发现异常
	血压计	定期测量老年人的血压,了解其血压状况
	血糖仪	用于监测老年人的血糖水平,预防糖尿病等慢性疾病
治疗设备	输液架	为需要输液的老年人提供支撑和固定
	理疗仪	如中频治疗仪、低频治疗仪等,用于改善老年人的血液循环和缓解疼痛
	呼吸机	为需要呼吸支持的老年人提供氧气供应
康复器材	助行器	帮助老年人行走和保持平衡
	轮椅	方便老年人移动和出行
	康复床	为需要长期卧床的老年人提供舒适的休息环境,并具备康复功能
急救设备	氧气瓶和氧气面罩	为需要氧气治疗的老年人提供氧气供应
	急救箱	包含常用的急救药品和器械,如止血带、消毒液、纱布等
	除颤器	在紧急情况下,用于对老年人进行心脏复苏
辅助设备	呼叫器	老年人可以通过呼叫器随时呼叫医护人员
	轮椅坡道	方便轮椅进出医疗护理区
	扶手和抓杆	在走廊、病房等区域设置扶手和抓杆,方便老年人行走和起身

一、功能区域设计

1. 诊疗室设计

诊疗室应配备专业的医疗设备,如心电图机、血压计等,确保医生能够进行基本的诊断。例如,某养老机构在诊疗室配备了高清摄像头和远程医疗设备,方便医生与外部专家进行会诊。

2. 康复室设计

康复室应配备康复器材,如按摩椅、理疗设备等,为老年人提供康复训练。例如,某养老机构在康复室设置了多功能按摩椅和理疗床,老年人可以在这里进行日常的康复训练。

3. 药房设计

药房应配备药品储存柜、药品分发设备等,确保药品的管理和分发。例如,某养老机构在药房安装了智能药品管理系统,确保药品的准确分发和管理。

二、环境设计

1. 采光与通风

确保医疗保健区有良好的采光和通风条件。例如,某养老机构在医疗保健区设计中采用了大面积的窗户和通风系统,确保室内空气清新。

2. 色彩与装饰

使用柔和的色彩和温馨的装饰,营造舒适的医疗环境。例如,某养老机构在医疗保健区采用了淡绿色和白色的墙面,搭配木质家具,营造出宁静的氛围。

3. 隐私保护

通过隔断和独立房间设计,保护老年人的隐私。例如,某养老机构在诊疗室设置了独立的隔间,确保老年人在就诊时的隐私。

三、物品配置

1. 医疗设备

配备心电图机、血压计、康复器材等医疗设备。例如,某养老机构在医疗保健区配备了先进的康复设备,如电动按摩床和理疗仪,确保老年人能够获得高质量的康复服务。

2. 药品管理设备

配备药品储存柜、药品分发设备等。例如,某养老机构在药房安装了智能药品管理系统,确保药品的准确分发和管理。

3. 应急设备

配备急救箱、氧气瓶等应急设备。例如,某养老机构在医疗保健区设置了急救站,配备齐全的急救设备,确保在紧急情况下能够迅速响应。

知识点三 餐饮服务区设计与配置

餐饮服务区是为老年人提供营养均衡餐饮服务的重要区域,其设计直接影响老年人的饮食健康和满意度。通过合理的功能区域设计、环境设计和物品配置,可以确保老年人获得健康的饮食服务(表2-4-3)。

表2-4-3 餐饮服务区设备配置

设备类别	主要空间(设备)	具体说明
厨房设备	面点间	配置和面机、搅拌机、压面机、蒸饭箱、电烤箱等设备,用于加工米、面、饼类主食
	热厨间	配置单头鼓风灶、大锅灶、双头低汤灶等设备,用于制作汤类、热菜类
	粗加工间	配置切片机、绞肉机、双层工作台等设备,用于蔬果、肉类的初步加工
	洗消间	配置洗碗机、高温消毒柜等设备,用于餐具和厨具的清洗消毒

（续表）

设备类别	主要空间（设备）	具体说明
餐厅设备	餐桌和餐椅	配置适合老年人使用的餐桌和餐椅，确保舒适度和安全性
	保温设备	配置保温汤池柜、保温暖汤车等设备，用于保持菜品的温度
	送餐设备	配置送餐车、平板车等设备，用于将餐食送到老年人的房间或指定地点
辅助设备	开水器	提供开水供老年人饮用或泡茶
	调料车	用于存放和分发各种调料
	收残车	用于收集和处理用餐后的餐具和垃圾

一、功能区域设计

1. 厨房设计

厨房应配备专业的烹饪设备，如炉灶、烤箱、消毒柜等，确保食品安全和卫生。例如，某养老机构在厨房安装了智能烹饪设备和高效的通风系统，确保厨房的高效运行。

2. 餐厅设计

餐厅应设置舒适的餐桌和座椅，确保老年人能够舒适地用餐。例如，某养老机构在餐厅设置了可调节高度的餐桌和软垫座椅，老年人可以在舒适的环境中享用美食。

3. 食材储存区

食材储存区应配备冷藏设备和干燥储存柜，确保食材的新鲜和安全。例如，某养老机构在食材储存区安装了智能温控系统，确保食材在适宜的温度下储存。

二、环境设计

1. 采光与通风

确保餐饮服务区有良好的采光和通风条件。例如，某养老机构在餐厅设计中采用了大面积的窗户和通风系统，确保室内空气清新。

2. 色彩与装饰

使用明亮的色彩和温馨的装饰，营造舒适的用餐环境。例如，某养老机构在餐厅采用了暖黄色的灯光和木质餐桌，营造出温馨的氛围。

3. 噪声控制

通过隔音材料和合理布局，减少噪声对老年人的影响。例如，某养老机构在餐厅安装了吸音板，确保老年人能够安静用餐。

三、物品配置

1. 烹饪设备

配备炉灶、烤箱、消毒柜等烹饪设备。例如，某养老机构在厨房安装了智能烹饪设备，确保烹饪过程的高效和安全。

2. 餐具与餐盘

提供舒适的餐桌和座椅，确保老年人能够舒适地用餐。例如，某养老机构在餐厅配备了软垫座椅和可调节高度的餐桌，老年人可以在舒适的环境中享用美食。

3. 食材管理设备

配备冷藏设备和干燥储存柜,确保食材的新鲜和安全。例如,某养老机构在食材储存区安装了智能温控系统,确保食材在适宜的温度下储存。

知识点四　文化娱乐区设计与配置

文化娱乐区是丰富老年人精神生活、促进社交和心理健康的重要区域。通过合理的功能区域设计、环境设计和物品配置,可以为老年人提供多样化的文化娱乐活动,提升他们的生活幸福感(表2-4-4)。

表2-4-4　文化娱乐区设备配置

设备类别	主要空间(设备)	具体说明
音乐设备	钢琴、电子琴、音响设备	用于音乐教学、演奏和欣赏活动,满足老年人对音乐的需求
阅读设备	图书架、阅读桌椅	用于存放各类图书、杂志,为老年人提供舒适的阅读环境
棋牌设备	象棋、麻将、桌椅	用于棋牌活动,丰富老年人的休闲娱乐生活
健身设备	健身器械、乒乓球台、台球桌	用于健身锻炼,提高老年人的身体素质
网络设备	电脑、桌椅	用于上网浏览、学习和交流,满足老年人的信息化需求
教室设备	投影仪、黑(白)板、课桌椅	用于开展各类教学活动,如书法、绘画等
多功能厅设备	电视、多媒体影音播放器、无障碍桌椅	用于举办文艺演出、电影放映等活动,配备手工工具、茶艺工具等开展活动所需的设备设施
手工设备	手工工具、材料	用于手工制作活动,如剪纸、编织等
舞蹈设备	舞蹈器械、镜子	用于舞蹈排练和表演,提供安全的练习环境
茶艺设备	茶艺工具、桌椅	用于茶艺表演和品茶活动,营造浓厚的文化氛围

一、功能区域设计

1. 活动室设计

活动室应配备多功能的活动空间,既能举办大型活动,也能进行小型聚会。例如,某养老机构在活动室设置了可移动的隔断墙,可以根据活动需求灵活调整空间大小。

2. 图书馆设计

图书馆应配备书架、阅读桌椅等设施,为老年人提供安静的阅读环境。例如,某养老机构在图书馆设置了舒适的阅读角和丰富的图书资源,老年人可以在这里享受阅读的乐趣。

3. 多功能厅设计

多功能厅需注重空间的综合性与灵活性,舞台区域应合理规划高度与面积,确保表演活动的顺利开展;观众席布局需符合人体工程学,保证老年人观看的舒适性与安全性。同时,预留设备安装位置,确保各类演出及活动的用电、设备连接需求。例如,某养老机构的多功能厅,舞台尺寸可满足小型文艺汇演,观众席座椅带有扶手,兼顾了实用性与安全性。

二、环境设计

1. 采光与通风

确保文化娱乐区有良好的采光和通风条件。例如,某养老机构在活动室设计中采用了大面积的窗户和通风系统,确保室内空气清新。

2. 色彩与装饰

使用明亮的色彩和温馨的装饰,营造舒适的活动环境。例如,某养老机构在活动室采用了暖色调的墙面和舒适的座椅,营造出温馨的氛围。

3. 噪声控制

通过隔音材料和合理布局,减少噪声对老年人的影响。例如,某养老机构在活动室安装了吸音板,确保老年人能够安静地进行活动。

三、物品配置

1. 活动设备

配备钢琴、电子琴、音响设备等,满足不同活动的需求。例如,某养老机构在活动室设置了钢琴和电子琴,老年人可以在这里进行音乐活动。

2. 阅读资源

提供丰富的图书、杂志、报纸等阅读资源。例如,某养老机构在图书馆配备了丰富的图书资源,老年人可以在这里阅读自己感兴趣的书籍。

3. 娱乐设备

配备电视、投影仪、桌游等娱乐设备。例如,某养老机构在多功能厅安装了高清投影仪和音响系统,老年人可以在这里观看电影或进行文艺表演。

📖 课后拓展

1. 查找一个养老机构的功能区域设计图片,分析其生活区或医疗保健区的设计是否符合无障碍设计和安全设施的要求。列出你发现的优点和不足。

2. 为养老机构的餐饮服务区列出三种必备的设施设备,并简要说明它们的作用。

测试

在线练习

模块三

服务篇

项目一

出入院服务组织与管理

出入院服务作为养老机构日常工作的首要环节,是运营管理的基础性和必备性工作。然而在实际运营管理中,不少养老机构存在入院评估流于形式、照护等级确定与变更不合理、养老服务合同签署不规范等问题,影响了老年人合法权益的保障,也为后期服务运营埋下了隐患。规范的出入院流程有助于精准评估老年人身体状况和照护需求,合理配置照护资源,也是明确各方权利义务,有效开展质量管理和风险管控的重要步骤。

本项目主要包括三大任务,即养老机构入院及出院服务流程、老年人能力评估、养老服务合同签署,涉及出入院基本流程、档案管理、评估内容与实施、养老服务合同的特征及内容、合同签署的注意事项等。

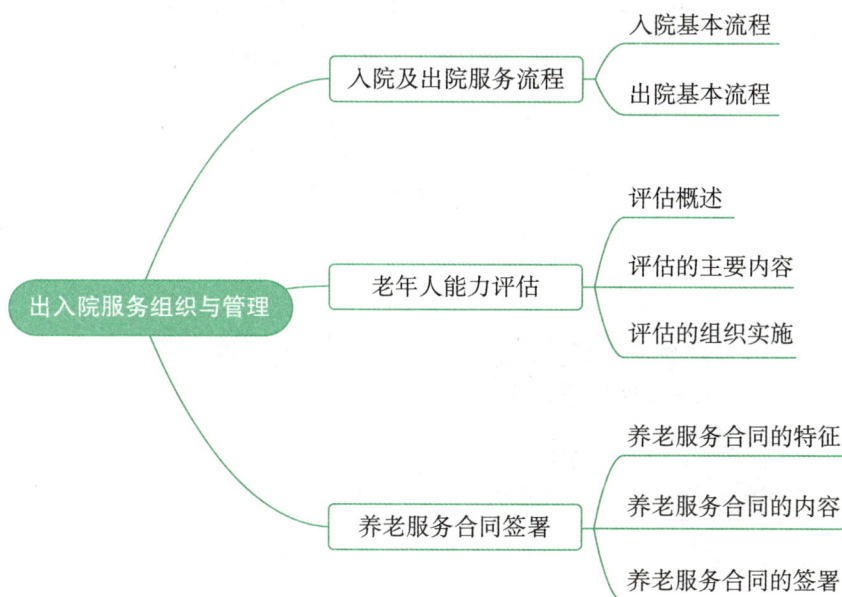

出入院服务组织与管理	入院及出院服务流程	入院基本流程
		出院基本流程
	老年人能力评估	评估概述
		评估的主要内容
		评估的组织实施
	养老服务合同签署	养老服务合同的特征
		养老服务合同的内容
		养老服务合同的签署

任务1　入院及出院服务流程

知识索引

关键词：入院流程　出院流程　档案管理

理论（技能）要点：出入院基本流程　档案管理

重点：入院基本流程　出院情形及办理

难点：入院基本流程

任务目标

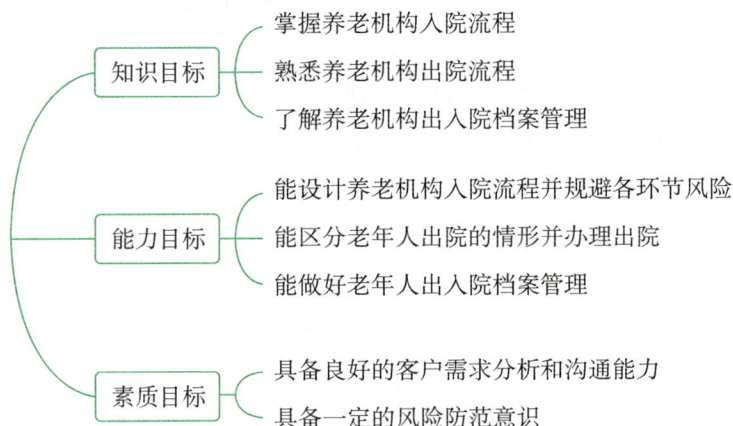

任务情境

68岁的李奶奶被诊断为开放性肺结核，家人因无力照料想将其送入养老机构。但根据卫生防疫要求，养老机构明确拒绝接收未治愈的传染病患者，以免威胁其他老人的健康安全。李奶奶最终只能在医院继续治疗，待病情稳定后再考虑其他安置方式。

作为集体生活场所的养老机构，在接收入住老年人时有哪些要求呢？老年人入住养老机构又要经过哪些必要的程序呢？

知识准备

1. 学习民政部行业标准《养老机构出入院服务基本规范（征求意见稿）》全文。

2. 收集并了解本市2~3家养老机构的入院及出院流程。

知识学习

知识点一　入院基本流程

规范科学的入院流程是养老机构服务与管理的起点，如同扣好第一粒纽扣，对保障后续服务质量、明晰权责边界、构建风险防控机制具有基础性意义。这一环节的规范执行，不仅能确保养老机构精准对接老年人的照护需求，通过标准化流程明确机构与家属的权利义务，还能从源头上降低服务纠纷和运营风险。重视入院流程的养老机构,能更有效地建立与老人及家属的信任关系,为后续服务开展奠定良好基础。在人口老龄化持续加深的背景下,优化入院流程设计与执行(图3-1-1),已成为推进"老有所养"的关键举措。这一流程通常涵盖咨询登记、入院体检、能力评估、资格审核、合同签署、试住入住等核心环节,环环相扣形成完整的准入体系,为老年人安享优质晚年生活筑牢第一道防线。

一、咨询登记

凡年满60周岁,本人自愿,家属同意,无传染性疾病、精神类疾病,或其他影响他人正常生活的疾病的老年人均可进行预约登记并申请入院。

机构应设置接待功能室,配置专兼职接待人员。接待室应悬挂宣传展板,提供养老机构宣传册或入住指南。接待人员应热情、耐心、细致、如实解答老年人及相关第三方的咨询,填写接待咨询记录。

对有入住意向的,应协助老年人及第三方填写《入住申请登记表》以预订房间和床位。登记表内容包括但不限于老年人基本情况、家庭成员情况、相关第三方情况、健康状况、既往病史、入住原因、入住要求等。

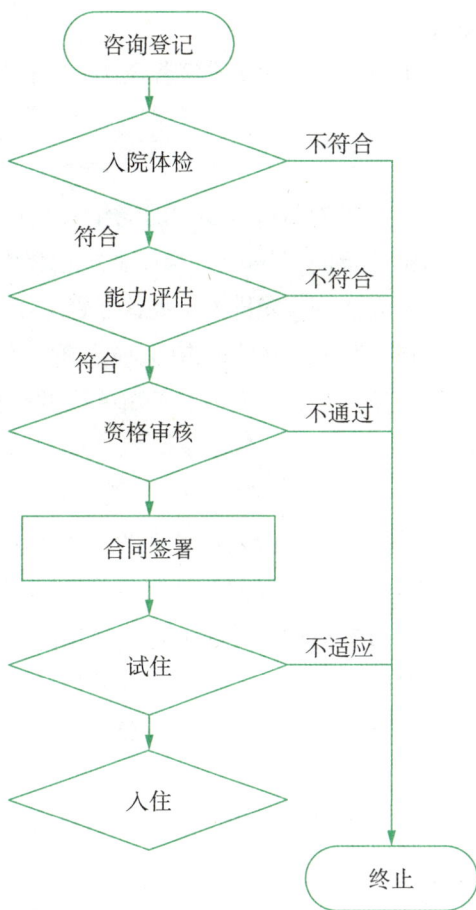

图3-1-1　养老机构入院流程

二、入院体检

为确保老年人的身体适宜入院,入住对象均需进行院前体检,以排除传染性疾病及其他不适宜群居的病症可能。

入院老年人体检须在二级(含二级)以上综合性医院进行,且体检报告有效期为3个月。因老年人身体健康短期内容易发生改变,有些地方可能会缩短有效期时间,如北京要求提交入院前20日内体检报告。

体检项目一般包括内外科、五官科检查;血尿常规、肝肾功能、空腹血糖、血脂、输血四项;心电图、胸透、骨密度、脑CT等项目。

三、能力评估

养老机构应设置评估室并组织评估人员对入住老年人进行评估,评估内容包括但不限于老年人能力评估、照护风险评估及认知症等专项评估。

评估组织实施应按《养老机构服务安全基本规范》(GB 38600—2019)第5章、《老年人能力评估规范》(GB/T 42195—2022)等政策规范的要求执行。

评估结果及据此生成的照护服务等级应及时告知老年人及相关第三方,取得各方认同并签字确认。若对评估结果有异议的,及时组织复核。

四、资格审核

养老机构应审核老年人及相关第三方入院资料,包含但不限于老年人及相关第三方身份证复印件、户口本复印件、老年人评估表、老年人近期一寸免冠照片、健康检查报告单、入住登记表,以综合判断老年人是否符合入住条件。

审核通过的可安排签署入住合同；审核不通过的，应在七个工作日内将结果告知老年人及相关第三方。

五、合同签署

养老机构与审核通过的老年人及相关第三方应及时签署《养老机构服务合同》，可参照民政部《养老机构服务合同》(示范文本)、地方范本及机构运营管理经验拟定。

养老机构应安排人员妥善保管老年人财物。老年人入住养老机构不宜携带大量现金及贵重物品，老年人及相关第三方坚持携带的，应由老年人及相关第三方自行提出并在《养老机构服务合同》中予以明确。

接待人员填写《入院通知单》，并安排老年人试入住。

六、试住入住

符合养老机构入住条件的老年人可以安排试住，时间不宜超过15天。

养老机构应根据照护服务等级，安排老年人入住相应区域，并制定入住适应计划，协助新入院老年人平稳度过适应期。及时追踪入住情况，填写《试住跟踪记录表》。

试住期间发现有未约定的或约定不明确的内容，养老机构与老年人及相关第三方均可提出签订补充协议。

机构应根据老年人入住情况出具试住期评估结论，确定最终照护等级及服务需求，并要求第三方签字确认。

试住期结束，应为适应养老机构的老年人办理正式入住手续并完成缴费。不适应的老年人应及时终止合同。

知识点二　出院基本流程

养老机构出院流程对保障老年人权益与提升服务质量同样重要(图3-1-2)。合理的出院流程通过规范健康评估、护理交接及财产清点，确保老年人安全与权益不受损害；明确费用结算和合同终止，亦能减少机构与家属间的权责纠纷。

一、出院情形及办理

1. 出院情形

常见应办理出院的情形包括以下三类：

① 老年人及相关第三方提出出院申请；

② 老年人身故；

③ 出现合同中约定的解除情形。

2. 出院办理

（1）老年人及相关第三方提出出院申请

老年人或相关第三方需填写《出院申请单》；工作人员检查老年人房间设施及物品，记录有无缺失或损坏情况；协助老年人及相关第三方清点个人物品，做好交接记录。工作人员填写《出院通知单》，待老年人及相关第三方结清入住费用、办理出院手续后，其自行携带个人物品离院，工作人员随后对房间物品进行整理、归置与清洁消毒。

（2）老年人身故

若老年人在入住期间身故，应即刻通知相关第三方。待相关第三方车辆或殡仪馆车辆抵达机构，工作人员协助护送转移遗体。协助相关第三方清点老年人个人物品并做好记录。对身故老年人房间及物品实施清

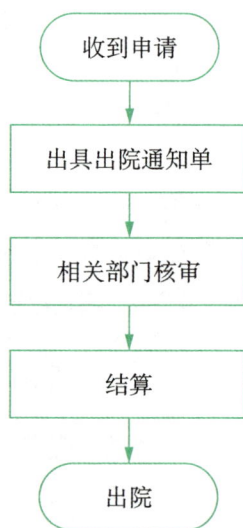

图3-1-2　养老机构出院流程

（流程图）收到申请 → 出具出院通知单 → 相关部门核审 → 结算 → 出院

洁与终末消毒,同时协助办理出院手续。若老年人在请假离院期间身故,由家属及相关第三方提出出院申请。

（3）出现合同中约定的解除情形

出现合同中约定的解除情形,应及时通知相关第三方并直接办理出院。具体情形包括但不限于:老年人及相关第三方无故拖欠各项费用超机构规定时限;隐瞒老年人健康状况,不适宜在机构集体生活;严重违反养老机构规章制度,致使服务工作无法正常开展,对其他入住老年人造成伤害、危险;在服务过程中拒不配合,导致养老机构正常秩序无法维持。

二、出入院档案管理

养老机构应建立并保存出入院服务过程的记录档案。包括但不限于:

入院档案:入住申请登记表、入院通知单、养老服务合同、体检报告、入院评估材料、老年人身份证复印件、户口本复印件、紧急联系人、监护人的身份证复印件及联系方式。

护理档案:护理服务记录、风险评估、特殊事项记录等。

健康档案:个人基本健康信息、体检报告、暴露史、既往史（疾病、手术、外伤、输血等）、家族史、食物及药物过敏史、能力等级。

出院档案:出院申请单、出院通知单或死亡医学证明等。

档案管理人员负责登记保管,档案保管期限应自老年人离开机构之日起不少于5年。

阅读卡

《养老机构出入院服务基本规范》(征求意见稿)

📖 课后拓展

1. 分角色扮演老年人、家属及养老机构接待人员,模拟老年人入院咨询。

2. 收集整理养老机构入院流程各环节涉及的相关工作文件及表格,包括入住申请登记表、老年人能力评估（套表）、养老服务合同、试住跟踪记录表、入院通知单等。

测试

在线练习

任务2　老年人能力评估

🏥 知识索引

关键词:评估目的　评估内容　评估实施

理论(技能)要点:老年人能力评估的内容　老年人能力评估的实施

重点:老年人能力评估的内容与实施

难点:老年人能力评估的内容与实施

📋 任务目标

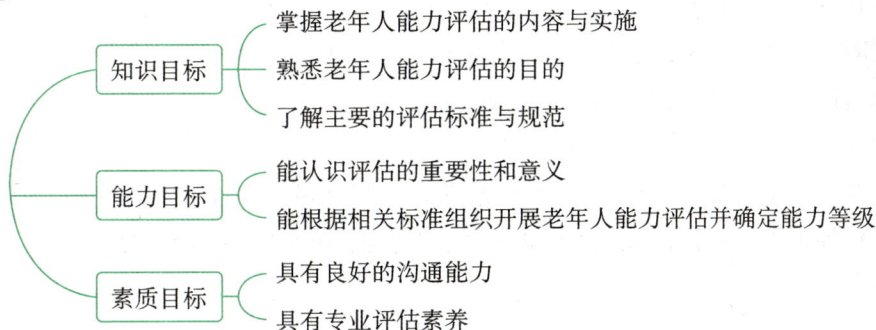

知识目标
- 掌握老年人能力评估的内容与实施
- 熟悉老年人能力评估的目的
- 了解主要的评估标准与规范

能力目标
- 能认识评估的重要性和意义
- 能根据相关标准组织开展老年人能力评估并确定能力等级

素质目标
- 具有良好的沟通能力
- 具有专业评估素养

任务情境

某养老机构最近入住了一位王奶奶，年龄80岁，患有帕金森6年，卧床1年多。入院对其进行健康评估时，护理员小李发现王奶奶骶尾部皮肤有压红痕迹，解除压力后不褪色，小李怕麻烦，没有对王奶奶骶尾部压红做详细记录，也没有和护士长提及此事。一个月后，老人家属进行探望时发现王奶奶骶尾部发生了溃疡，并有组织液渗出，家属向养老院提出质疑，认为王奶奶在入住养老院后发生了压疮，非常气愤，希望养老院给出一个合理的解释。责任护理员小李意识到自己在办理入院健康评估时没有对其进行详细记录，入院后也没能有针对性地对王奶奶的压疮进行及时翻身护理，很是内疚。在老年人入住养老机构时是不是要进行健康及能力评估呢？分别需要对哪些方面进行评估呢？

知识准备

1. 学习《老年人能力评估规范》（GB/T 42195—2022）全文。
2. 走访2～3家养老机构，了解其老年人能力评估的主要做法。

知识学习

知识点一　评估概述

一、评估的概念与目的

老年人能力评估是养老机构入院服务组织中的一项关键内容，它指的是依据一定的标准和规范，由专业的评估人员运用科学的方法和工具，对入住老年人在日常生活自理能力、精神状态、感知觉与沟通、社会参与、照护风险等方面进行科学系统的分析与判断，以确定其失能程度及照护需求的过程。开展能力评估是确定老年人照护等级，提供适宜性服务的基础。通过组织开展系统动态评估，可帮助养老机构实现以下目的。

1. 精准定位需求，制定个性化照护方案

入院评估通过对老年人的生理健康（如慢性病、行动能力）、心理健康（如认知水平、情绪状态）及社会支持网络进行全面分析，明确其生活自理能力及特殊需求（如医疗护理、康复训练等）。评估结果为机构提供科学依据，使其能够为老年人制订个性化照护计划，确保服务与需求精准匹配。

2. 预判风险，构建安全防护体系

评估过程可识别老年人潜在的健康风险（如跌倒风险、突发疾病概率等），帮助机构提前制定预防措施（如调整居住环境、配置急救设备）。同时，通过评估老年人的精神状态（如是否存在攻击性、抑郁倾向），机构可采取有针对性的管理策略，降低服务过程中的安全风险。

3. 明确权责边界，减少纠纷隐患

评估结果可作为机构与家属沟通的重要依据，清晰界定双方的权利与义务。例如，评估确定老年人的护理等级后，机构可据此明确服务内容与收费标准，家属则能了解机构的服务范围及自身需承担的责任，从而减少因信息不对称引发的纠纷。

4. 优化资源配置，提升服务效率

通过评估对老年人进行分类（如自理、半失能、失能），机构可合理分配人力、物力资源。例如，为高护理需求的老年人配备更多专业护理人员，为康复期老人提供有针对性的设施，避免资源浪费，提高服务效率与质量。

5. 奠定信任基础,促进可持续发展

规范的入院评估体现了机构的专业性与严谨性,有助于赢得家属的信任。同时,评估数据可作为机构服务质量的重要参考,通过分析评估结果与后续服务效果,机构可持续优化服务模式,提升社会认可度,推动自身可持续发展。

二、评估标准与规范

为精准评估老年人的能力,需构建一套系统且全面的评估制度,严格遵循既定标准,借助专业工具,依照规范流程开展工作,从而确保评估结果的科学性与可靠性。为此,2013年10月民政部组织发布实施了《老年人能力评估》(MZ 2009—T—034)行业标准,并在2022年底,将标准进一步调整优化升级成为《老年人能力评估规范》(GB/T 42195—2022)国家标准。标准明确了老年人能力评估的主要内容,设置了包含自理能力、基础运动能力、精神状态、感知觉与社会参与在内的4个一级指标,进食、穿脱衣物、平地行走、上下楼梯、记忆、理解能力、视力、听力、社会交往能力等在内的26个二级指标的评估指标体系,并对评估环境、人员及具体工作流程做了详细规定。评估结果将老年人能力划分为完好、轻度受损、中度受损、重度受损及完全丧失五个级别。该标准为科学划分老年人能力等级、优化养老服务供给,规范养老服务机构运营等提供了基本依据,也为我国养老服务等相关行业提供了更加科学、统一、权威的评估工具。

在此基础上,2025年2月民政部养老服务司组织起草了《养老照护服务等级划分与评定》行业标准(征求意见中),明确了养老机构照护服务等级划分的类型及评定方法。根据该标准,养老机构的照护服务等级应结合老年人能力等级、认知功能等级及健康相关问题数量进行划分,具体可分为自理级、协助一级、协助二级、照护一级、照护二级、照护三级(全照护级)和特殊照护级7个等级,将能力评估与照护等级划定前后贯通,为养老机构后期照护服务计划的制订、照护服务内容的确定、服务费用核算与定价提供了依据。

> **阅读卡**
>
> 《老年人能力评估规范》(国标)
>
> **阅读卡**
>
> 《养老照护服务等级划分与评定》(行标征求意见稿)

知识点二 评估的主要内容

结合相关标准规范及养老机构实际运营经验,老年人能力评估的内容通常应包括健康史评估、自理能力评估、精神状态评估、社会功能评估和照护风险评估等内容。

一、健康史评估

1. 既往病史

详细记录老年人曾经患过的重大疾病,如心脏病、糖尿病、高血压、癌症等,了解疾病的发病时间、治疗过程、康复情况以及是否存在复发风险。这些信息有助于判断老年人当前的健康状况和潜在健康隐患。

2. 家族病史

询问家族中是否有遗传性疾病,如阿尔茨海默症、某些心血管疾病等。家族遗传因素对老年人的健康状况有着重要影响,可为评估其未来患病风险提供参考。

3. 过敏史

明确老年人对药物、食物或其他物质的过敏情况,避免在后续的医疗和照护过程中接触到过敏原,引发过敏反应,危及生命健康。

4. 用药史

掌握老年人目前正在服用的所有药物,包括药物名称、剂量、服用频率等。了解用药情况能避免药物相互作用带来的不良影响,同时确保照护人员正确协助老年人服药。

二、自理能力评估

1. 生活自理能力

涵盖进食、穿脱衣、洗澡,修饰(如洗脸、刷牙、梳头、刮脸等),大小便控制、如厕等方面。观察老年人在这些活动中能否独立完成,是否需要他人协助,协助的程度如何,以此判断其生活自理的基础能力。

2. 基础运动能力

评估老年人的床上体位转移、床椅转移、平地行走、上下楼梯能力。例如,观察其卧床翻身及坐起躺下,从床上起身坐到椅子上的动作是否顺畅,在平地上行走的速度、稳定性,上下楼梯时是否需要借助扶手或他人搀扶,这些都反映出老年人的身体活动能力和行动安全性。

三、精神状态评估

1. 认知功能

通过专业的认知评估量表,如简易精神状态检查表(Mini-Mental State Examination, MMSE),测试老年人的记忆力、注意力、定向力、语言能力、计算能力等。评估其是否存在认知障碍,如痴呆的早期症状,以便及时采取干预措施。

2. 情绪状态

观察老年人的情绪是否稳定,是否存在抑郁、焦虑、烦躁等不良情绪。了解其情绪波动的原因和频率,判断情绪问题对日常生活的影响程度。

3. 行为表现

注意老年人是否有异常行为,如攻击行为、自伤行为、重复刻板行为等。记录这些行为的发生时间、情境和表现形式,为制定有针对性的照护方案提供依据。

四、社会功能评估

1. 社交参与度

了解老年人与家人、朋友、邻居及社区其他成员的交往情况。观察其是否积极参与社交活动,如参加老年俱乐部、社区聚会等,判断其社交圈子的大小和社交活跃度。

2. 社会角色适应

评估老年人对自己在家庭和社会中角色的认知和适应能力。例如,是否能够适应退休后的生活,在家庭中是否能与晚辈和谐相处,履行自己的家庭角色职责。

3. 兴趣爱好与娱乐活动

询问老年人的兴趣爱好,如阅读、绘画、书法、下棋等,以及参与这些娱乐活动的频率和程度。兴趣爱好能丰富老年人的精神生活,反映其社会功能的活跃程度。

五、照护风险评估

1. 跌倒风险

根据老年人的身体平衡能力、视力、步态、既往跌倒史等因素,评估其跌倒的可能性。确定跌倒风险等级,以便采取相应的预防措施,如在居住环境中设置防滑设施、安装扶手等。

2. 压疮风险

考虑老年人的皮肤状况、活动能力、营养状况等因素,评估其发生压疮的风险。对于长期卧床或行动不便的老年人,压疮风险较高,需要制订有针对性的皮肤护理计划。

3. 走失风险

对于存在认知障碍或精神疾病的老年人,评估其走失的可能性。了解其是否有走失的经历,及日常活动范围和习惯,以便采取有效的防走失措施,如佩戴定位手环等。

知识点三　评估的组织实施

养老机构老年人能力评估应遵循规范性、专业性、客观性、全面性、动态性及尊重隐私等原则。评估过程应基于观察和事实,并需定期更新,动态反映老年人能力变化,以调整照护计划。此外,评估中应尊重老年人的人格与隐私,保障其尊严,确保评估既专业又具人文关怀。

一、评估时间与人员

老年人能力评估的实施,按评估时间分为首次评估(准入评估)、即时评估(身体状况发生改变时的评估)和定期评估(跟踪式评估)。

在对老年人进行评估时,应有两名评估员(一名为主评估员或组长,另一名为辅助评估员)同时在场。评估员应具有医学或者护理学专业背景,或获得社会工作者资格证书,或获得高级养老护理员资格证书,并经过专业培训获得评估员资格认证。

二、评估环境准备

1. 评估空间

选择安静、整洁、光线充足且温度适宜的房间,房间面积应足够大,以方便老年人进行各种活动演示,如行走、上下楼梯等,同时要保证空间内没有障碍物,避免老年人在评估过程中发生磕碰。

2. 设备设施

准备好评估所需的专业设备,如身高体重测量仪、血压计、血糖仪、视力表、听力测试设备等,确保设备性能良好且经过校准,数据准确可靠。同时,根据评估项目,配备相应的辅助器具,如轮椅、拐杖、助行器、座椅、床等,供老年人在评估运动能力时使用。

3. 物品资料

提前准备好各类评估表格、问卷、笔等文具,用于记录评估结果。同时,放置一些老年人熟悉或感兴趣的物品,如书籍、报纸、棋盘等,以便在评估社会功能和精神状态时,通过与老年人交流这些物品相关的话题,更好地了解其认知和兴趣情况。另外,为保护老年人隐私,应准备好遮挡用的屏风或布帘。

三、评估流程

1. 评估实施前

① 评估员需向老年人及家属或照护者等陪同人员出示评估员证(工作牌),说明评估的目的。

② 仔细检查评估所需辅助工具及场所环境,确保评估安全顺利进行。

2. 评估实施时

① 在进行老年人能力评估时,若老年人佩戴眼镜、助听器,坐轮椅等,不得去除这些生活辅助器具进行评估,要保持平常生活情形,以便能真实评定其身体状况。

② 在保证老年人安全的前提下,尽可能让老年人自主完成评估项目,如平地行走、画钟试验等测试。在条件有限不能让老年人现场做评估动作,评估员根据经验判断老年人的评估情况与实际有差别时,应在评估表单上注明。

③ 注意观察老年人居住的生活环境、穿着打扮、面容表情、走路姿势（有无使用辅具）、居家装饰、家具摆放等,也可以查看老年人的健康档案、体检报告及服药情况等。

④ 在评估过程中注意用通俗易懂的语言或聊天的方式与老年人进行沟通交流,结合实际尽可能分别与老年人本人及其家属或看护者沟通,了解老年人的基本情况。

3. 评估实施后

① 能力评估结果应客观真实,并获得老年人本人及其家属或看护者的认可。若对评估结果有异议,评估员应当场与其沟通确认,保证评估结果符合老年人的真实能力水平,必要时申请复评。

② 能力评估结束后,评估员要请老年人及其家属评价此次评估效果,留下评估意见,并在评估表上签名确认。

③ 在评估过程中,如果发现老年人的某些异常情况,如身体健康异常、可能受到虐待或忽视等,或者老年人及其家属或看护者提出特殊养老服务需求,如家庭经济困难需要帮助、需要生活辅助器具、适老化生活环境改造等,评估员应积极向相关单位负责人汇报,以保证问题得到及时反映和解决。

📖 课后拓展

角色扮演:三名同学一组,一名扮演入住养老机构的老年人,一名扮演老年人家属,一名扮演养老机构的护理员,模拟家属将老年人送入养老机构进行入住,主诉老年人的一些情况,并请护理员进行老年人能力评估。

测试

在线练习

任务3　养老服务合同签署

📋 知识索引

关键词: 养老服务合同特征　合同内容　合同签署
理论(技能)要点: 养老服务合同的特征与内容　养老服务合同的签署
重点: 养老服务合同的内容　养老服务合同的签署
难点: 养老服务合同的签署

📒 任务目标

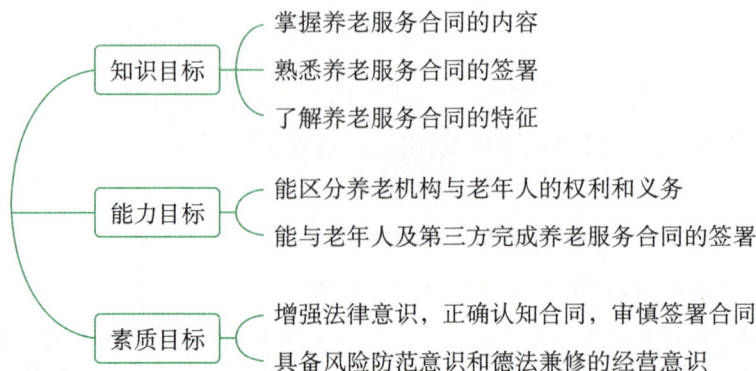

知识目标	掌握养老服务合同的内容
	熟悉养老服务合同的签署
	了解养老服务合同的特征
能力目标	能区分养老机构与老年人的权利和义务
	能与老年人及第三方完成养老服务合同的签署
素质目标	增强法律意识,正确认知合同,审慎签署合同
	具备风险防范意识和德法兼修的经营意识

任务情境

2024年11月,某养老机构接收了一位78岁的李姓老人。李爷爷丧偶独居生活不便,经熟人介绍入住该机构。由于工作人员称"熟人介绍不用麻烦签合同",家属轻信后未与养老机构签订任何书面协议,仅口头约定了每月5 000元的护理费,包含日常照料和三餐服务。一日,李爷爷在浴室洗澡时,因地面防滑垫破损且无扶手,不慎摔倒致股骨骨折。住院治疗期间,老人子女要求机构承担医疗费及后续护理费,机构负责人却称:"我们没签合同,没承诺过保障老人安全。浴室是公共区域,老人自己不小心摔倒,责任不在我们。"

你觉得,养老机构是否有必要和入住老人签订合同? 合同拟定和签署过程中应注意哪些问题?

知识准备

学习《养老机构服务合同(示范文本)》全文,了解养老服务合同的结构与内容。

知识学习

知识点一 养老服务合同的特征

养老服务合同是依据《中华人民共和国民法典》(合同编)、《中华人民共和国老年人权益保护法》、《养老机构管理办法》等有关法律法规和政策规定制定的,约定老年人、养老机构及相关第三方责任、权利和义务关系的法律文书。对于规范养老服务法律关系、划定清晰的权责边界,具有重大的实践指导意义。合同不仅为双方履约行为提供法律依据,更通过约定服务细则确保服务标准化与透明度,切实保障老年人生命健康权、财产权等合法权益。同时,合同履行过程中的监督与争议处置机制,可有效降低法律风险,促进养老服务行业的规范化发展。

养老服务合同通常具有以下法律特征:

1. 主体特定

服务提供方一般是有资质的养老机构,比如公办养老院凭借政府资源提供普惠服务,民办养老企业依靠市场运作提供多元服务。接受方多为老年人,若是无民事行为能力或限制民事行为能力老年人,其监护人、法定代理人可代签合同。

2. 内容综合

养老服务内容多样,如生活照料涵盖日常起居协助,康复护理涉及医疗保健,精神慰藉注重心理健康,文化娱乐丰富精神生活。各方权利义务交错,比如服务方有收费权和服务义务,接受方有享受服务权利和付费义务,还可能涉及保险公司、医疗机构等第三方,各方关系复杂。

3. 履行长期

合同期限通常较长,少则数月,多则数年。在这期间,服务方要持续稳定提供服务,像每日按时提供三餐、定期组织活动等;接受方则要持续支付费用并配合各项服务安排。

4. 法定规范强

养老服务合同受《中华人民共和国民法典》合同编、《中华人民共和国老年人权益保障法》等法规约束,保障老年人权益和规范市场。同时,行业标准如服务质量、设施设备、人员配备标准等,也成为合同重要依据,条款必须符合这些规定。

5. 人身属性重

服务与老年人生活健康紧密相连,要尊重老年人人格隐私。比如护理过程注意保护老年人隐私,不可随意泄露老年人信息。合同一般不可随意转让服务对象,服务方也不能擅自转委托服务事项。

6. 附合协商兼具

合同多由养老机构提前拟定,具有附合性,接受方选择余地有限。不过,特殊服务需求,如为有特定疾病老年人提供专属护理,以及收费方式,像按服务套餐付费还是单项付费等,双方可以协商调整。

知识点二　养老服务合同的内容

一、养老服务合同的主要内容

养老服务合同应明确界定三方责任、权利和义务,以维护好入住老年人、担保人和养老机构的合法权益,确保入住老年人的生活质量及养老机构正常运转。根据《养老机构管理办法》第三章第十六条规定,养老机构应当与老年人或者其代理人签订服务合同,明确当事人的权利和义务。服务合同一般包括下列条款:

① 养老机构的名称、住所、法定代表人或者主要负责人、联系方式;

② 老年人或者其代理人和紧急联系人的姓名、住址、身份证明、联系方式;

③ 照料护理等级和服务内容、服务方式;

④ 收费标准和费用支付方式;

⑤ 服务期限和场所;

⑥ 协议变更、解除与终止的条件;

⑦ 暂停或者终止服务时老年人安置方式;

⑧ 违约责任和争议解决方式;

⑨ 当事人协商一致的其他内容。

二、养老机构的权利和义务

1. 养老机构的权利

(1)内部事务管理权　养老机构有权制定内部管理规则,入住老人应予以遵守,以保障机构运营秩序。

(2)入住老人身心状况知情权　养老机构有权知悉入住老人的身体及心理状况。若老人或其关系人故意隐瞒疾病等重要信息,致使老人入住后发生侵权行为,司法实践中多判定老人一方违约。

(3)报酬请求权　基于养老服务合同,入住老人或其关系人应支付服务报酬,养老机构享有报酬请求权。若对方未按时支付报酬,养老机构有权终止服务。

(4)紧急处置权　在入住老人突发身体或心理疾病等紧急情况下,若无法及时联系到其关系人,养老机构有权直接将老人送往医院或采取必要的紧急救助措施。

2. 养老机构的义务

(1)养老服务提供义务　养老机构应提供全面合理的养老服务。其一,基于医院体检报告,在日常生活中悉心照料老人的衣食住行,关注身体健康状况;其二,鉴于老人易产生空虚寂寞感,提供心理疏导服务,维护老人心理健康,缓解其孤独不适。

(2)身心状况反馈义务　养老机构工作人员需及时记录入住老人的身体健康状况,并对其心理情况予以评估,及时向老人关系人反馈,确保关系人充分掌握老人近期身心动态。

(3)信息告知义务　养老机构有义务如实向入住老人及其关系人披露机构的养老措施、服务水平、工作人员配置等基本信息,以便其明确服务等级。老人入住后,若发生侵权行为,机构应主动联系并告知其关系人;若老人选择提升服务等级或购买商品,同样需如实告知关系人。

（4）安全保障义务　养老机构应充分保障入住老人的安全。考虑到老人行为能力的自然退化,在服务场所内,务必确保老人的人身和财产安全,履行积极作为义务,杜绝消极不作为情形。以是否保障老人安全作为判定机构是否履行安全保障义务的标准,切实维护老人权益。

三、入住老人的权利与义务

1. 入住老人的权利

（1）服务接受权　入住老人有权依据与养老机构签订的合同,享受合同约定的生活照料及心理疏导服务。若老人明确声明放弃相关权利,养老机构应尊重老人意愿。

（2）隐私权　入住老人向养老机构提交的身体和心理状况等隐私信息,养老机构负有保密义务,应采取必要措施保障老人隐私权。

（3）服务建议权　当养老机构服务未达入住老人预期时,老人有权提出建议。养老机构应重视并依据建议采取相应改进措施。

2. 入住老人的义务

（1）费用给付义务　鉴于机构养老服务的有偿属性,入住老人需按时缴纳合同规定费用。该费用用于保障老人的衣食住行,维护其身心健康,同时作为养老机构的合理报酬,支撑机构正常运营。

（2）信息如实告知义务　入住老人及其关系人负有如实告知义务,应向养老机构详细说明老人的身体健康状况、心理状态,不得隐瞒疾病信息。此外,还需告知老人的用药情况,以便养老机构提供适配的照顾服务,并提供关系人的联系方式,确保在老人突发疾病时能及时取得联系。

（3）服务配合义务　入住老人应积极配合养老机构提供的生理及心理服务,不得恶意抵制。若老人不配合服务,养老机构有权联系其关系人或采取警告等措施纠正不当行为。若老人对其他老人或工作人员造成损害,应依法承担民事责任;情节严重构成犯罪的,需承担刑事责任。

阅读卡

《养老机构服务合同(示范文本)》

阅读卡

上海市养老服务合同范本

知识点三　养老服务合同的签署

养老机构应当与接受服务的老年人或其代理人签订服务合同,明确各方的权利义务,并按照服务合同约定的内容为老年人提供相应的服务,保障服务质量。

一、合同签署对象

养老机构合同的签署对象通常为老年人本人或其监护人/代理人。对于具备完全民事行为能力的老年人,应由其亲自签署以体现自主意愿;而对于无民事行为能力或限制民事行为能力的老年人,则需由法定监护人(如配偶、子女)或经法律程序指定的代理人代为签署。代理人需提供身份证明、监护权证明或授权委托书等文件,以确保代理行为的合法性。这一规定既保障了老年人的合法权益,又明确了合同签署的法律有效性,避免因主体资格问题引发纠纷。

二、合同签署时间

养老机构合同签署的时间要求通常遵循行业惯例与机构规定,一般在老年人正式入住前完成,以确保双方在明确权责的基础上建立服务关系。部分养老机构会设置试住期(如1～2周),待试住期满且双方确认无异议后再签署正式合同,这种安排既给予老年人及家属对机构服务的实际体验期,也让机构有机会观察老年人的适应情况,从而降低后续纠纷风险。无论是入住前还是试住后签署,合同生效时间通常自入住之日起算,以保障服务期间的权益界定。

三、合同签署注意事项

1. 风险再告知

养老机构在签署合同前,应将老人面临的健康安全风险及机构采取的必要防范措施提前以书面的形式告知老人及相关第三方,老人及相关第三方在《风险告知书》上签字。

2. 多子女家庭处理方式

多子女家庭签订合同时,应尽可能让所有子女都到现场。若无法全部到场,未到场子女需出具书面委托,指定其中一名子女作为监护人代表与养老机构签订入住合同,避免后续产生家庭内部纠纷。

3. 重要条款告知与确认

针对收费标准、服务内容、等级评定、合同周期、试住期以及潜在风险和应对方案、免责条款等重要内容,养老机构务必向老年人及其监护人一一详细告知,并要求现场签字确认,确保其充分知晓并认可合同关键内容。

4. 服务内容变更处理

在服务过程中,若任何一方需调整双方原先约定或补充未约定的服务内容,应及时补充签署约定文件,明确变更后的服务内容、时间、费用等关键信息,保证双方权益有据可依。

5. 签署环境选择

签合同最好选择在有监控,特别是具备音控功能的环境中进行,方便后期留档。一旦出现合同相关争议,这些监控资料可作为有力证据还原签约场景。

6. 合同签订后管理

签订合同后,养老机构应做好合同履行及过程管理,确保每项服务内容都应有对应的操作文本,保证服务标准化、规范化,也便于监督和评估服务质量。这些都有可能成为日后发生纠纷争议的关键证据。

阅读卡

合同中的免责条款及使用注意事项

📖 **课后拓展**

测试

请在裁判文书网上收集3～5例养老机构服务合同纠纷案件,分析案件争议焦点。

在线练习

项目二

照护服务组织与管理

照护管理是养老机构运营管理体系中的核心环节。养老护理员作为照护服务的主要执行者,肩负着为机构内住养老人提供日常生活照料、精神关怀慰藉以及个性化专属服务的重要使命,是保障老年人能够安享晚年生活的关键支撑。

在养老机构中,老年人的照护服务一般由"护理部"或"照护部"负责。其服务内容涵盖广泛,根据养老机构的不同性质、定位及服务能力,可为老年人提供全方位、全天候且贯穿整个入住周期的服务。照护服务质量的高低,不仅直接关系到住养老人的晚年生活品质与安全保障,更是决定养老机构经营成效与可持续发展的根本因素。

本项目主要包括四大任务,即照护服务内容与要求、照护计划制订与调整、护理组织形式与排班、照护质量管理,涉及照护服务的内容及相关要求,照护计划的内容、制订原则与方法,护理工作组织形式、排班类型,照护质量管理内容、原则与任务、常用照护质量管理工具等。

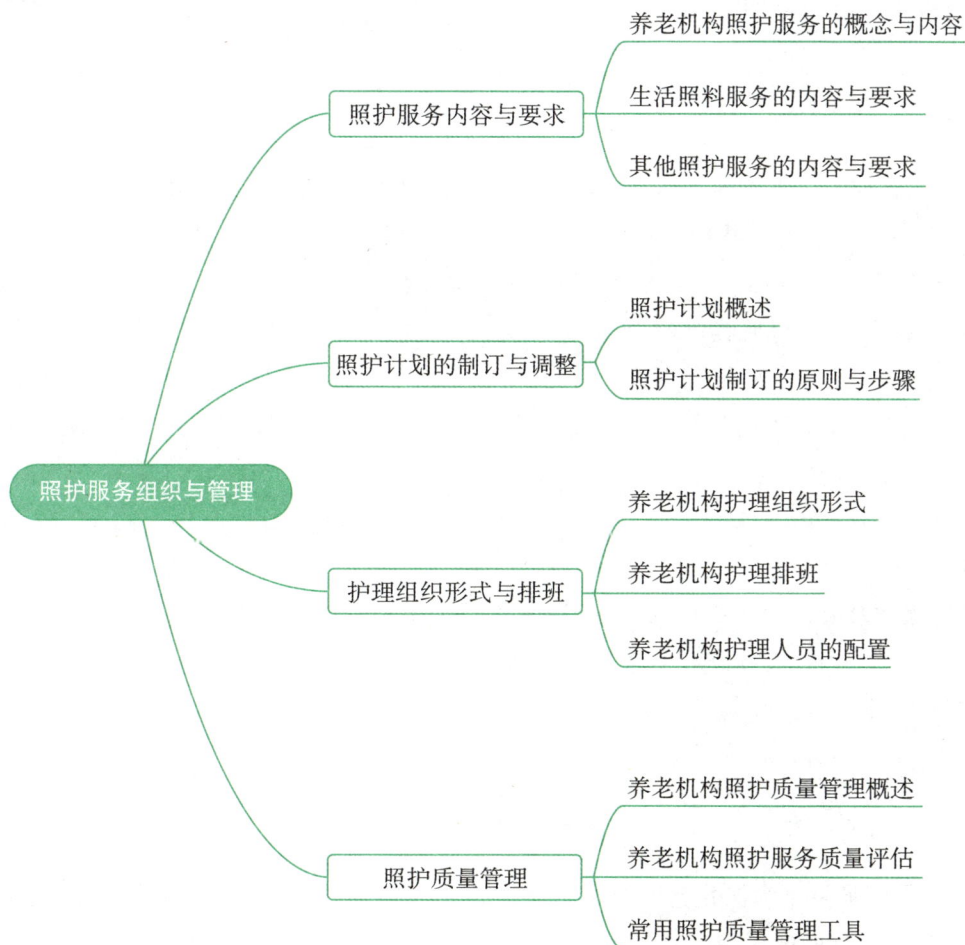

- 照护服务组织与管理
  - 照护服务内容与要求
    - 养老机构照护服务的概念与内容
    - 生活照料服务的内容与要求
    - 其他照护服务的内容与要求
  - 照护计划的制订与调整
    - 照护计划概述
    - 照护计划制订的原则与步骤
  - 护理组织形式与排班
    - 养老机构护理组织形式
    - 养老机构护理排班
    - 养老机构护理人员的配置
  - 照护质量管理
    - 养老机构照护质量管理概述
    - 养老机构照护服务质量评估
    - 常用照护质量管理工具

任务1　照护服务内容与要求

知识索引

关键词： 照护服务　生活照料　健康管理　康复护理　心理及社会支持　临床护理　安全管理
理论（技能）要点： 照护服务概念与内容　生活照料服务内容与要求　其他照护服务内容与要求
重点： 照护服务内容
难点： 生活照料服务内容与要求

任务目标

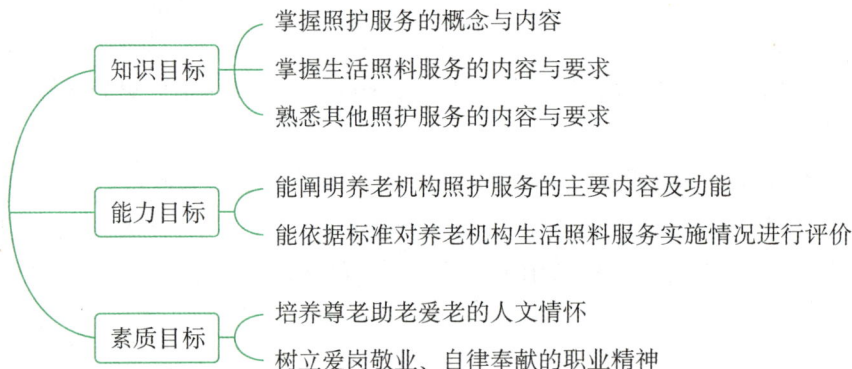

知识目标
- 掌握照护服务的概念与内容
- 掌握生活照料服务的内容与要求
- 熟悉其他照护服务的内容与要求

能力目标
- 能阐明养老机构照护服务的主要内容及功能
- 能依据标准对养老机构生活照料服务实施情况进行评价

素质目标
- 培养尊老助老爱老的人文情怀
- 树立爱岗敬业、自律奉献的职业精神

任务情境

　　清晨，新入职护理员小李来到某养老机构，照护部王主任带其熟悉工作环境。起居厅里，坐轮椅的张爷爷餐盘已就位，双手颤抖，等待护理员协助进餐。李奶奶关节不灵活，从卫生间出来后衣服褶皱、纽扣错位，盼着护理员整理。活动室中，护理员小张备好材料，指导老人制作纸艺花朵。老人居室里，护理员小王正双手托住赵爷爷肩、臀将其侧身，检查背部皮肤，调整减压床垫预防压疮。患有认知障碍的孙奶奶紧抓洗漱台抗拒洗漱，护理员小赵手持温湿毛巾，轻声安抚并慢慢为其擦拭。

　　你觉得，这些服务是否都属于养老机构照护服务范畴？养老机构照护服务的内涵是什么？生活照护包含哪些具体内容，又有哪些要求？

知识准备

　　1. 学习《养老护理员国家职业技能标准（2019版）》全文。
　　2. 调研2～3家养老院，了解护理员的主要岗位职责。

知识学习

知识点一　养老机构照护服务的概念与内容

　　养老机构照护服务是指为住养老年人提供的全周期、多维度、个性化的服务体系，以满足老年人在生理、心理、社会参与等方面的综合需求，帮助老年人保持身心健康，提高生活质量。养老机构照护服务是整合照护,具体涵盖生活照料、健康管理、康复护理、心理与社会支持、安宁照护、安全防护等多个方面,需要养老护理员、社会工作者、康复师、护士、医生等多学科团队共同参与完成(图3-2-1)。

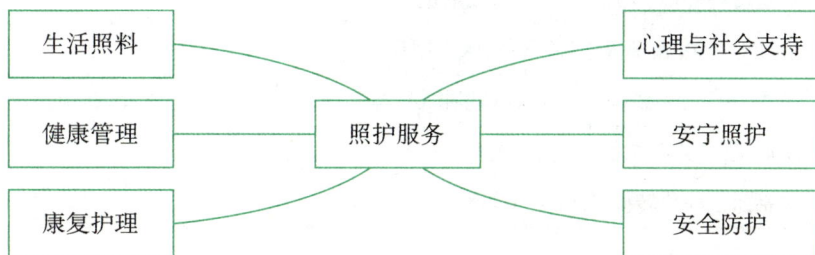

图3-2-1 照护服务的主要内容

1. 生活照料

指围绕日常生活起居开展的,旨在满足老人日常生活基本需求的一系列服务,包括饮食照料、起居照料、清洁卫生照料、排泄照料、体位转移照料等服务项目。

2. 健康管理

包括对老年人开展健康监测、疾病预防、药物管理、健康宣教等一系列服务。通过每日测量记录老年人生命体征,协助老年人开展慢性病管理,指导提醒用药和胰岛素注射、调整生活方式等降低老年人的健康风险。

3. 康复护理

康复护理是针对因疾病或意外伤害导致身体功能受损的老年人,为其提供肢体训练、作业疗法、语言训练、认知干预、辅具适配及使用指导等服务,帮助其恢复身体功能,提高生活自理能力和生活质量。

4. 心理与社会支持

通过提供心理支持、情绪疏导、社交陪伴等服务,组织家庭探访、社区活动、志愿者服务等项目帮助老年人建立社交网络,增强社会归属感,保持积极乐观的心态和良好的情绪状态。同时关注老年人的文化需求,提供适宜的文化娱乐活动等。

5. 安宁照护

安宁照护是针对生命末期老年人(预计存活6个月内)提供的全人关怀服务,旨在维护生命尊严、缓解身心痛苦、满足灵性需求。包括设置安宁环境、帮助老人接纳临终事实、减轻痛苦不适症状、做好家属心理支持等。

6. 安全防护

安全防护包括环境优化、风险防范、应急处理等服务。为老年人提供安全、舒适、整洁的居住环境,包括主要生活空间及设施的设置、清洁和维护;采取措施预防老年人跌倒、烫伤、走失等意外事件的发生;在老年人遇到紧急情况时,及时采取有效的应急措施,如联系医护人员、进行急救等。

知识点二 生活照料服务的内容与要求

一、生活照料服务内容

生活照料服务作为养老机构照护服务体系的核心组成部分,是基于老年人日常生活活动能力,为其提供的一系列维持正常生活状态、提升生活品质的基础性服务。根据《养老机构等级划分与评定》国家标准实施指南(2023版)、《养老机构生活照料服务基本规范》(MZ/T 171—2021)等政策标准文件的要求,养老机构应为入住老年人提供包括饮食照料、起居照料、清洁卫生照料、排泄照料、体位转换照料在内的5项生活照料服务(表3-2-1)。

表3-2-1 养老机构生活照料服务内容

服务项目	服务内容
饮食照料	布置就餐环境、协助进食、饮水或喂饭、喂水及管饲等
起居照料	协助穿(脱)衣、睡眠照顾、更换床上用品等
清洁卫生照料	洗头、洗脸、洗手、刷牙、漱口、口腔擦拭、梳头、剃须、床上洗足、洗澡、床上擦浴、修剪指(趾)甲等
排泄照料	协助排便、人工取便、更换一次性纸尿裤、更换尿袋等
体位转移照料	包括床上体位转换、床与轮椅转移、平车搬运等

二、生活照料服务要求

具体各项服务要求如下：

(一)饮食照料

1. 布置就餐环境

① 餐厅设置无障碍通道,配备防滑地面、适老化桌椅及扶手,确保轮椅通行宽度≥80厘米;

② 每日餐前清洁餐桌,提供公筷公勺或分餐制,保持通风良好、光线充足;

③ 特殊需求老年人(如视力障碍)设置专属就餐区,提供对比度高的餐具及定位提示。

2. 协助进食

① 评估老年人进食能力,对吞咽障碍者提供糊状或软食,必要时使用增稠剂;

② 喂食时保持床头抬高30°～45°,每口食物量≤5 mL,间隔30秒以上,避免催促;

③ 对自行进食者提供防滑餐具、防洒碗,必要时使用进食辅助工具(如防抖勺)。

3. 管饲服务

① 严格执行医嘱,鼻饲前确认管道位置,食物温度为38～40℃,每次注入量≤200 mL;

② 鼻饲后保持半卧位30分钟,清洁口腔并记录时间、种类及量;

③ 每周更换鼻饲管(特殊材质遵医嘱),定期评估营养状况。

(二)起居照料服务

1. 协助穿(脱)衣

① 根据季节选择舒适衣物,优先使用魔术贴、松紧带等便捷设计,避免纽扣、拉链复杂款式;

② 协助穿衣时遵循"先患侧后健侧"原则,脱衣时"先健侧后患侧",保护关节活动度。

2. 睡眠照顾

① 睡前关闭强光,调节室温为22～24℃,提供助眠音乐或白噪音设备;

② 夜间每2小时巡查,记录睡眠状态,对失眠者采取非药物干预措施。

3. 更换床上用品

① 定期更换床单、被套,污染时及时更换;

② 更换时采用"卷铺法"减少灰尘扬起,协助老年人侧卧并固定体位,避免坠床风险。

(三)清洁卫生照料服务

1. 个人清洁

① 每日晨间、晚间协助洗脸、洗手、刷牙(含义齿清洁),每周修剪指(趾)甲2次,指甲长度≤2毫米;

② 男性剃须每2～3天1次,女性剃须按需求执行;每2～3周理发1次,特殊需求个性化调整。

2. 沐浴管理

① 夏季每日洗澡1次,其他季节每周1～2次,水温为38～40℃,时间≤15分钟;

② 床上擦浴每日1次,重点清洁会阴、腋下等易感染区域,使用弱酸性沐浴露及保湿霜。

3. 环境清洁

地面每日湿式清扫2次,卫生间每日消毒,垃圾日产日清;公共区域每周全面清洁消毒。

(四) 排泄照料服务

1. 协助排便

① 对认知清晰老年人,每日定时提醒如厕(如晨起、餐后30分钟),使用坐便器时腰部支撑软枕;

② 对行动不便者,提前5分钟将便器放置床边,提供屏风遮挡,排泄后立即开窗通风。

2. 人工取便与失禁护理

① 人工取便需戴手套,使用石蜡油润滑,操作轻柔避免损伤肠黏膜;

② 失禁老年人每2小时检查纸尿裤,污染后立即更换,清洗肛周并涂氧化锌软膏。

3. 尿袋更换

更换尿袋时严格无菌操作,引流管低于膀胱水平,避免逆流感染,记录尿液颜色、量及性状。

(五) 体位转移照料服务

1. 床上体位转换

① 每2小时翻身1次,采用"三步翻身法"(屈膝、移肩、转腰),骨突处垫减压软枕;

② 长期卧床者保持良肢位摆放,使用梯形枕维持髋关节中立位,预防足下垂。

2. 床与轮椅转移

① 转移前确认轮椅刹车锁定,脚踏板抬起,使用滑板或转移带辅助,转移角度≤45°;

② 转移后调整轮椅背垫至肩胛骨下缘,系安全带(固定于髋部),脚踏板承重均匀。

3. 平车搬运

① 搬运时4人协作(头、腰、臀、腿各1人),保持脊柱直线,使用过床板过渡;

② 上下坡时头部始终处于高位,速度≤0.5米/秒,通过障碍物时提前告知老年人。

阅读卡

《养老机构生活照料服务基本规范》(国标征求意见稿)

阅读卡

《养老机构生活照料操作规范》(行标)

知识点三　其他照护服务的内容与要求

一、健康管理服务

1. 服务内容

(1) 基础健康监测　每日测量并记录体温、血压、血糖,观察面色、精神状态等情况,识别异常体征。

(2) 慢性病日常管理　协助糖尿病老人监测血糖、调整饮食,提醒高血压老人定时服药,记录用药反应并反馈给医生。

(3) 感染预防　流感季节组织疫苗接种,确保每日通风至少1次,时间30分钟,指导七步洗手法。

(4) 生活方式指导　制定低盐低脂餐单,设计每日散步计划,推广睡眠卫生。

2. 服务要求

护理员需掌握电子血压计校准、血糖监测仪操作。

与社区卫生服务中心建立协作机制,每季度提供健康咨询。

饮食计划需符合老年人咀嚼、吞咽能力,糖尿病餐需标注热量值。

二、康复护理

1. 服务内容

(1) 基础功能训练　在康复师指导下开展关节伸展、平衡练习、步态训练。

（2）认知促进活动　通过数字游戏、拼图等维持思维活跃,利用记忆相册进行怀旧交流,实施专业疗法缓解失智老人激越行为。

（3）生活技能维持　鼓励自主完成穿衣、进食,提供加粗餐具、防滑扶手等辅助工具,训练使用智能设备。

（4）辅具适配与使用　协助使用轮椅、助行器,指导日常维护（如轮椅刹车检查）,定期清洁消毒。

2. 服务要求

① 训练强度以老年人自觉疲劳度≤3级为限,避免过度运动;

② 失智老人照护需耐心,采用温和语言引导行为,避免环境频繁变化;

③ 辅具使用需提前评估安全性,记录使用情况。

三、心理与社交支持

1. 服务内容

（1）情绪疏导　通过专业量表筛查抑郁倾向,采用音乐疗法、正念冥想等措施改善情绪。

（2）社交活动　组织兴趣社团、代际互动,建立"老带新"互助小组。

（3）文化关怀　定制传统节日活动,设置宗教文化角等。

（4）家庭支持　每月举办家属开放日,提供照护技能培训,建立"亲情联络卡"制度。

2. 服务要求

① 社工需持证上岗,并按照200∶1的比例进行配置;

② 活动设计需符合老年人兴趣及身体条件;

③ 活动前后应做好风险评估与应急管理;

④ 运用专业量表评估心理干预效果,降低抑郁发生率。

四、安宁照护服务

1. 服务内容

（1）舒适维护　定时翻身、调整体位,提供柔软衣物和被褥,保持房间温度适宜（22～26℃）。

（2）疼痛缓解　通过按摩、热敷等非药物方式减轻不适,必要时按医嘱使用外用止痛贴。

（3）心理慰藉　倾听老年人倾诉,协助完成简单心愿（如见亲友、看老照片）,布置温馨病房环境。

（4）家属支持　开放24小时探视,培训家属沟通技巧（如倾听而非说服）,提供丧葬事宜协助。

2. 服务要求

① 避免提及"临终""死亡"等刺激性词汇,使用"安心休息"等温和表述;

② 尊重不同文化习俗（如土葬/火葬偏好）,提供宗教仪式支持;

③ 安宁照护区域需与其他区域适当隔离,保持安静。

五、安全防护

1. 服务内容

（1）环境安全　每日检查房间照明、扶手、防滑地垫,厨房使用防烫餐具,药品上锁管理。

（2）风险防范　为认知障碍老人佩戴定位手环,浴室安装紧急呼叫按钮,定期检查消防设施。

（3）应急处理　学习海姆立克急救法应对噎食,掌握心肺复苏基础操作,5分钟内联系医疗机构。

2. 服务要求

① 安全巡查需记录具体问题,确保整改到位;

② 应急预案每半年演练一次,确保全员参与;

③ 紧急呼叫系统需覆盖所有房间,响应时间≤2分钟。

📖 课后拓展

请你结合相关标准及文献,从老年人饮食、起居、个人清洁、排泄、体位转移几个方面出发,编写适合养老机构的护理流程。

在线练习

任务2　照护计划的制订与调整

📋 知识索引

关键词:照护计划　制订原则与步骤　照护实施　评价与调整
理论(技能)要点:照护计划的内容　照护计划制订的原则与步骤
重点:照护计划制订的原则与步骤
难点:照护计划制订的原则与步骤

📖 任务目标

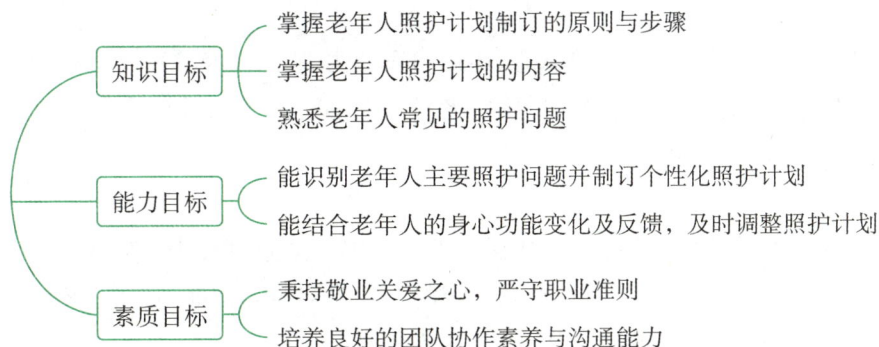

知识目标
　掌握老年人照护计划制订的原则与步骤
　掌握老年人照护计划的内容
　熟悉老年人常见的照护问题

能力目标
　能识别老年人主要照护问题并制订个性化照护计划
　能结合老年人的身心功能变化及反馈,及时调整照护计划

素质目标
　秉持敬业关爱之心,严守职业准则
　培养良好的团队协作素养与沟通能力

🧹 任务情境

刘奶奶,85岁,既往病史:糖尿病(伴有视网膜病变)、心脏病、高血压。长期口服相关药物控制病情,于一周前在子女的陪同下步行入住养老机构。入住后情绪不稳定,经常独自落泪,主诉头晕头痛,为其测量血压偏高,夜晚入睡困难,于昨晚9点半左右独自上卫生间时不慎跌倒,髋关节,致无法独立行走。

你觉得,刘奶奶主要照护问题是什么? 老年人的照护计划该如何制定?

🏠 知识准备

收集几则养老机构入住老年人的照护方案,观察方案的结构与主要内容。

📝 知识学习

知识点一　照护计划概述

随着社会经济和生活质量的进一步发展,老年人的需求不再满足于基本的吃穿住行保障,而是向更高层次、更丰富多元的方向拓展,要求养老机构提供更为精细且个性化的服务。老年照护是一项长期性的工作,是以保障老年人日常生活,促进老年人的健康和功能恢复为目标所进行的一系列有目的、有计划的照护活动,是一个综合的、动态的、具有决策和反馈功能的过程。针对当前养老机构照护随意性大、照护计划缺乏针对性、照护服务内容单一等问题,养老机构有必要按照科学、有效、适宜等原则制定老年人照护服务计划。

一、照护计划的概念

照护计划是养老机构专业人员依据老年人的身体状况、心理健康水平、生活自理能力、个人兴趣爱好以及社会支持系统等多方面的综合评估结果,为每位老年人量身定制的一套全面、个性化的服务方案。该计划详细规划了在一定时期内为老年人提供的照护服务内容、服务方式、服务频率以及预期目标等,涵盖生活照料、医疗护理、康复服务、心理支持、精神慰藉、文化娱乐等多个领域,旨在满足老年人的多元化需求,提高其生活质量,促进其身心健康。

二、照护计划的内容

一份完整的照护计划通常包括以下内容:

1. 基本信息

包括老年人的姓名、年龄、性别、联系方式、家庭住址、紧急联系人等,以及老年人的既往病史、过敏史、目前所患疾病及治疗情况等健康信息。

2. 评估报告

对老年人的身体状况、认知能力、心理状态、生活自理能力、社会支持系统等进行全面评估,为制定照护计划提供依据。例如,通过身体功能评估,确定老年人的活动能力和日常活动受限程度;通过认知评估,了解老年人是否存在认知障碍及程度。

3. 照护目标

明确在一定时期内要达到的具体目标,如提高老年人的生活自理能力、改善身体状况、缓解心理压力、增强社交能力等。目标应具体、可衡量、可实现、相关联、有时限。例如,在接下来的三个月内,帮助老年人将行走能力从需要部分协助提升至可独立行走一定距离。

4. 照护措施

(1)生活照料 涵盖饮食、起居、个人卫生等方面。例如,根据老年人的身体状况和口味喜好制定营养均衡的食谱;协助老年人起床、洗漱、穿衣、如厕等;定期为老年人洗澡、理发、修剪指甲等。

(2)医疗护理 根据老年人的健康状况提供相应的医疗服务,如定期测量生命体征(体温、脉搏、呼吸、血压等)、给药、伤口护理、康复训练等。对于患有慢性疾病的老年人,制定专门的疾病管理计划,包括病情监测、用药指导、饮食和运动建议等。

(3)心理支持 关注老年人的心理需求,提供心理疏导和精神慰藉。通过与老年人沟通交流,了解其心理状态,帮助解决心理问题和困扰。例如,针对丧偶或感到孤独的老年人,组织社交活动或安排志愿者陪伴,缓解其孤独感。

(4)康复服务 对于身体有功能障碍或患有疾病需要康复的老年人,制定个性化的康复计划,包括物理治疗、作业治疗、言语治疗等。例如,为中风后偏瘫的老年人制定康复训练计划,帮助其恢复肢体运动功能。

(5)文化娱乐 根据老年人的兴趣爱好和身体状况,组织各种文化娱乐活动,如音乐欣赏、绘画、书法、手工制作、棋牌游戏、户外活动等,丰富老年人的精神文化生活,促进其身心健康。

（6）安全防护　评估老年人可能面临的安全风险，采取相应的防护措施，如在居住环境中设置防滑地砖、安装扶手、配备紧急呼叫设备等；对有认知障碍或行为异常的老年人，制定专门的安全管理措施，防止走失或发生意外事故。

5. 服务时间和频率

明确各项照护服务的具体实施时间和频率。例如，每天早上为老年人测量血压，每周为老年人安排三次康复训练，每次训练时间为30分钟；每周组织两次文化娱乐活动，每次活动时间为1～2小时等。

6. 照护人员安排

确定负责为老年人提供照护服务的人员，包括护理员、医生、护士、康复治疗师、心理咨询师等，并明确各自的职责和分工。例如，护理员负责老年人的生活照料和日常护理工作，医生定期对老年人进行查房和病情评估，康复治疗师根据康复计划为老年人提供康复训练服务等。

7. 效果评估

制定定期评估照护计划实施效果的方案，明确评估指标和评估时间。通过对比照护前后老年人的身体状况、生活自理能力、心理状态等方面的变化，评估照护计划的有效性，并根据评估结果及时调整和优化照护计划。例如，每月对老年人的生活自理能力进行一次评估，根据评估结果调整生活照料措施；每季度对老年人的身体状况进行一次全面评估，根据病情变化调整医疗护理方案等。

知识点二　照护计划制订的原则与步骤

养老机构照护计划的制订是一个严谨系统、群策群力、动态变化的过程。为提升照护计划的科学性、有效性、适应性和可行性，应遵循以下制订原则和步骤方法。

一、照护计划制订的原则

1. 全方位照护

涵盖老年人生活的各个方面，包括生理、心理、社会交往、精神文化等。不仅要关注老年人的身体健康和疾病护理，还要重视他们的心理健康、社交需求以及精神文化生活，提供全方位、综合性的照护服务。

2. 跨专业团队

养老机构内的医生、护士、护理员、康复治疗师、心理咨询师等多学科专业人员需密切协作，共同为老年人制定和实施照护计划。明确各专业人员的职责和分工，加强团队沟通与协调，确保各项照护服务之间的衔接顺畅，形成一个有机的整体。

3. 以人为本

将老年人的需求和意愿放在首位，尊重他们的自主决策权利。在制订照护计划过程中，充分与老年人及其家属沟通，了解他们的期望和目标，让老年人参与到照护计划的制订和实施过程中，使照护服务更贴合老年人的实际需求，同时了解家庭及经济情况。

4. 个案管理

对收集到的资料进行全面分析，确定其风险因素，提出更有针对性的护理措施。每位老年人的照护计划都由资深的个案专人跟进，定期评估照护计划成效，协调跨专业团队、入住老年人以及家属，一起向着目标迈进。从老年人的入院到出院或居家照护，全程无缝衔接，定期对老年人进行评估，持续监测效果，及时调整照护服务计划。

5. 严格的系统化管理

重视每一个照护的操作环节，记录明确，追溯性高。计划的制订要考虑到有可能出现的问题，照护计划应随新情况的出现重新修改。制订计划要有一定的弹性，留有余地，减少新问题出现的可能，使制订计划更科学,保证照护计划目标的实现。

二、照护计划制定的步骤

养老机构照护计划的制定是一个系统且专业的过程,需要经过多个步骤,以确保为老年人提供精准、全面的照护服务(图3-2-2)。具体步骤如下:

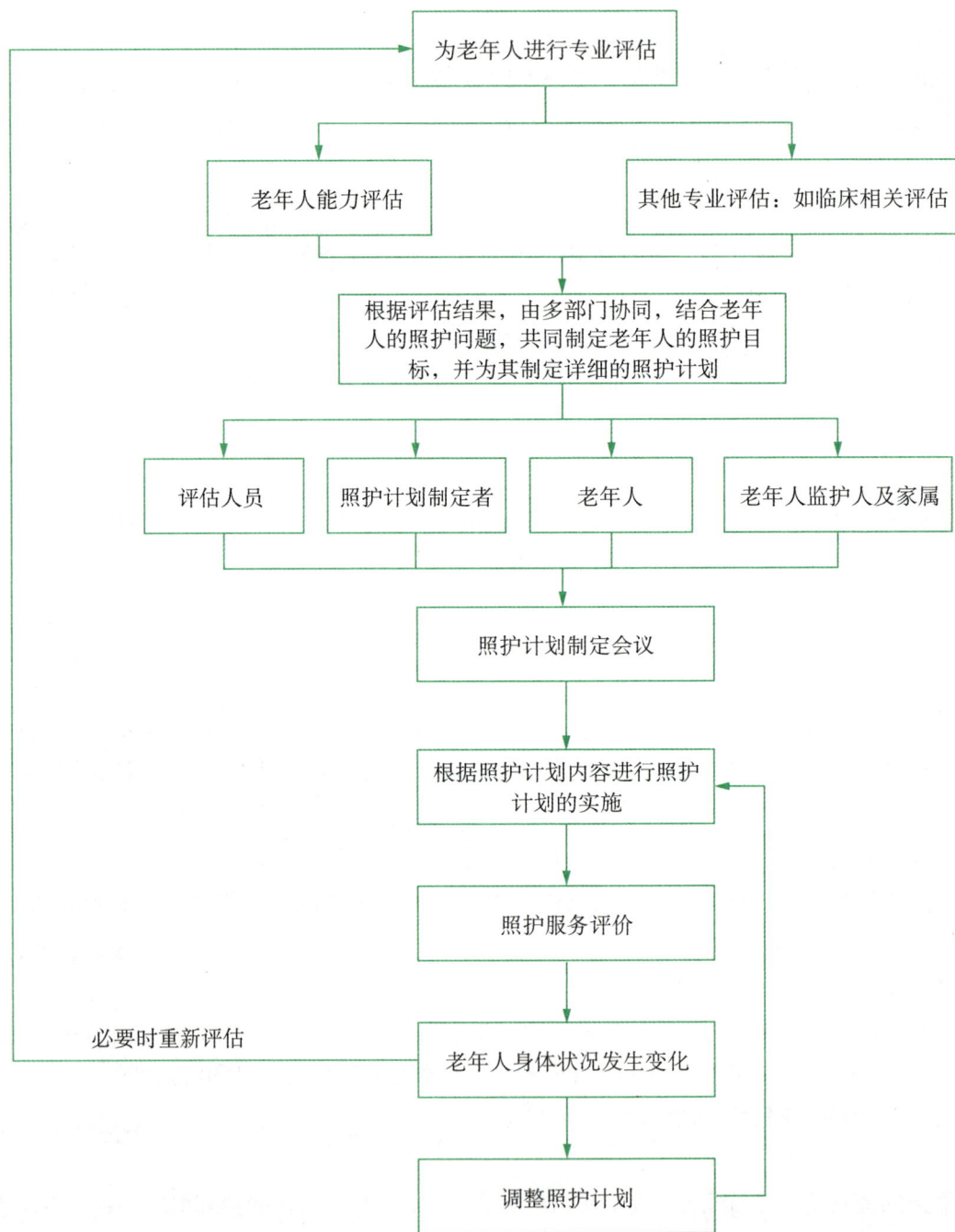

图 3-2-2　照护计划制定的步骤方法

1. 评估

由专业的医护人员、护理员等组成评估团队,根据收集到的信息,运用标准化的评估工具和方法,对老年人的身体、心理、社会等方面进行全面评估。对评估结果进行综合分析,确定其主要的照护需求和问题,为制定照护计划提供依据。

2. 制定整体照护计划

根据老年人能力评估和其他专项评估的结果,深入分析老人潜在需求,评估跌倒、噎食、认知障碍等风险。协同多学科团队,从生活照料、医疗护理、康复保健、心理慰藉等维度,为老人量身定制个性化照护方案。包括具体的照护目标、服务内容和时间安排等。

3. 照护计划的实施

照护计划的实施,是将计划内各项措施转化为实际行动的过程,需要多部门协同作业。各部门不仅要运用操作技术,还需发挥沟通技巧、观察与应变能力,彼此紧密合作。实施过程中养老护理员扮演着多种角色,既是决策者、实施者,又是教育者和组织者。要继续收集资料、评估老年人的健康状况及其对措施的反应,随时调整。养老护理员要具备丰富的业务理论知识,熟练的护理技术,良好的人际关系。

照护活动的内容、时间以及老年人的反应等应做好记录。确保及时、准确、真实、重点突出,可采取文字叙述或填表并在相应项目上签名。同时与老年人及其家属保持密切沟通,定期向他们反馈照护计划的实施情况,根据他们的意见和建议对照护计划进行调整和完善。

阅读卡

照护计划中护理计划和康复计划的制订

4. 照护服务评价

为了判断照护目标是否达成,照护措施是否得当,分析照护实施效果的影响因素以促进照护质量的提高,养老机构往往需要在照护计划执行一段时间后对其实施成效进行评价,常用的评价方法包括观察法、问卷调查法、测试评估法、指标对比法,评估主体涉及老年人、家属及机构工作人员等。

5. 照护计划的调整

照护计划实施过程中或执行一段时间后,应根据阶段性能力评估及服务效果,了解是否达到了预期目标,以此为依据进行照护计划的调整或补充,以满足后续老年人需求。照护计划的调整有利于约束和督促照护工作的开展,能及时发现照护工作中存在的问题,纠正在实施照护措施中出现的偏差。照护计划的调整是一段照护的结束也是另一段照护的开始。

阅读卡

根据任务情境为老年人制订照护计划

课后拓展

王爷爷,83岁,中风后卧床5年,肢体功能欠佳,于前天入住养老机构后被评为中度失能等级,既往病史:糖尿病、高血压、心脏病、支气管炎、中风后遗症等,请你根据王爷爷目前的情况,为其制定合适的照护服务计划。

测试

在线练习

任务3 护理组织形式与排班

知识索引

关键词: 个案护理 分级护理 功能性护理 全责护理 护理排班 护理人员配比

理论(技能)要点: 养老机构护理组织形式 养老机构护理排班 护理人员配置

重点: 护理组织形式 护理排班

难点: 护理排班

任务目标

- 知识目标
  - 掌握养老机构排班的方法及类型
  - 熟悉养老机构护理工作形式
  - 了解养老机构护理人员的配置要求
- 能力目标
  - 能根据机构情况选择适宜的护理工作组织形式
  - 能合理设计护理排班方案
- 素质目标
  - 培养良好的组织协调与团队沟通能力
  - 树立自主学习和创新意识，探索护理组织新模式

任务情境

某养老机构收住失能老人35人、半失能老人45人、自理老人40人，配备注册护士4名、护理员14名，实行24小时轮班制。当前采用按岗位分工的护理模式，护士负责技术操作，护理员承担生活照护，却出现失能老人照护响应延迟、护理员负荷不均等分工协作问题。在每月排班管理中，需兼顾各楼层护理需求与人员休息权益，确保重点照护区域24小时双人在岗。但现有排班未充分考量老人护理等级差异，导致部分时段出现人力配置缺口，影响照护效率。

你觉得，面对差异化护理需求，如何通过选择科学的护理组织形式优化分工协作？在人员编制固定的情况下，怎样结合护理等级差异设计合理的排班方案与人员配比呢？

知识准备

走访调研2～3家养老机构，了解其养老护理人员的工作方式及排班。

知识学习

知识点一　养老机构护理组织形式

养老机构护理组织形式是指在护理工作中，为了实现护理目标，对护理人员进行分工、协作和管理所采取的方式或架构，它决定了护理工作如何开展、护理人员如何配置以及各项护理任务如何分配与执行。护理组织形式多样，各有特点，适用于不同规模、服务需求和运营模式的养老机构，以下是常见的四种。

一、个案护理

个案护理是指针对老年人的个性化需求进行护理，根据老年人的年龄、生活自理程度和身体状况，采取针对性的护理措施，使护理工作更适应老年人的个体需求。个案护理是以老年人为中心，由一名养老护理员负责一位老年人或多位老年人进行身心护理的方式，这种护理方式一般适用于危重病的老年人特护，不宜普遍采用。

"专人护理"也属于个案护理中的一种，又称为"一对一护理"，由一名养老护理员专门照护一位老年人，且相对固定，这名养老护理员将全权负责该老年人的一切生活照料与护理工作，类似于全天候的家庭保姆，专人护理的优点在于专，缺点是互动性较差，人力成本高，大多数情况下是应家属特殊要求才安排专人护理，需额外加收护理费。

二、分级护理

分级护理是养老机构对在院老年人进行生活护理的一种工作方式。根据老年人的年龄、生活自理程度、身体状况以及特殊要求,分为不同的护理级别。根据老年人能力评估,可将老年人分为能力完好、轻度失能、中度失能、重度失能、完全失能这五个基础级别,每个护理级别对应不同的护理要求,养老护理员将根据老年人的护理级别对其进行照护。

三、功能性护理

功能性护理是将护理工作进行分类,形成不同的功能性、专业性较强的工作岗位,比如临床护理岗位、生活护理岗位、心理护理岗位、清洁卫生岗位等。每一位老年人由不同护理人员交叉进行照护,一位老年人需要面对好几位工作人员。功能性护理的优点是专业性强,工作效率高,但它缺乏整体感和连续性,也会让老年人跟工作人员没有亲近感。这种形式的护理常出现在老年护理院、护理病房或老年临终关怀机构。

四、全责护理

全责护理是将老年人和护理人员分别组成若干个小组,护理团队中的每一位护理人员在其工作时间内全权负责该小组老年人的照护工作,当其下班或休假时,由团队中的其他成员继续完成老年人的照护工作。这种护理工作形式,有助于提高老年人对护理人员的满意程度,也让护理人员对老年人有较深的了解,照护起来也更加得心应手,只是全责护理的工作形式对护理人员的综合素质要求比较高,他们面对的将会是各种类型的老年人。

阅读卡

《养老机构照护服务分级要求》
(地标)

知识点二 养老机构护理排班

护理排班承载着老年人、机构和员工三方的需求,是照护服务组织和管理的重要一环。好的排班不仅能够保障机构的日常照护工作的正常开展,满足老年人的各项生活需求,降低机构运营风险,同时能减少人力支出。对员工而言,好的排班有利于维护他们的身心健康,促进其工作效能的提高,保持护理团队的稳定性。

一、排班方式

1. 周排班法

周排班法是以周为单位的排班方式(表3-2-2)。一般由照护部主任(部长)根据照护工作情况进行安排。周排班的特点是周期短,有一定灵活性,可根据具体需要对照护人员进行动态调整,做到合理使用人力。一些特殊班次,如夜班、节假日等可由照护人员轮流承担。

表3-2-2 护理人员排班表

日期	1月29日	1月30日	1月31日	2月1日	2月2日	2月3日	2月4日	联系电话
姓名	星期一	星期二	星期三	星期四	星期五	星期六	星期日	

（续表）

日期 姓名	1月29日 星期一	1月30日 星期二	1月31日 星期三	2月1日 星期四	2月2日 星期五	2月3日 星期六	2月4日 星期日	联系电话
备注：								

2. 周期性排班法

又称循环排班法。一般以一个月为一个周期,依次循环。其特点是排班模式相对固定,照护人员对自己未来较长时间的班次心中有数,满足照护工作并兼顾照护员个人需要,同时还具有省时省力的特点。这种排班方法适用于房间照护人员结构合理稳定、老人数量和身体功能变化不大的照护单元(表3-2-3)。

表3-2-3 某养老机构8月排班表

护理部8月份排班表																																	
序号	楼层	日期 姓名	1 星期二	2 星期三	3 星期四	4 星期五	5 星期六	6 星期日	7 星期一	8 星期二	9 星期三	10 星期四	11 星期五	12 星期六	13 星期日	14 星期一	15 星期二	16 星期三	17 星期四	18 星期五	19 星期六	20 星期日	21 星期一	22 星期二	23 星期三	24 星期四	25 星期五	26 星期六	27 星期日	28 星期一	29 星期二	30 星期三	31 星期四	休息
1																																		
2																																		
3																																		
4																																		
5																																		

白班:06:00—18:00　晚班:18:00—06:00　长白班:08:00—18:00(中午不休息)　2小时巡视一次

3. 自我排班法

是一种班次固定、由照护人员根据个人需要选择具体工作班次的方法。这种排班方法适用于整体成熟度较高的照护单元,国外一些养老项目采用这种排班方法。自我排班能较好满足照护人员的个人需求,但也给管理者带来一些问题。

二、排班类别

1. 两班倒排班

两班倒排班是最常见的排班方式,这种排班方式分为白班和夜班,一般是将24小时分为两个班次,白班和晚班人员安排比例一般为3:1,也可根据实际情况进行调整。具体排班如下。

(1)白班:08:00—20:00　晚班:20:00—次日08:00

优点:可以为长者提供较长的护理时段,员工也节省往返时间,易于管理,人力成本低。

缺点:照护人员每天工作时间较长,强度较大,在下班时会感觉相当疲劳。

（2）白班：08:00—18:00　晚班：18:00—次日08:00

这种类别的排班相较于前一种，将白班时间缩短了2小时，晚班时间加长2小时。白天照护任务繁重，在缩短下班时间的情况下，员工下班后还可以有自己的时间安排。采用这种上班方式需要征求各班照护人员的同意，在不影响工作效率和质量的情况下可以使用。

2. APN排班

APN排班的方式与医院排班方式一样，采用三班倒的方式来排班，也就是传统8小时制的上班制。

A（白班）：08:00—16:00

P（中班）：16:00—24:00

N（晚班）：24:00—次日08:00

白班、中班、晚班交接班人数比例大约为2∶2∶1，排班也可根据每个班次工作量进行调整。

优点：易于管理，使得照护人员每天的休息时间比较充分。

缺点：照护人员无法获得连续性休假；频繁的换班使员工在路途上浪费过多的时间；人力成本较高。

3. 上一休一排班

上一休一为一班倒排班。一班倒：08:00—次日08:00，上一天休一天交接班比例固定不变。

优点：员工工作和休息时间都相对集中，可自由支配的时间增加，有利于增强对护理工作的好感；适用于人员密集、薪资较低，又有农忙的地区。

缺点：因连续工作易导致员工疲劳，不利于交接班时对于长者护理的沟通，照护人员的工作风险增大。

以上三种排班是养老机构排班中最常见的三种排班，总结即为：12小时班制、8小时班制、24小时班制。每种排班都有它们的优缺点，养老机构根据实际情况和老年人需求，可为机构护理人员设置不同的班制，并灵活运用。

知识点三　养老机构护理人员的配置

在照护质量影响因素中，人护比是无法忽视的重要指标。如何在控制人力成本和提高照护品质之间找到最佳平衡点考验每一个管理者的能力。一般而言，养老机构护理人员的配备数量应根据机构规模、老年人能力状况、入住老年人人数及服务需求、功能定位等情况综合确定，以达到满足技能操作和服务工作开展的要求。我国就养老机构护理人员的配置比例及资质等方面做出了一定的规范性要求。

一、关于护理人员配置比例的要求

1.《养老机构岗位设置及人员配备规范》（MZ/T 187—2021）的规定

养老机构应按照实际入住老年人数量配备提供直接护理服务的专职养老护理员，配备比例应不低于表3-2-4中下限值的要求。养老护理员应经培训合格后上岗。

表3-2-4　依据照护等级的养老护理人员配比

自理老年人	部分自理老年人	完全不能自理老年人
1∶15—1∶20	1∶8—1∶12	1∶3—1∶5

2.《养老机构等级划分与评定》国家标准实施指南（2023版）的规定

养老护理员与重度失能老年人配比不低于1∶2；养老护理员与中度失能老年人配比不低于1∶4；养老护理员与轻度失能及能力完好老年人配比不低于1∶10，得4分。

养老护理员与重度失能老年人配比不低于1∶3；养老护理员与中度失能老年人配比不低于1∶6；养老护理员与轻度失能及能力完好老年人配比不低于1∶15，得2分。

3. 上海市地方标准《养老机构设施与服务要求（DB31/T 685—2013）》的规定

对养老机构护理人员按照服务对象等级和服务时间进行比例设置，如表3-2-5。

表3-2-5　根据照护等级及时间段的养老护理人员配比

照护等级	时间	人员配比
重度（专护）	6:00—18:00	1:8
	18:00—6:00	1:16
中度（一级、二级）	6:00—18:00	1:20
	18:00—6:00	1:40
轻度、正常（三级）	6:00—18:00	1:40
	18:00—6:00	1:80

上海的标准对于计算最优人护比（在符合国家或地方政策的前提下，兼顾护理质量和人力成本的护理人员与老人的最佳配置比例）提供了具体的参数，假设我们要在一个有20人的重度老人照护单元配置合理人数的护理员，采用月休8天，3班倒的排班，那么所需的护理人员数量为：$20 \times (1/8 + 1/16) \times 1.5 \times 30/21.75 = 7.76 \approx 8$ 人。

二、关于护理人员资质的要求

养老护理员是照护老年人的首要责任人，他们的专业素养和服务态度直接关乎老年人的生活质量与幸福指数。根据《养老机构等级划分与评定》国家标准实施指南（2023版）的要求，养老机构提供生活照料服务人员应达到以下要求：

① 参加岗前培训，有培训记录。记录包括培训时间、培训主讲人、签到表、培训课程等内容。

② 养老护理员持有健康证明或可证明无传染性疾病的体检结果。

③ 养老护理员了解老年人基本信息，包括但不限于姓名、性别、年龄、疾病情况、服务级别、个人生活照料重点、兴趣爱好、精神状况等。

④ 养老护理员不佩戴戒指、手链、手镯、胸针等饰品和尖锐物品，不留长指甲，甲面无凸出装饰物，不抽烟、酗酒。

⑤ 养老护理员与老年人沟通态度温和、亲切，语言文明，表达清晰。

📖 课后拓展

某养老机构失能区入住有28名老年人，其中完全失能的有15人，半失能的有13人，目前设有护理员5人，护理组长1人，请你根据所学知识及当前该失能区的情况，为其选择合适的排班方式进行排班。

测试

在线练习

任务4　照护质量管理

🏥 知识索引

关键词：照护质量管理　照护质量评估　PDCA　鱼骨图　5S管理

理论(技能)要点：照护质量管理内容　照护质量管理方法　照护质量管理工具

重点：照护质量管理方法　照护质量管理工具

难点：照护质量管理工具

任务目标

知识目标 —— 掌握照护服务质量管理方法
—— 熟悉照护服务质量管理工具
—— 了解照护服务质量管理的内容

能力目标 —— 能参与照护质量管理标准的研制
—— 能参与机构日常照护质量监督检查
—— 能使用2～3种质量管理工具分析照护质量问题并实施整改

素质目标 —— 具备良好的质量管理意识
—— 具备良好的沟通与团队协作能力和一定的创新思维

任务情境

　　某养老机构8楼为失智区，有18张床位，现入住16位老年人，其中卧床的老年人有4位，带鼻饲管的有2位、带导尿管的1位。如果你是该养老机构8楼的养老护理管理者，该如何对区域老年人的照护服务质量进行检查分析？

知识准备

　　学习《养老院服务质量大检查指南》全文。

知识学习

知识点一　养老机构照护质量管理概述

　　养老机构照护质量管理是照护质量形成过程和规律，对照护过程中各个要素进行计划、组织、协调和控制，以保证服务达到规定的标准和满足服务对象需要的活动过程。它是养老机构管理的重要内容，而照护质量是养老工作的核心内容，它包括老年人的生活照料、医疗护理、心理护理等内容，直接关系到老年人的生命安全与健康和机构的运营发展。

　　照护质量管理需先设立照护质量标准，有了标准才能使得管理有依据，才能协调各项护理工作，用现代科学管理方法，以最佳的技术、最低的成本和时间，提供最优良的照护服务。

一、照护质量管理的内容

　　民政部在2017年发布的《养老机构服务质量基本规范》(GB/T 35796—2017)国家标准，是养老服务工作中的主要依据。同时，在为老年人提供服务的过程中，根据国家标准及经验积累，制定出符合养老机构适用的各项质量管理清单。养老机构服务质量管理的内容见表3-2-6。

表3-2-6 养老机构日常照护质量管理内容

一级条目	二级条目	三级条目
区域管理	员工管理	1. 岗前培训合格,持证上岗
		2. 老年人由相对固定的养老护理员进行生活照料
		3. 有细化可执行的员工管理制度(如遵守劳动纪律、态度温和、语言文明等)
		4. 有员工分管床位制度
	老人管理	1. 员工了解老年人基本信息,包括但不限于姓名、性别、年龄、疾病情况、服务级别、生活照料重点、个人爱好、精神心理情况、社会支持系统等
		2. 有床头服务卡(包含姓名、服务等级、膳食情况、风险防范等)
		3. 建立健康档案,记录健康状况动态变化
	满意度	1. 定时对老年人、家属、员工进行满意度调查,并分析
		2. 提出改进方案并落实具体改进措施
	财务管理	1. 每月定期完成区域的收支汇总,并进行财务分析
		2. 根据财务报表,动态进行人力物力调整
		3. 各服务项目有明确的收费标准
	资产管理	1. 有固定资产管理人,有固定资产清点计划
		2. 区域有物资储备计划、使用统计及记录
		3. 每年对仪器设备进行校正并记录(如血压计、血糖仪、氧气流量表等)
照护计划	照护项目	根据评估结果和老年人服务需求,制定照护服务计划,包括服务等级、服务项目、膳食要求、风险防范、特殊照护、注意事项等
	照护时间	1. 照护项目与照护时间的安排是否合理
		2. 定时或按需实时更新
服务流程	医疗护理	1. 每年至少组织一次老人健康体检、按需进行生命体征检测、及时处理老年人健康问题;根据需要,及时陪同老人院外就医
		2. 定时进行医疗护理查房,按失能程度进行巡视并记录
		3. 慢性病健康管理,按需监测、复查各慢性病健康指标
		4. 根据需要,及时通知、协助老年人转院转诊
	康复训练	1. 按需为老年人提供康复训练服务
		2. 有康复训练疗效反馈及记录
	管道照护	1. 员工知晓区域老年人留置管道情况
		2. 各引流管标识清楚,固定符合流程要求,无扭曲、打折和受压
	清洁照护	1. 老年人清洁:包含面部整洁,口腔、头发、皮肤、会阴、手足清洁;衣着整洁舒适
		2. 环境清洁:床单干净整洁,老年人房间物品摆放有序、清洁、无异味
	排泄照护	1. 排泄照护服务规范、及时。包括提醒如厕、协助排便、人工取便、更换一次性尿裤、清洗便器,清洁内衣裤和会阴部等
		2. 知晓排泄异常的处理
		3. 提供服务时,应注意保护老年人隐私
	起居照护	1. 知晓老年人起居规律、睡眠情况
		2. 知晓老年人肢体活动情况

（续表）

一级条目	二级条目	三级条目
服务流程	饮食照护	1. 饮食照护服务规范,包括协助用餐、协助饮水、喂水、喂饭、鼻饲等
		2. 知晓老年人饮食习惯,协助选餐、分餐
		3. 制定老年人饮食特殊需求汇总表(过敏食物、慢性疾病饮食、特殊饮食习惯等),饮食动态评估表
		4. 每周至少检查2次老年人房间有无过期、腐烂食品,并及时处理
	体位转换及位置转移照护	能按失能程度完成协助翻身、起床、转移、行走等操作
	社工活动	1. 按时开展社工康乐活动
		2. 定期完善老年人心理测评
	健康教育	1. 每月至少开展一次健康教育活动,并做好记录
		2. 有老年人反馈分析记录
	照护记录	有护理记录单,每班进行交接并有交接记录,特殊情况床旁交接班
培训教育	定期培训	每月至少进行一次照护技能培训(如鼻饲操作流程、胃管、尿管、气切管道的护理),培训后完成考核,合格率需达到100%
	年终考核	每年完成年终培训及考核,不合格完成补考
	外出学习	根据外出轮转计划有序进行工作人员学习
安全防范	皮肤管理	1. 有翻身、评估计划,并按要求进行润肤照护
		2. Ⅰ度压疮新发生率不高于5‰,Ⅱ度、Ⅲ度压疮新发生率为0,尿布疹发生率为0
	约束管理	1. 如需使用约束用具,应严格遵医嘱,并与相关第三方签署知情同意书,按操作规范执行
		2. 提倡"0"约束理念
	呼叫系统	1. 有呼叫系统维护检查计划
		2. 所有呼叫系统均正常
	不良事件	1. 不良事件发生后须及时上报,并有记录
		2. 有不良事件分析记录
	药品管理	1. 有自带药品管理制度,执行率100%
		2. 有摆药发药制度,严格执行"三查八对"
		3. 有特殊药品管理规范并做好用药记录(如胰岛素、精神类药品等)
		4. 药品储存和过期处置:对药品使用正确的方式进行储存,保证药品质量不受影响;对临期或失效的药品及时清理和处理

二、照护质量管理的原则

1. 以老年人为主,坚持老年人第一

养老机构的生存发展依赖于入住的老年人,机构应当充分了解老年人当前和未来的需求,并尽可能满足,将老年人始终放在第一位,提高老年人对机构的满意度。

2. 安全第一,预防为主

（1）完善机构硬件设施 养老机构的硬件设施是保障老年人入住安全的基础。新建、改建和扩建的养老机构应按照《老年人照料设施建筑设计标准》(JGJ 450—2018)进行科学规划与设计,确保人性化设计。已建成的养老机构也要及时查找硬件设施中可能存在的安全隐患,不断完善硬件设施,如公共区域安装监控、建立110联网系统、地面防滑处理、配置应急设施等,防止老年人发生意外事件。

(2) 加强安全教育　养老机构应坚持"安全第一,预防为主"的方针,加强安全宣传教育,增强住养老年人的安全意识。通过宣传栏、警示标语、主题活动等形式,向老年人及其亲属讲解用火、用电、防烧烫伤等意外伤害事故的各种安全常识,提高老年人的自救能力。

(3) 建立九防制度　为了保障养老院内老年人的生命安全和身体健康,养老院应建立完善的九防制度,包括防跌倒、防噎食、防他伤和自伤、防走失、防烫伤、防压疮、防坠床、防食品药品误食、防文娱活动意外。如定期为老年人进行体检,保持地面清洁和干燥,加强对老年人的心理关怀和身体照护等。

(4) 完善监督机制　养老机构应完善监督监测机制,综合养老机构实际情况,制定年度安全生产风险防范工作计划,加强组织领导和力量配备。

(5) 采取应急措施　做好养老机构应急预案,制订详细的安全事故应急方案,包括火灾、突发事件等应对措施。如发生火灾时立即利用灭火器材灭火并报警,迅速切断电源,疏散人员,配合消防人员灭火等。

3. 规范化管理

(1) 权责统一

机构的规范化管理应强调权责统一,确保权责明晰,避免职责不清、分工不明等问题。

(2) 程序化和标准化

机构的规范化管理需有一套健全完善、公开透明、上下认同的管理体系,确保每一个环节都有明确的程序和标准,以保证管理的规范性和有效性。

(3) 考核定量化、组织系统化

机构规范化管理应满足"十化"行为要求,即决策程序化、考核定量化、组织系统化、权责明晰化、奖惩有据化、目标计划化、业务流程化、措施具体化、行为标准化、控制过程化,以确保管理的科学性和高效性。

4. 全员参与

养老机构员工既是管理活动的主体,也是客体。员工积极性、主观能动性和创造性的充分发挥,素质全面提高和发展,既是有效管理的基本前提,也是效果目标。机构的照护质量管理是通过全体员工的共同努力来实现的。目前养老机构的照护人员大多数素质不高,且社会地位低,待遇一般,这使得员工参与质量管理的积极性也不高。机构需要对参与照护的员工有更多的理解和支持,提高他们参与照护质量管理的积极性。

三、照护质量管理的任务

养老机构照护质量管理具体开展,应包括以下工作任务。

1. 建立照护质量体系,制定和实施照护服务质量管理制度

养老机构需要制定和完善照护服务质量管理制度,确保照护人员都具备必要的专业知识和技能,提供规范化的服务。制度应包括照护服务计划管理、护理操作管理、老年人健康管理和照护质量评估等内容。

2. 设立服务质量管理委员会

机构应设立由院长、护理部长、各部门负责人、养老护理员代表等组成的护理质量管理委员会,负责制定照护服务质量规范、操作规程和考核标准,组织开展照护服务质量检查、考核和奖惩,收集、分析照护服务质量信息,改进服务质量。例如:每周一次由院长带领各部门负责人进行集体巡院,对照护区域进行包括质量在内的检查。

3. 开展照护质量教育,强化员工质量意识

照护质量的管理离不开对员工的教育,经常组织员工进行培训和考核,可提高照护人员的专业水平,

强化员工对质量管理的意识,提高老年人对机构照护的满意度。

4. 日常监督和检查照护服务质量

养老机构负责人和照护服务质量管理人员负责对服务质量进行监督和检查,确保护理服务的规范性和有效性。通过定期评估和调整照护服务计划,保证服务的及时性和有效性。日常检查可参考《全国养老院服务质量大检查指南》(GB/T 35796—2017)、《养老机构服务质量基本规范》等。

阅读卡

《养老机构服务
质量基本规范》
（国标）

5. 建立照护服务质量反馈机制

机构应建立照护服务问题反馈机制,及时解决老人的问题和投诉。定期进行服务质量评估,收集老人和家属的意见和建议,改进服务质量。由服务质量管理委员会负责处理质量投诉和纠纷,确保老年人的权益得到保障。

知识点二　养老机构照护服务质量评估

一、评估主体

养老机构照护服务质量评估是人们对养老机构服务相关活动的了解、测试和评价活动。从事养老机构照护服务质量评估的人(机构)是机构照护服务质量评估的主体。

在养老机构服务领域中,评估主体主要有养老机构自身、养老机构的相关上级或第三方。

1. 养老机构自身

养老机构自身是各项服务的提供者与管理者,会在以下情况下成为评估主体。

(1) 机构开展的关于潜在的或现实的服务对象的需求评估　机构想要为服务对象提供有效服务,就需要对服务对象进行评估。一般发生在服务之前,如果在服务过程中,老年人情况发生变化,也可以根据变化开展评估。

(2) 照护服务方案评估　在初步提出可供选择的照护服务方案之后,要对它们进行比较和评价,选出合适的方案。

(3) 照护服务过程评估　养老机构服务人员需了解和把握照护服务的进度,发现问题及时处理并有反馈。

(4) 结果评估　养老机构服务人员对服务结果进行评估和总结,或用于结束工作和总结经验。

2. 相关上级和第三方评估

(1) 相关上级评估

相关上级评估主要指由对养老机构服务有管理权、检查权的政府部门对养老机构进行的评估,如:政府组织的养老机构服务质量大检查、养老机构等级评定等。政府是公共利益的代表者,也常常是养老机构的资助者和支持者。政府部门代表社会的公共利益和服务对象的利益,所以政府有关部门要对养老机构的运行及服务状况进行检查、监督和管理。

(2) 第三方评估

第三方评估是指与养老机构或政府相关部门没有利益关系的且相对独立的一方,常受政府部门委托对养老机构进行评估,第三方评估在评估过程中更为科学、客观。第三方评估机构一般都具有专业资质,才能承担养老机构的评估工作。

二、评估对象

养老机构照护服务的评估对象大致分为养老机构、服务项目和服务成效三个方面。养老机构是养老机构照护服务的承担者,服务项目是评估的最主要对象,服务成效评估是评估的主要目的。

机构自身层面,涉及基础设施,如房间采光通风及无障碍设施,服务队伍的人员数量和资历技能,还有各项管理制度的健全与执行;服务项目上,生活照料看饮食起居协助是否贴心规范,医疗护理关注健康监测、疾病防治及康复成效,精神慰藉考量文化娱乐和心理疏导是否到位;服务成效则从老年人身体机能是否改善,心理状态是否好转,以及通过收集家属和老年人的满意度反馈来综合考量。以此全面评估养老机构照护服务质量。

三、机构内部评估方式

① 定期召集入住老年人对养老机构员工进行评选,选出"优秀员工",以资鼓励。

② 定期召开入住老年人或老年人家属的座谈会,积极听取他们的意见和建议,对机构的工作出现的问题及时进行处理,并记录在案,同时对工作要有反馈,形成闭环,确保老年人入住的舒适度和幸福感。

③ 定期进行入住老年人的满意度调查,要求满意度达到90%以上。

④ 行政办公室或院长办公室门口设置"意见箱",由专人开箱并记录老年人所提出的意见及建议,及时改正。

⑤ 聘请质量监督员(如老年人家属或志愿者等),对机构内的照护服务活动进行监督,并随时提出整改意见。

⑥ 由入住老年人推选"管理委员会",参与养老机构管理,监督服务人员工作。

知识点三　常用照护质量管理工具

照护质量管理是指通过规范化的质量管理手段和工具,监督和评估照护过程和照护效果的全过程,保证照护质量的持续改进。在养老机构实际工作中,照护质量管理需要依靠各种工具来完成,这里介绍一些常用的照护质量管理工具。

一、PDCA 循环法

PDCA循环是一种常见的质量管理方法,它包括计划(plan)、执行(do)、检查(check)和改进(act)四个步骤。在照护质量管理中,可以通过PDCA循环来持续改进机构的照护质量。尤其是在计划阶段需要明确照护目标和要求,设计照护方案和实施计划,根据老年人不同特性,为其设置不同的照护计划;执行阶段需要按照计划执行照护工作,收集相关数据,并做好相关记录,以备后期对计划进行调整;检查阶段需要对照护的数据进行分析,评估照护效果,识别老年人出现的问题和风险;改进阶段需要制定改进计划,采取措施,将整个照护过程形成一个闭环,从而实现照护质量的持续提升。

二、流程图应用法

流程图是一种通过图形化展示流程和步骤的方式,来识别和改进流程中的问题和缺陷。在照护质量管理中,可以通过绘制流程图来识别和改进护理流程中存在的问题。如绘制"老年人出入院流程图"(图3-2-3),对每个步骤中的问题和缺陷进行识别和改进。

三、鱼骨图应用法

鱼骨图是一种用于分析问题和原因的工具,也称为因果图。在照护质量管理中,可以通过绘制鱼骨图来识别和分析护理过程中的问题和原因。具体而言,可以将问题作为鱼骨图的头部,将原因分为人员、设备、材料、方法、环境等因素,分别作为鱼骨图的骨架,然后通过逐步追溯的方式,找出问题的根本原因,以便采取相应的措施进行改进。如压疮发生原因分析鱼骨图制作见图3-2-4。

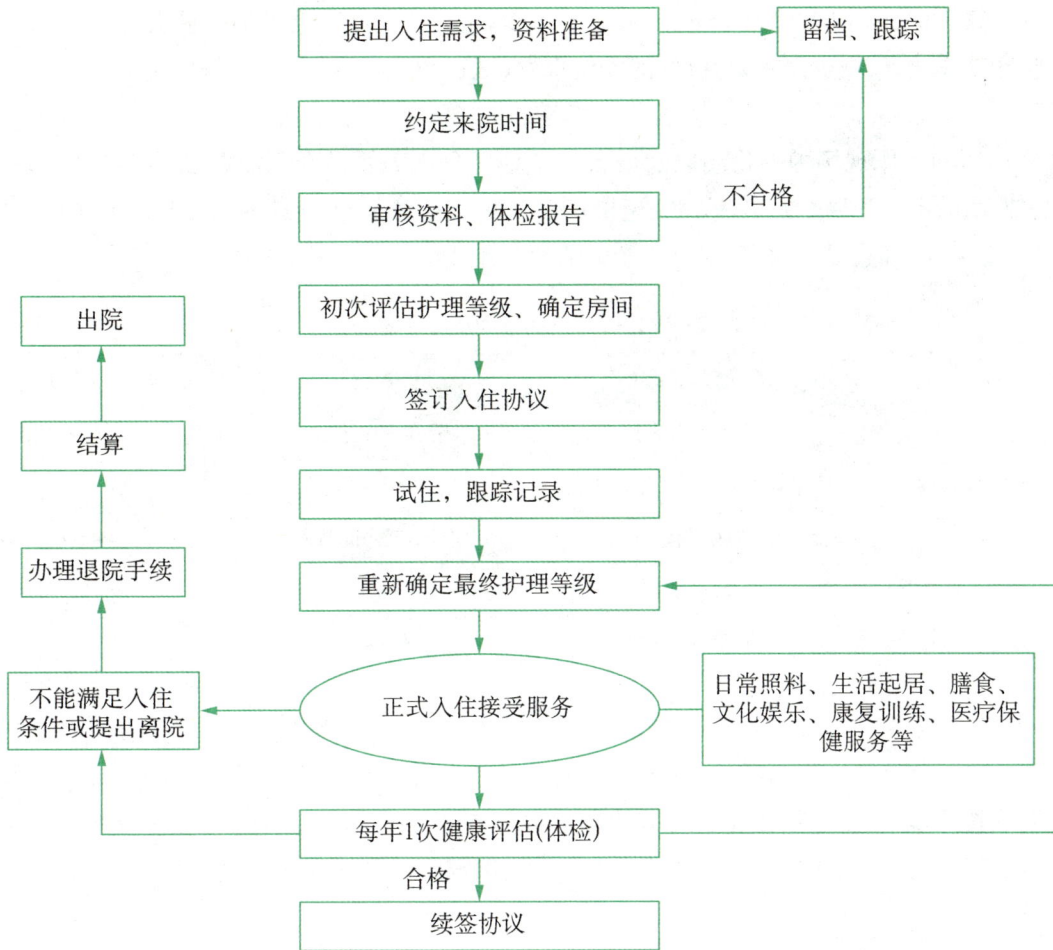

图3-2-3 老年人出入院流程图

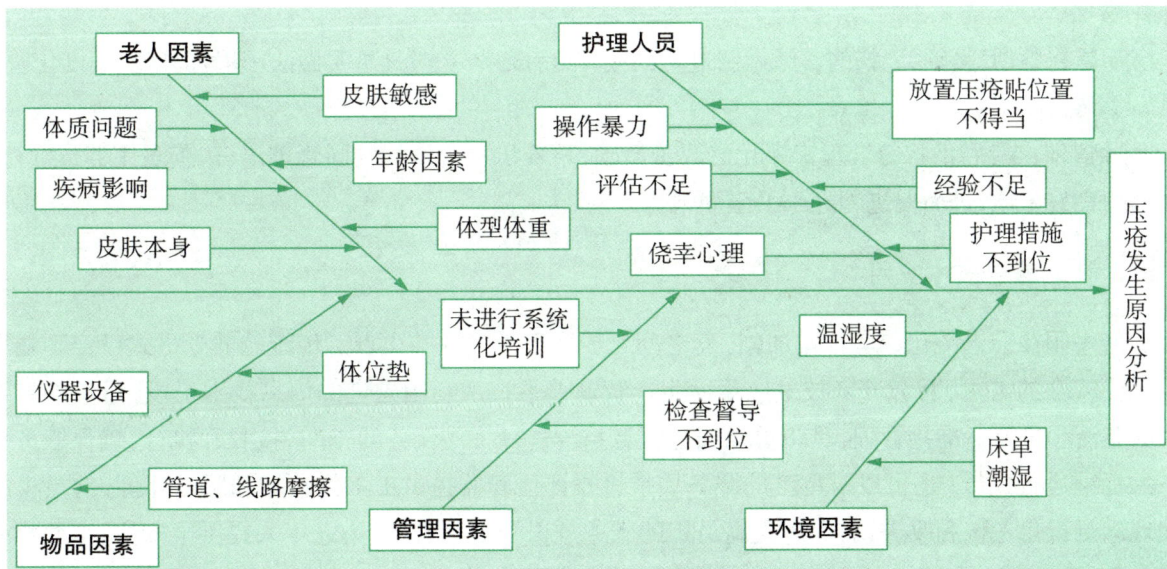

图3-2-4 压疮发生原因分析鱼骨图示例

四、5S管理法

5S管理法起源于日本,是指在生产现场中对人员、机器、材料、方法等生产要素进行有效的管理。因为这5个词日语中罗马拼音的第一个字母都是"S",所以简称为"5S"。即:整理(Seiri)、整顿(Seiton)、清扫(Seiso)、清洁(Seiketsu)、素养(Shitsuke)。5S管理能有效提高养老机构的社会形象,提升养老机构员工归属感和工作效率,减少浪费,为机构的安全保驾护航。

1. 整理

将办公场所和工作现场中的物品以及设备清楚地区分为需要品和不需要品,对需要品进行妥善保管,对不需要品进行处理或报废,填写相关记录(表3-2-7)。这是5S管理的第一步。此举可腾出机构空间,使其发挥更大的价值,提高效率,创建干净整洁的工作环境,提升机构形象。

表3-2-7 物品分类及建议场所

分类	使用频率	处理方法	建议场所
不用	全年1次未用	废弃/特别处理	待处理区
少用	平均2个月~1年用1次	分类处理	仓库或工具室
普通	1~2个月使用1次	置于工作间现场	各摆放区域
常用	1周使用1次	工作区	办公抽屉
	1日使用1次	随手可得	办公抽屉
	每小时都在用		办公桌右前方

2. 整顿

将需要品按照规定的位置、定量等方式进行摆放整齐,并给予清晰的标识,减少寻找的时间。例如,对储存场所实行地面划线定位,对物品进行标记、标识,制定废弃物处理办法。

3. 清扫

将办公场所和工作环境打扫干净,使其保持在无垃圾、无灰尘、无脏污,干净整洁的状态,并防止脏污的发生。使员工保持一个良好的工作情绪,提高设备的性能,并保证稳定的服务品质。

4. 清洁

清洁是将整理、整顿、清扫的实施做法进行到底,维持成果,并对其事实做法予以标准化、制度化管理。

5. 素养

通过整理、整顿、清扫等合理工序化的改善活动,培养机构全员的共同管理语言,使员工养成守标准、守规定的良好习惯,进而促进管理水平全面地提升。

五、智慧养老技术应用

随着中国社会老龄化趋势日益加剧,养老问题成为备受关注的焦点。传统的养老方式已经不能完全满足现代社会的需求,智慧养老技术应运而生。智慧养老技术利用先进的信息技术手段,可帮助养老机构对服务流程进行标准化管理,员工可以通过智慧系统进行工作任务的查询、接收和执行,确保服务按照统一的标准进行提供;还可以对员工的服务质量进行评估和监控员工工作数据和服务评价,对员工的服务表现进行量化考核和改进,有助于提高员工的服务意识和专业水平,为老年人提供全方位、个性化的养老服务,从而提高养老机构的服务质量。智慧技术如何提高养老机构的服务质量,可以从以下五个方面出发。

1. 提高服务效率

通过智能化设备和系统的应用,机构可以快速获取老年人的相关信息,让照护人员更快了解老年人,提高照护服务效率。

例如:通过智能化健康监测系统,可实时获取老年人的健康状况等数据,减少人工巡查和照护记录书写的时间成本。同时也可以通过智能化系统对老年人进行分类和标记,提高对老年人需求和服务响应的速度和精确度,从而提高养老机构的服务效率和质量。

2. 优化服务流程

智慧养老技术可以帮助养老机构优化服务流程,实现服务的自动化和精准化。

例如:通过智能化居家管理服务系统,可实现养老机构居家上门服务自动派单、服务质量评价等服务流程。自动派单可快速响应老年人的需求并减少人工派单的时间成本,同时也可根据老年人需求,为老年人派遣合适的护理人员为其提供服务。服务质量评价可以通过数据分析和挖掘对服务质量进行精准评估等,进一步提高服务质量和效率,同时也可以将更多的时间和精力投入更需要关注的服务环节中去,更好地满足老年人的需求,优化服务流程,帮助养老机构不断提高其市场竞争力实现可持续发展。

3. 提高服务满意度

通过个性化、智能化和便捷化的服务,老年人可以更加方便地获取所需,从而提高对养老机构服务的满意度,这也是智慧养老技术提高养老机构服务质量的一个重要方面。

例如:健康监测系统,可及时发现老年人的身体异常,并提供相应的健康管理方案,及时发现所需,减少老年人的健康风险,提高其健康水平和生活质量;通过便捷化的在线咨询服务,可让老年人随时随地获得远程帮助,实现在线答疑,提高其生活便利性和幸福感,进而提高对养老机构服务的满意度,增强其忠诚度和口碑效应,有利于提高养老机构的市场竞争力和声誉形象,实现可持续发展。

4. 强化安全管理

智慧养老技术可以帮助养老机构加强安全管理。

例如:通过智能化的监控设备对入住养老机构的老年人进行实时监控,及时发现异常情况并采取相应的安全措施保障老人的生命财产安全;安装智能化烟雾报警设备可以及时发现火灾等安全隐患,并采取相应的应急措施保障老年人生命安全和财产安全,从而提高养老机构的安全管理水平和社会公信力。

5. 数据分析和挖掘

通过数据分析和挖掘,了解老年人的需求和问题优化服务内容和质量。

例如:通过健康管理系统中对老年人健康数据的分析,可以了解老年人的身体状况、健康偏好和疾病风险等信息,为老年人提供更加精准的健康管理方案。对健康数据的数据分析和挖掘,可实现个性化、精细化的服务。

以上这些质量管理工具可以帮助护理人员及时发现问题和缺陷,识别根本原因,并采取相应的措施进行改进和优化,从而提高护理质量和效果。

📖 课后拓展

1. 请绘制养老机构老年人常见意外伤害事故发生原因的鱼骨图。
2. 简述常见的几种照护质量管理工具及其优势与适用情境。

测试

在线练习

项目三

膳食服务组织与管理

俗话说:"民以食为天。"在我国生活水平不断攀升的当下,大众饮食诉求已从"饱腹"进阶至"品质",多样、健康、优质的膳食搭配成为新潮流。对于养老机构而言,打造令老年人满意的膳食服务是关键的经营目标之一。合理的膳食服务,既能让老年人吃得营养均衡,保持良好身体机能,又能缓解子女对老年人健康的忧虑。随着科技发展与社会进步,智慧化膳食搭配方案应运而生,为老年人带来更个性化、更高品质的服务体验。

本项目包含两大任务,即老年人的营养需求与配餐、供餐方式与就餐环境布置。项目主要涉及老年人营养需求、特殊疾病营养要求、配餐要点;主要的供餐方式、供餐时间及就餐环境布置等。通过学习,学生能够掌握老年人及其特殊疾病状态下的营养需求,学会制定科学合理的膳食计划,以满足老年人的健康、营养和个性化需求。

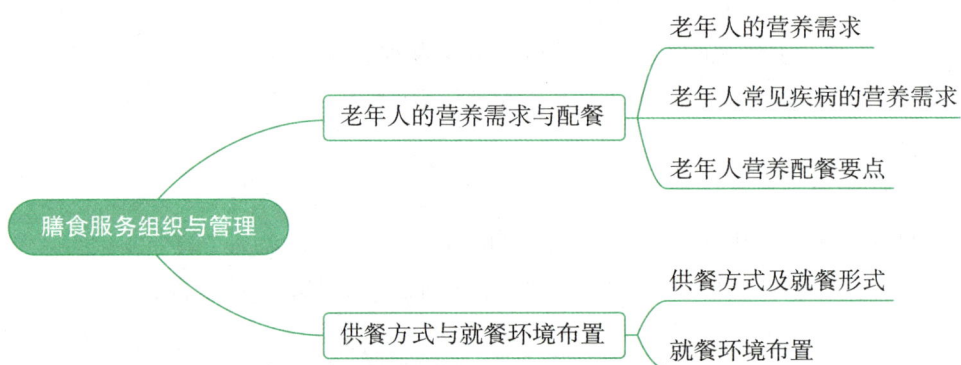

```
                                              ┌── 老年人的营养需求
                        ┌── 老年人的营养需求与配餐 ──┼── 老年人常见疾病的营养需求
                        │                     └── 老年人营养配餐要点
  膳食服务组织与管理 ──────┤
                        │                     ┌── 供餐方式及就餐形式
                        └── 供餐方式与就餐环境布置 ──┤
                                              └── 就餐环境布置
```

任务1 老年人的营养需求与配餐

知识索引

关键词：营养需求 常见特殊疾病 配餐要点

理论（技能）要点：老年人的营养需求 常见疾病的营养需求 老年人营养配餐要点

重点：老年人营养配餐要点

难点：老年人常见疾病及其营养需求

任务目标

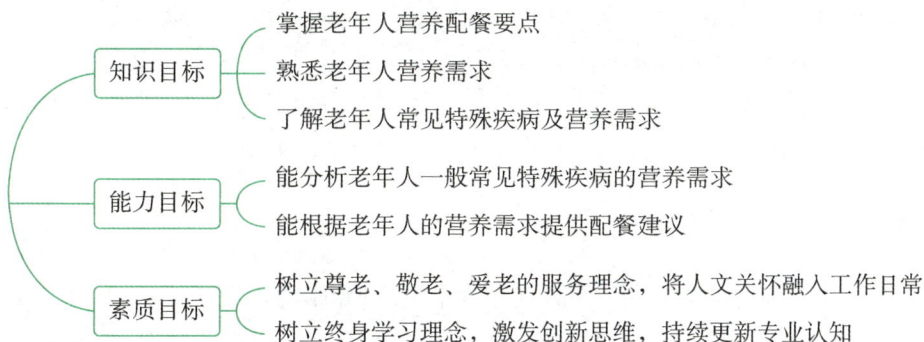

任务情境

某养老机构在最近一次对入住老人的体检中发现一位老人可能存在一些健康和饮食上的问题：

张爷爷，80岁，身高170 cm，体重85 kg，血压165/100。他平时不爱运动，喜欢吃咸菜和腌肉，反映说机构食堂的饭菜越来越清淡。

你觉得张爷爷可能存在哪些饮食和健康问题？可以在饮食上为他提出哪些建议？

知识准备

学习《中国居民膳食指南（2022版）》全文，重点阅读老年人相关章节。

知识学习

知识点一 老年人的营养需求

维持人类正常生理功能所必需的营养素一般分为七类，分别是：糖类、蛋白质、脂肪、维生素、矿物质、膳食纤维和水。

一、糖类

糖类也叫作碳水化合物，由碳、氢、氧三种元素组成，是自然界最丰富的有机物，构成大部分食物，也是最主要的能量来源。碳水化合物大量存在于米、面、杂粮、薯类和豆类等淀粉类食物中。老年人碳水化合物的推荐摄入量应占每日膳食总热量的55%～65%，约为200～300克。建议老年人选择全谷物、薯类和杂豆类等富含膳食纤维的食物,这些食物有助于改善肠道功能,预防便秘和肠道疾病。

二、蛋白质

蛋白质是构成人体组织和细胞的主要成分,蛋白质也参与机体的代谢、免疫及生理功能的调控。老年人的蛋白质需求与年轻人相似,但由于肌肉质量减少和合成代谢降低,需要摄入更多的优质蛋白来维持肌肉质量。优质蛋白质是指蛋白质中的氨基酸组成与人体蛋白质组成模式接近,所含的必需氨基酸在种类和含量上能满足人体需要,且比例适当,在体内的利用率较高的蛋白质。常见的优质蛋白质来源包括动物蛋白如蛋、奶、肉、鱼等,以及大豆蛋白等植物蛋白。老年人每天的蛋白质摄入量应占总热量的12%～15%,一般建议老年人每日摄入1.0～1.2克/千克体重的优质蛋白。

三、脂类

脂类一般包含脂肪和类脂,脂肪由脂肪酸和甘油组成,脂肪酸按碳氢链的饱和程度又可以分为饱和脂肪酸和不饱和脂肪酸。脂类是人体的储能物质以及细胞膜的组成成分。脂肪还能够保护内脏,维持正常的功能活动,促进脂溶性维生素的吸收。脂类主要来源于油脂、坚果、种子、肉类、鱼类和植物油等。老年人脂肪的摄入量应占总热量的20%～30%,且应优先选择不饱和脂肪酸,如橄榄油、坚果和鱼类中的脂肪,尽量避免摄入反式脂肪。

四、维生素

维生素可分为水溶性维生素(如维生素B族和维生素C)和脂溶性维生素(如维生素A、D、E、K),不提供能量,但是在身体各种代谢活动中起重要作用。老年人由于生理功能减退,对某些维生素的需求可能增加。例如,65岁以上老年人维生素D的推荐摄入量为15 μg/d(600 IU),是中青年推荐摄入量的1.5倍,用以促进钙质的吸收,防治骨质疏松。而维生素C可以促进铁质的吸收,防止由于胃肠功能减退,铁吸收能力下降导致缺铁性贫血。建议老年人通过饮食或补充剂来满足这些维生素的需求。

五、矿物质

矿物质是人体所需的无机化合物,包括常量元素和微量元素。它们在人体中构成组织,维持骨骼和神经等组织的正常功能,并调节体液及电解质、酸碱的平衡。老年人对矿物质的需求也较高,特别是钙、钾和镁。钙有助于维持骨骼健康;钾对维持血压稳定有重要作用;镁则参与多种酶的反应和能量代谢。矿物质主要来源于蔬菜、水果、肉类、奶制品、鱼类、谷物等食物,老年人可以从食物或补充剂中摄入足够的矿物质。

六、膳食纤维

膳食纤维是人体无法消化吸收的多糖类物质,包括可溶性和不可溶性纤维素。纤维素有助于促进肠道蠕动、维持肠道健康和控制血糖、降低血脂的作用。膳食纤维主要存在于绿叶蔬菜、水果、全谷物、坚果和豆类等食物中。老年人应增加蔬菜、水果和全谷物的摄入,以获取足够的纤维素,预防便秘。

七、水

水是维持生命活动所必需的物质,占人体重量的60%以上。水可以起到调节人体酸碱度、输送营养物质、携带代谢废物、维持体温等多种作用。随着年龄的增长,老年人对口渴的敏感度可能降低,因此应主动补充水分。建议老年人每天摄入2 000 mL以上的水,并根据个人情况适当调整。

知识点二　老年人常见疾病的营养需求

我国老年人常见疾病包括高血压、糖尿病、肥胖、吞咽障碍等，养老机构在进行营养配餐时需根据老年人所患疾病进行有针对性的设计和调整。

一、高血压

高血压是指以体循环动脉血压增高为主要特征的临床综合征，根据中国老年高血压管理指南（2023版），老年高血压的判定标准为：年龄≥65岁，在未使用降压药物的情况下非同日3次测量血压，收缩压≥140 mmHg和/或舒张压90 mmHg（1 mmHg = 0.133 kPa）。患有高血压老年人的应减少钠盐摄入，控制总热量和脂肪的摄入，以预防和控制高血压。

二、糖尿病

糖尿病是一种表现为血糖水平持续升高的代谢性疾病。根据中国老年糖尿病诊疗指南，老年糖尿病诊断标准为：三多一少症状（多饮、多尿、多食、不明原因体重下降）加上随机静脉血浆葡萄糖≥11.1 mmol/L；或加上空腹静脉血浆葡萄糖≥7.0 mmol/L；或加上葡萄糖负荷后2 h静脉血浆葡萄糖≥11.1 mmol/L。老年人糖尿病的症状可能不如年轻人明显，甚至可能完全没有症状。老年糖尿病患者在饮食中应合理控制总能量的摄入，建议摄入低升糖指数（GI）的主食，以减小餐后血糖的波动，同时摄入足够的膳食纤维、优质蛋白、微量元素，帮助控制血糖和预防并发症。

三、肥胖

随着我国居民生活水平的提高，食物的生产和摄取变得越来越廉价和方便，超重和肥胖人群的患病率呈持续上升趋势，世界卫生组织（World Health Organization, WHO）将肥胖症定义为对健康产生不良影响的异常或者过度脂肪蓄积，而根据《肥胖症诊疗指南（2024年版）》的标准，体质指数（body mass index, BMI, kg/m^2）达到28.0 kg/m^{2}且低于32.5 kg/m^{2}为轻度肥胖症、达到32.5 kg/m^{2}且低于37.5 kg/m^{2}为中度肥胖症、达到37.5 kg/m^{2}且低于50 kg/m^{2}为重度肥胖症、达到或超过50 kg/m^{2}为极重度肥胖症。老年肥胖症患者需要根据医嘱严格控制糖类尤其是精致碳水的摄入，减少脂肪的摄入，适当提高优质蛋白、膳食纤维和微量元素的摄入，逐步降低能量摄入总量，以达到促进脂肪分解降低体重的目的。

四、吞咽障碍

吞咽障碍（Dysphagia）是指在吞咽过程中食物或液体从口腔到胃的传递受到阻碍的症状，涉及口腔、咽喉、食管等部位的功能受损。吞咽障碍是临床常见的一种症状，多种疾病均可导致吞咽障碍，包括中枢神经系统疾病、周围神经病变、神经肌肉接头疾病、肌肉疾病、口咽部器质性病变、消化系统和呼吸系统的疾病以及口咽部放化疗和手术后的患者。流行病学调查显示，吞咽障碍在老年人中相当普遍，但往往被忽略。相关研究报道显示，社区居家老年人吞咽障碍发生率为30%～40%，而在养老机构中，这一比例更是高达60%。对患有吞咽障碍的老年人进行营养管理十分重要，养老机构需要成立营养小组，并有专业的营养师参与，根据患者的疾病程度考虑具体的营养供给方式、食物的性状、膳食的合理调配等内容。《中国吞咽障碍评估与治疗专家共识（2017年版）》建议，相关营养管理团队应根据患者营养的主客观评估指标及功能状况，选择经口进食或经鼻胃管喂食，也可间歇性经口胃管或食管喂食。胃食管反流严重者可经鼻肠管喂食、经皮内镜胃造瘘术给予胃空肠喂养或全肠道外营养等方式补充营养。

知识点三　老年人营养配餐要点

老年人身体机能随年龄增长发生诸多变化。在基础生理代谢方面,合成代谢降低、分解代谢提高,导致肌肉减少、骨密度下降,基础代谢率降低,加之甲状腺素和生长激素等激素分泌减少,影响新陈代谢速度,使能量需求减少,制定饮食计划时需控制总能量摄入,防止能量过剩。

运动和消化系统能力也有所改变,肌肉纤维萎缩、神经传导速度减慢、关节活动度下降,致使运动能力和运动代谢水平降低。消化系统容易出现牙齿松动脱落影响咀嚼、胃肠蠕动减慢导致便秘、消化液分泌减少引起消化不良等问题,导致进食欲望降低、用餐困难、口味改变、消化时间延长,甚至引发营养不良。所以养老机构为老年人准备餐食时,要充分考量这些状况,提供营养且开胃的食物。每位老年人个体情况都有所差异,养老机构为老年人进行营养配餐时,需遵循以下原则。

一、个体化评估与定制化配餐

1. 个体化评估

根据老年人的年龄、性别、体重、身高、健康状况、活动能力等因素,进行个体化营养需求评估。如老年人患有高血压、糖尿病等慢病,或存在咀嚼吞咽能力不足等问题,都会影响营养需求和饮食选择。

2. 定期监测

定期监测老年人的营养状况,包括体重、体脂率、肌肉量等指标,以及血红蛋白、白蛋白等生化指标,以评估营养干预的效果。

3. 定制化配餐

(1)食物性状需求　根据老年人的咀嚼吞咽及消化能力,提供包括普通膳食、软食、半流质膳食、流质膳食、匀浆膳等。

(2)特殊饮食需求　根据老年人的具体健康状况,提供特殊的饮食方案。例如,糖尿病患者需要低GI饮食,高血压患者需要低盐饮食,肾病患者需要低蛋白、低磷、低钾饮食,痛风患者需要低嘌呤饮食等。

(3)食物过敏和不耐受　了解老年人是否有食物过敏或不耐受(如乳糖不耐受),并相应调整饮食内容。

(4)药物相互作用　考虑老年人使用的药物是否会影响食欲、消化功能或营养素的吸收,必要时调整饮食。

二、膳食原则

1. 膳食营养原则

养老机构的膳食设计应遵循低热量、低脂肪、低糖、高蛋白质、高纤维素的原则,同时尽量少油少盐,保证老年人获得足够能量,同时预防慢性疾病的发生。在食材的搭配上考虑饮食的均衡性与多样化,建议每日提供15~20种以上的食物,包括蔬菜、水果、全谷物、肉类、豆类等,以确保老年人获得全面的营养素。

2. 食物选择

(1)主食　以全谷物和杂粮为主,如小米、玉米、燕麦等,避免过多摄入精制米面。

(2)蔬菜　选择新鲜、应季的蔬菜,深色蔬菜占一半以上,如菠菜、胡萝卜、紫甘蓝等。

(3)水果　选择低糖、高纤维的水果,如苹果、香蕉、猕猴桃等。

(4)肉类　选择瘦肉、鱼肉、禽肉等优质蛋白质来源,适量摄入。

(5)豆类　豆类及其制品是优质蛋白质的重要来源,同时富含膳食纤维和矿物质,应适量摄入。

3. 烹饪原则

在进行食材烹饪和加工过程中应多采用蒸、煮、炖、熬、焖等方式,将食材加工至较为软烂又能保持原样即可。尽量减少煎炸、爆炒和盐卤、腌制等处理方式。在注重食物色香味的同时,适当控制盐、食用油、辣椒等调味品的用量,减轻老年人胃肠负担,提升老年人对食材本味的敏感度。

📖 **课后拓展**

参观一所养老机构,了解他们在为特殊老人进行营养配餐时是怎么做的。

测试

在线练习

任务2　供餐方式与就餐环境布置

➕ **知识索引**

关键词:点餐制　配餐制　自助餐　就餐环境　布置要点
理论(技能)要点:供餐方式及其优缺点　就餐时间安排　就餐环境的设计要点
重点:供餐方式及其优缺点
难点:就餐环境的个性化设计

👓 **任务目标**

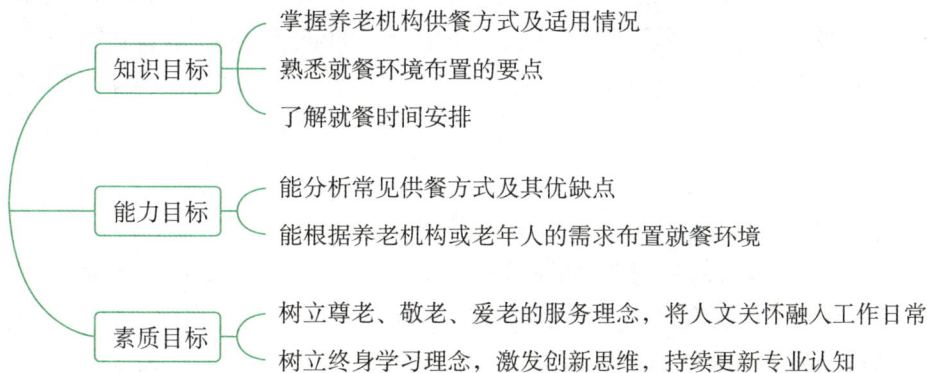

知识目标　— 掌握养老机构供餐方式及适用情况
　　　　　— 熟悉就餐环境布置的要点
　　　　　— 了解就餐时间安排

能力目标　— 能分析常见供餐方式及其优缺点
　　　　　— 能根据养老机构或老年人的需求布置就餐环境

素质目标　— 树立尊老、敬老、爱老的服务理念,将人文关怀融入工作日常
　　　　　— 树立终身学习理念,激发创新思维,持续更新专业认知

🧹 **任务情境**

某养老机构有100张床位,目前入住了35位老人,大多数老人身体较为健康,不需要特殊照料。机构内部基础设施齐全,有较大的户外活动空间,但用餐空间较为狭小,机构想为老人们举办一场生日宴会活动。你觉得,应该建议该机构选择什么样的供餐方式和就餐环境?

🏠 **知识准备**

学习《老年人照料设施建筑设计标准》(JGJ 450—2018)中有关生活用房中餐厅的设置要求。

📝 **知识学习**

知识点一　供餐方式及就餐形式

在养老机构中,合理的供餐方式和舒适的就餐环境对于提升机构内老年人的生活质量、促进健康饮食和增强社交互动具有重要意义。随着老年人口的不断增加，养老机构面临着如何为不同需求的老年人提供个性化、营养均衡且安全卫生的餐饮服务的挑战。本任务将详细介绍养老机构常见的三种供餐方式：点餐式、配餐式、自助餐式的优缺点及混合式供餐的可能性，就餐时间的安排，并探讨如何通过合理布置就餐环境来提升老年人的用餐体验和整体满意度。

一、供餐方式及其优缺点

1. 配餐制

配餐制，也叫包餐制，是指养老服务机构依据机构本身所具备的条件，根据入住老年人的大致饮食要求，基本合理地制作一日三餐的常规饮食。这种供餐方式通常适用于规模较小、资源有限的养老机构，或者经济承受力差、负担重的老年人。配餐制供餐方法的优点是能够节约成本（包括人工、食材、场地、设施设备等），操作上较为方便，利于机构统一管理与服务。同时对于老年人来说也基本能够保证营养均衡、实现规律饮食。缺点是缺乏个性化和灵活性，无法完全满足所有老年人的特殊饮食需求。配餐制更适用于高龄老年人，以及有特殊饮食需求或行动不便的老年人。

2. 点餐制

点餐制是指老年人可以根据自己的口味和需求，从菜单中选择自己喜爱的菜品进行用餐的供餐方式。这种供餐方式的优点在于能够在一定程度上满足老年人的个性化需求，多样化的食物能够激发老年人的食欲，增加进食量，提高就餐满意度。点餐制供餐方式的缺点是成本较高，包括人力成本、物料成本以及管理成本等。餐厅可能面临工作量大、营业时间较长及服务人员水平要求高等问题。长期自主点餐的老年人也可能出现饮食不规律、营养均衡得不到保证甚至出现慢性代谢性疾病的情况。点餐制更适合规模较大、经营状况良好且服务质量较高的养老机构，是具备了一定规模的餐饮场所、食材储备丰富、饮食特色突出、能够满足不同老年人个性特点的饮食要求等条件下可以考虑的供餐方式。

3. 自助餐

自助餐式供餐是指老年人在餐厅中自由选择食物和分量的供餐方式。这种供餐方式的主要优点在于提供最大的灵活性，老年人可以根据自己的喜好和需求选择食物和分量，极大地满足了老年人的个性化需求。自助餐式供餐适合有众多老年人入住的、规模较大的养老机构，尤其是高档的康养中心，可以通过开设豪华的自助餐厅彰显品牌实力和服务水平，从而吸引更多消费水平较高的老年人入住。然而，自助餐式供餐可能导致食物浪费，增大成本控制的难度，老年人也可能因为缺乏营养知识而导致膳食不平衡患上慢性疾病。

4. 混合式供餐

混合式供餐结合了配餐和点餐的优点，既能够满足老年人的基本营养需求，又能提供一定的选择性。这种供餐方式的主要优点在于既能够照顾到老年人的营养需求，又能提供一定的个性化选择，提高就餐满意度。经营效益方面，混合式供餐能够平衡营养均衡和个性化需求，提高老年人的就餐体验，但管理较为复杂，需要更多的人力资源来协调和满足不同的需求。

二、就餐形式及时间安排

养老机构的就餐形式因入住老年人的自理能力、活动能力而有所差别。自理老人通常可独立进餐，为确保社交需求满足较适宜安排餐厅集中用餐。半失能、失能及失智老年人需要护理员协助完成且轮椅转运压力及看护压力较大，适宜安排在照护单元分散用餐。具体餐厅开放时间和配送餐具回收时间详见表3-3-1和表3-3-2，亦可根据地方、季节及机构要求自行调整。

表3-3-1 餐厅集中用餐时间安排

餐次	餐厅开放时间
早餐	7:00—8:00
午餐	10:30—11:30
晚餐	16:30—17:30

表3-3-2 照护单元分散用餐配送及餐具回收时间安排

餐次	送达各楼层用餐区时间	餐具回收时间
早餐	7:00	8:00
午餐	10:30	11:30
晚餐	16:30	17:30

知识点二 就餐环境布置

就餐环境不仅影响老年人的食欲和进餐体验,还对他们的心理健康和社会交往发挥有着重要影响。一个舒适、温馨且富有活力的就餐环境可以增强老年人的用餐愉悦感,促进社交互动,提升生活质量。

一、就餐环境的设计原则

1. 空间布局合理

餐厅的空间布局应充分考虑老年人的行动便利性,确保通道宽敞、座椅稳固,方便老年人进出和就座。对于行动不便的老年人,可以设置无障碍设施,如轮椅通道和扶手。

2. 光线充足柔和

良好的照明有助于老年人更好地看到食物,增加食欲。建议使用自然光或柔和的灯光,避免过于刺眼的光源,营造温馨的氛围。

3. 室内温度适宜

保持室内温度适宜,尤其是在冬季和夏季,确保老年人在舒适的环境中用餐。可以安装空调或暖气设备,调节室内温度。夏季室内温度保持在24℃～26℃较为适宜,冬季温度通常控制在20℃～22℃。

4. 色彩搭配和谐

选择温暖、明亮的颜色作为餐厅的主色调,如米黄色、浅绿色等,能够营造出轻松愉快的氛围。避免使用过于冷淡或压抑的颜色。

5. 背景音乐舒缓

适当的背景音乐可以缓解老年人的紧张情绪,增加用餐的愉悦感。建议播放轻柔的古典音乐或自然声音,如鸟鸣、流水等。

6. 装饰温馨有趣

通过摆放绿植、挂画、照片等装饰品,增加餐厅的温馨感和趣味性。可以设置一些主题区域,如回忆角、家庭照片墙等,让老年人感受到家的温暖。

二、就餐环境的个性化设计

1. 分区分级设计

根据不同老年人的需求,设置不同的就餐区域。例如,为行动不便的老年人设置专门的轮椅就餐区;

为喜欢社交的老年人设置开放式的公共就餐区；为有特殊饮食需求的老年人设置独立的用餐区。

2. 主题日活动

定期举办主题日活动，如节日聚餐、生日派对、美食节等，增加老年人的参与感和归属感。可以通过布置特定的装饰、播放相关的音乐、提供特色菜品等方式，营造浓厚的节日氛围。

3. 户外就餐区

如果条件允许，可以设置户外就餐区，让老年人在天气好的时候享受户外的阳光和新鲜空气。户外就餐区可以配备遮阳伞、桌椅等设施，确保老年人的安全和舒适。

4. 家具与设施定制

餐厅入口设置无障碍坡道和扶手；餐桌底部空间宽敞，方便轮椅进出；在餐桌、墙壁合适位置安装扶手，方便老年人起身、移动。可以配备一定数量的适老座椅和辅助餐具，提升老年人自主进餐的能力。

供餐方式和就餐环境是相辅相成的，二者共同作用于老年人的用餐体验。合理的供餐方式能够满足老年人的个性化需求，而舒适的就餐环境则能够提升他们的用餐愉悦感和社交互动。通过科学的供餐方式选择和精心的就餐环境布置，养老机构可以为老年人提供更加优质、个性化的餐饮服务，提升他们的生活质量和幸福感。

阅读卡

《养老机构膳食服务基本规范》（行标）

📖 课后拓展

对比总结不同类型养老机构在供餐方式、供餐时间及就餐环境设计等方面的差异，并分析差异形成的原因。可以考虑从机构的功能定位、服务档次等维度展开分析。

测试

在线练习

项目四

精神文化服务组织与管理

　　人口老龄化已成为当今社会不可忽视的问题,养老机构作为老年人生活的重要场所,其作用愈发关键。老年人基本生活需求被满足的同时,精神文化服务的重要性日益凸显。精神文化服务能够丰富老年人的内心世界,让他们在晚年生活中感受到关爱和温暖,提升生活质量和幸福感。

　　本项目主要包括三大任务,即精神文化服务内容与要求、精神文化活动策划与管理、志愿者管理,涉及精神文化服务的服务内容与要求、服务人员、活动设计原则及要点、活动实施管理、志愿者管理等。通过本项目学习,学习者将认识到精神文化服务在养老机构中的重要性,了解如何组织和管理精神文化服务,为未来从事养老服务工作奠定坚实的基础。

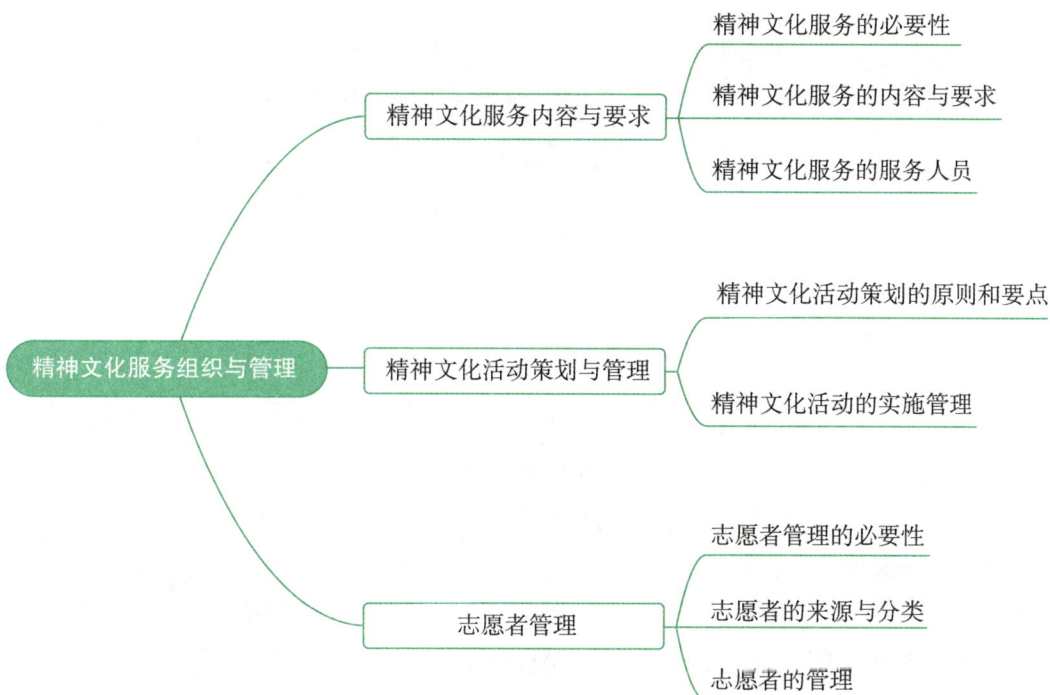

　　精神文化服务组织与管理
- 精神文化服务内容与要求
  - 精神文化服务的必要性
  - 精神文化服务的内容与要求
  - 精神文化服务的服务人员
- 精神文化活动策划与管理
  - 精神文化活动策划的原则和要点
  - 精神文化活动的实施管理
- 志愿者管理
  - 志愿者管理的必要性
  - 志愿者的来源与分类
  - 志愿者的管理

任务1　精神文化服务内容与要求

知识索引

关键词：养老机构　精神文化服务　服务内容　服务要求

理论(技能)要点：精神文化服务的必要性　精神文化服务的内容与要求　精神文化服务人员的构成

重点：精神文化服务的内容与要求

难点：精神文化服务的内容与要求

任务目标

知识目标
- 掌握精神文化服务的内容与要求
- 熟悉精神文化服务人员的构成
- 了解精神文化服务的重要性和价值

能力目标
- 能分析老年人的精神文化需求，并组织适宜的精神文化活动
- 能结合养老机构精神文化服务的相关法规、政策和标准提升机构精神文化组织质量

素质目标
- 树立积极为老年人提供优质精神文化服务的意识
- 增强团队协作精神，共同营造良好的精神文化氛围
- 塑造持续学习的素养，不断学习提升自身服务能力与水平

任务情境

72岁的张奶奶入住某养老机构半年来始终独来独往，常望着窗外发呆。心理评估显示她存在中度抑郁倾向，社交退缩明显。养老机构心理咨询师团队为其定制干预方案：先通过艺术活动开展发现她对水墨画的潜在兴趣，接着安排单独画室体验逐步过渡到3人小团体创作，将她的《秋韵》画作装裱展示在活动中心，并组织"画中故事"分享会引导她讲述创作背后的故乡记忆。三个月后，张奶奶主动申请担任绘画班助教，抑郁指数下降47%，社交参与频次提升3倍。精神文化服务的开展对于老年人生活质量提升具有重要意义，养老机构应招聘哪些专业人员，开展哪些精神文化服务活动来提升机构整体服务质量呢？

知识准备

学习《养老机构服务质量基本规范》(GB/T 35796—2017)、《养老机构等级划分与评定》国家标准实施指南(2023版)中精神文化服务提供与管理的有关内容。

知识学习

知识点一　精神文化服务的必要性

改革开放以来，我国社会经济实现了飞速发展，人们的生活水平大幅提升，社会也随之步入了新时

期。在这一进程中,老年人的需求结构发生了深刻变化,呈现多元化发展的趋势。他们不再仅仅满足于基本的吃饱穿暖等物质层面的需求,而是将目光更多地投向了如何提升生活质量,更加注重在精神层面追求自我满足、实现自我效能以及获得自我愉悦。由此,精神文化服务对于养老服务机构优化自身服务体系显得尤为必要。精神文化服务对于养老机构的必要性主要体现为以下三点。

一、是满足新时代老年人身心发展的必然需求

随着年龄增长,新时代老年人的生理机能逐渐衰退,但他们的精神文化需求却愈发强烈。从生理层面看,精神文化活动能够刺激大脑活动,有助于延缓认知衰退。在心理方面,精神文化服务为老年人提供了情感寄托和自我实现的途径。许多老年人在退休后,社会角色发生转变,容易产生失落感和孤独感。丰富的精神文化生活能有效缓解这些负面情绪,增强他们的自信心和归属感。

二、是应对人口老龄化挑战的必然选择

我国人口老龄化为这个社会带来了诸多挑战,如养老负担加重、社会活力下降等,而精神文化服务成为应对这些挑战的关键举措。一方面,精神文化服务的开展有助于提升老年人的生活自理能力和健康水平,从而减轻家庭和社会在医疗护理等方面的负担。另一方面,老年人是社会的重要组成部分,他们拥有丰富的经验和智慧。精神文化服务能够激发老年人的积极性和创造力,让他们继续为社会发展贡献力量。例如,一些老年志愿者团体参与社区治理、文化传承等工作,成为推动社会进步的重要力量。此外,活跃的老年精神文化生活还能带动家庭和社区的文化氛围,促进代际交流与和谐,为社会注入积极向上的活力。

三、是促进社会和谐稳定的必然要求

精神文化服务在维护社会和谐稳定方面发挥着不可替代的作用。老年人的幸福安康是社会稳定的重要基础,当他们在精神文化上得到满足时,人际关系、家庭关系会更加和睦。同时,丰富的精神文化服务能够增强机构内老人们的凝聚力和归属感。浓厚和谐的氛围,有利于减少矛盾和冲突,为地方社会发展创造良好条件。

知识点二　精神文化服务的内容与要求

进入新时代,老年人除了基本的吃饱穿暖、健康长寿的需求,更希望精神愉快、心情舒畅,更渴望精神文化生活方面的充实与满足,精神文化服务作为养老机构服务的重要组成部分,是实现"老有所养、老有所医、老有所用、老有所教、老有所为、老有所乐"的必然要求。因此养老机构应为老年人提供多元化、个性化的服务以满足新时代老年人的多样化需求。结合《养老机构服务质量基本规范》,精神文化服务的主要服务内容由文化娱乐服务和精神支持服务组成。养老机构在为老年人提供各类精神文化服务的同时,需要符合相应的服务要求,以保障服务质量,为后续服务的可持续开展奠定基础。

一、文化娱乐服务的内容与要求

养老机构老年人文化娱乐服务内容包括益智活动、文艺活动、体育健身活动、志愿活动和老年教育活动等。具体活动形式和活动要求如表3-4-1所示。

表3-4-1　文化娱乐服务内容及其要求

服务类型	服务形式	服务要求
益智活动	棋牌、益智游戏、读书读报等	应针对老年人的身体健康状况设计符合老年人身心特点的活动内容

（续表）

服务类型	服务形式	服务要求
文艺活动	歌舞、书画、叠纸艺术、乐器演奏、诗歌朗诵、文艺表演等	应根据老年人的特长和兴趣组织开展适宜的文艺活动，鼓励老年人积极参与，并以适宜的方式展示老年人的活动成果。时间方面应结合重阳节、中秋节、春节、集体生日会等老年人重要节日活动开展
体育健身活动	乒乓球、羽毛球、门球、太极拳、健身操等	应遵循安全第一的原则，且不宜在饭后半小时及睡前半小时内开展。场地应满足老年人自由伸展身体的要求，地板应防滑、防水，设施设备的尖锐边角应做钝化处理
志愿活动	关爱老年人活动、老年人志愿服务社会活动等	应以老年人自愿参与、不打扰老年人休息为原则。应充分发挥老年人的技能专长，帮助老年人参与服务社会活动，更好地实现老有所为
老年教育活动	课堂教学、参观学习、研学体验等	应开发适合老年人特点和需求的课程，课程内容应有助于提高老年人生活品质和生命质量。应鼓励老年人自主选择不同类型的老年教育活动，支持兴趣爱好相同的老年人建立不同类型的学习团队，促进老年人的学习交流

二、精神支持服务的内容与要求

养老机构精神支持服务内容包括环境适应服务、情绪疏导服务、心理支持服务、危机干预服务、安宁疗护服务等。具体服务对象和服务要求如表3-4-2所示。

表3-4-2　精神支持服务内容及其要求

服务类型	服务对象	服务要求
环境适应服务	刚刚办理入院不久或刚进入陌生社区不久的老年人	了解老年人的生活习惯、作息规律、爱好、特长、家庭及文化背景等，引导其尽快适应新环境。帮助新入住老年人熟悉机构的住宿环境、设施环境、服务环境、自然环境。协助老年人熟悉相关人员，积极引导老年人培养良好人际关系，融入集体生活。通过组织开展适宜的文化娱乐活动，促进老年人与他人的沟通交流
情绪疏导服务	因情绪问题导致身心状态不好的老年人	应尊重老年人鼓励其表达情绪，沟通疏导时应态度诚恳、有同理心、耐心倾听老年人诉说，不忽视、不否认老年人的情绪变化，不应指责、批评、笑话老年人会谈的内容。应调动老年人主观能动性，引导其改变消极认识，帮助其融入集体生活，消除孤独感和隔离感建立对生活的积极态度，树立科学养老观和积极人生观
心理支持服务	出现心理、精神状况的老年人；主动寻求个案帮助的老年人	以心理咨询服务形式开展，由专业的、具有执业资格的心理咨询师和社会工作者承担。应选择适合的会谈方法，了解老年人的感受、状态、咨询动机和期望。对老年人心理诉求进行深入了解，启发老年人进行自我探索。针对个案制定心理咨询服务方案，选择适宜的心理咨询方法并按计划开展服务。服务时间一般为一周一次、一次50分钟，必要时也可一周2～3次
危机干预服务	遭遇重大事件的老年人，比如，产生严重心理困扰的老年人；有破坏、攻击甚至伤人行为的老年人；有自伤、自残、自杀倾向或曾有自杀未遂史的老年人	由心理咨询师或社会工作师承担。应制定危机干预程序并记录相应处理措施。应保持与危机者密切接触，建立沟通关系。耐心倾听危机者的叙述，了解危机原因，确定危机问题。以综合方式帮助危机者面对个人心理问题，及时注入希望。危机干预宜由危机者亲属、相关第三方参与或陪伴，确保危机者的安全。危机干预中危机者出现情绪失控、昏厥、情感休克或处于激惹状态，产生自杀、危害他人生命安全等行为，应由医护人员提供适当医疗帮助，必要时转诊治疗
安宁疗护服务	临终老年人	应为临终老年人提供安静舒适的环境，创造家人团聚的机会，鼓励家属陪伴，表达对临终者的关爱和照料。应为临终者提供心理上的关怀与安慰，消除或减轻临终者对死亡的恐惧、焦虑情绪。为其家属提供心理慰藉和支持。应尽可能满足临终者需求，维护人格尊严，减轻身心痛苦，提高临终前的生命质量

知识点三　精神文化服务的服务人员

养老机构精神文化服务的服务质量需要专业的服务团队提供，一般养老机构服务人员主要包括：专业社会工作者、心理咨询师、养老护理员、志愿者等。

一、专业社会工作者

专业社会工作者在养老机构的精神文化服务中发挥着重要作用。他们具有专业的社会工作知识和技能，持有相应职业资格证书，能够为老年人提供个性化的服务。

① 开展需求评估，了解老人们的兴趣爱好和精神文化需求；

② 制定服务计划，组织和开展各种精神文化活动；

③ 提供心理咨询和疏导，帮助老年人解决心理问题；

④ 整合社会资源，为养老机构的精神文化服务提供资源支持。

二、心理咨询师

心理咨询师运用专业方法，评估老年人需求，精心策划养老机构精神文化活动，并为老年人提供个体疏导与团体心理辅导。

① 运用专业工具全面测评老年人心理健康，定制服务方案；

② 配合医生为患心理疾病或认知障碍的老人制定康复计划；

③ 为有困扰的老年人提供个体咨询或危机干预服务；

④ 针对常见心理问题开展讲座与小组辅导；

⑤ 培训机构员工，提升其识别与应对老年人心理问题的能力。

三、养老护理人员

养老护理人员在日常照顾老年人的同时，也可以协助参与组织精神文化服务。

① 关注老年人的情绪变化，及时给予关心和安慰；

② 协助老年人参加各种精神文化活动，提供必要的帮助；

③ 与专业社工配合，共同为老年人提供全面的服务。

四、志愿者

志愿者是养老机构精神文化服务领域的重要补充力量。

① 定期为老年人提供陪伴和关爱，缓解他们的孤独感；

② 参与组织各种精神文化活动，为老年人带来更多的欢乐；

③ 发挥自己的专业特长，为老年人提供特色服务。

📖 课后拓展

在你的家乡或学校附近，精心挑选一所养老机构进行深入调研。

（1）调研该机构如何认识精神文化服务对老年人生活质量的重要性，以及它如何在实际操作中体现这一认识。

（2）列举该机构提供的精神文化服务项目，如兴趣小组、节日庆典、心理健康讲座等，并分析这些项目如何满足老年人的多元化需求。

在线练习

（3）了解该机构精神文化服务团队的人员构成，包括他们的专业背景、培训经历等，以及他们如何为老年人提供个性化服务。

任务2 精神文化活动策划与管理

知识索引

关键词：养老机构　精神文化活动　策划　管理
理论（技能）要点：精神文化活动设计原则　精神文化活动实施管理
重点：精神文化活动设计原则　活动实施管理
难点：制定个性化的精神文化活动方案，并进行有效的管理和评估改进

任务目标

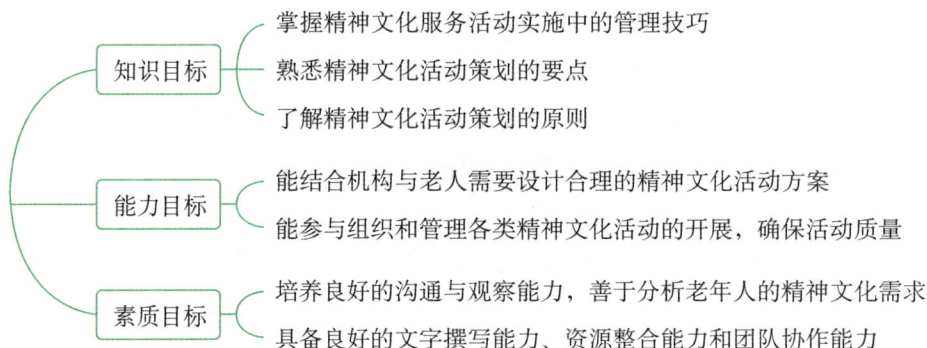

知识目标——掌握精神文化服务活动实施中的管理技巧
　　　　——熟悉精神文化活动策划的要点
　　　　——了解精神文化活动策划的原则

能力目标——能结合机构与老人需要设计合理的精神文化活动方案
　　　　——能参与组织和管理各类精神文化活动的开展，确保活动质量

素质目标——培养良好的沟通与观察能力，善于分析老年人的精神文化需求
　　　　——具备良好的文字撰写能力、资源整合能力和团队协作能力

任务情境

某养老机构，"夕阳风采"文艺汇演原计划上午9点开场，可工作人员前期准备不足，布置场地、调试设备超时，10点才完成，老人等待时面露倦色。开场后，文艺团队舞蹈表演时长未提前明确，比预计多15分钟，致使老人合唱节目被仓促打断。节目切换时，道具、音乐未提前备好，多次出现5～10分钟空白，现场秩序混乱。活动负责人紧急调整，精简文艺团队节目，严格限时，提前为老人节目备好道具。最终活动下午1点结束，比预定计划延迟一个半小时。

结合本案例，你认为养老机构活动组织者在实施活动时应注意哪些问题，才能避免出现案例情况，确保活动高质量完成？

知识准备

1. 阅读老年人活动策划组织相关教材。
2. 通过微信公众号查看10篇优秀养老机构精神文化服务实践案例。

知识学习

知识点一　精神文化活动策划的原则和要点

在老龄化社会加速发展的背景下，养老机构的精神文化服务已成为衡量其服务质量的核心指标。科

学设计精神文化活动,不仅能满足老年人对情感交流、价值实现与文化滋养的深层需求,更能通过系统性的活动策划提升机构服务效能,构建有温度的养老生态。精神文化活动设计应遵循"五维原则"和"闭环设计"来提升其专业性和适老性。

一、精神文化活动策划的原则

1. 系统原则

坚持系统原则就是要把活动策划作为一个整体来看,在系统整体与部分之间的相互依赖、相互制约的关系中进行综合分析,强调活动的整体性、全局性、效益性,对系统中各个部分的策略做统筹安排,确定最优目标,以实现决策目标。

2. 可行原则

活动的可行性基于实际情况的深入分析,包括参与者的年龄、性别、体能及智能特征等。活动设计需确保内容前瞻、形式吸引人,同时贴近实际,具备高度的可操作性。

3. 协调原则

老年人活动的协调原则是和谐理念的具体表现。策划人员需要关注活动主题与主办机构意愿相协调,活动的形式和内容相协调,活动内容与举办地点相协调,活动组织人员之间相协调,活动目标与活动对象、活动组织者和社会的实际相协调等。

4. 资源原则

策划人员应充分利用现有设备及资源,同时积极探索新资源,实现资源的有效整合与利用。在策划过程中,需特别关注老年人的兴趣与需求,以及特殊活动对象的特殊情况。

5. 参与原则

应鼓励老年人广泛参与活动,让老年人在活动中感受到自身的价值与重要性。活动的设计应确保老年参与者能够全面融入,享受参与的乐趣。

二、精神文化活动策划的要点

1. 调查和分析

活动策划需充分考虑老年人的需求与偏好,挖掘适宜、新颖、独特的活动主题。注意分层分类,例如根据自理能力(如活力老人、半失能老人、完全失能老人),心理状态(心理健康老人、抑郁焦虑老人),社会支持(社交活跃老人、社交匮乏老人)等分类设计差异化活动。同时,需了解各利益相关者的参与动机与目的,包括机构、社区、赞助者、媒体、合作者、参与者及观光者等。

2. 明确活动策划目标

目标是活动的灵魂,需兼顾机构战略、长者需求与社会价值。例如,机构层面可提升品牌影响力、强化文化养老特色;老年人层面可满足社交需求、促进认知功能、实现自我价值;社会层面可响应"积极老龄化"政策,推动代际融合。此外,目标设置应遵循"SMART原则",具有具体性、可衡量性(指标量化)、关联性(与机构年度KPI挂钩)、时限性。

3. 活动具体设计

活动具体设计是将活动设想具体化,按照实际操作的需要进行细节策划和设计的过程。策划者需要从实际的运作角度考虑,对活动的时间、流程、场地、内容、配套服务等进行详尽考虑。流程安排上,可将时间分段,如30分钟活动 + 10分钟休息,避免参与者疲劳;场地布置上设置"活动区—休息区—应急区"三区联动,配备扶手与防滑地垫;活动设计上按照"观摩→体验→主导"三级参与模式循序渐进,逐步引领老年人进入活动状态,以增强对老年人的吸引力。

4. 策划书撰写

策划书是策划方案的成果表现形式,是策划思想的实质性载体。因此,作为活动策划人,需要在策划方案确定之后,制作一份完整详尽的策划书,并将其提供给活动组织者或其他有需要的部门。策划书应包含活动基本信息、活动目标、流程安排、物资准备、人员分工、宣传推广、安全保障、预算明细及效果评估等。

5. 活动评价

活动的实施并非活动的全部,需要策划者以循环、提升的态度来对待每一个策划案。活动结束后,策划者以及机构都需要对此次活动的策划及实施进行评价和反思,例如召开闪电复盘会,收集社工、志愿者、长者的第一手感受、思考和建议,从而提升策划者的能力和水平。活动评价常用的指标包括过程评估,如签到率、环节完成度、长者情绪状态;结果评估,如健康指标变化(如睡眠质量提升)、能力提升(如掌握新技能);影响评估,如媒体传播量(如短视频播放量)、社会资源引入(如新增合作单位)等。

知识点二　精神文化活动的实施管理

一、活动时间的把控

在活动前需要对老年人活动的持续时间进行估算,这直接关系到各项任务的起止时间的确定,以及整个活动的完成时间,否则将有可能影响老年人的正常生活,以至于影响活动效果。为保证活动效果,要避开恶劣天气(如酷暑、冰天雪地、狂风暴雨等)。如果老年人需要驱车前往,还要避开上下班高峰的时间段节省老年人来回路途时间。同时,也要考虑到老年人的生活安排和日常作息时间,尽量不打乱他们的规律作息。

可根据过往活动经验来推测大致时间,一般活动时间不宜过长,应控制在1.5小时以内,如果超过1.5小时应安排中间休息,避免让老年人感觉劳累。例如,曾经有机构举行老年麻将比赛,由于错误估计老年人每局的完成时间,最终造成机构食堂都开饭了活动还没有结束,最终只得草草收场的结果。

二、活动进度的管理

进度管理是在确定老年人活动时间的基础上,根据相应完成的活动量,对各项过程的顺序、起止时间和环节衔接以及人员安排和物资供应进行的具体策划和统筹安排。

在活动开始前,要了解老年人是否需要固定时间点吃药,如果有,后勤人员需要按时提醒老年人。如果活动不是一次可完成的活动,在每次活动结束后需强调下次活动时间,且在下次活动开始前,用电话、短信、上门等方式再提醒一次活动时间。活动过程中留出时间上厕所、短暂休息等。活动的主要环节结束后,需要通过问询、小调查等方式及时进行活动的评估,了解服务对象对此次活动的满意度、感受及收获,并按照台账要求,把需要现场完成的部分完成,例如,调查问卷、活动记录表、合影照片等。

三、活动中的危机管理

在老年活动举办期间,像火灾的突发、暴风雨的侵袭、设备突发故障以及参与者毫无征兆地患上突发性疾病等状况,均能被视作危机性事件。所谓危机,具有四大鲜明特征,即毫无预警地突然降临、会对既定安排造成严重破坏、后续发展态势难以预测、情况危急容不得丝毫拖延。这类危机事件一旦发生,无论是对于组织还是个人,都可能带来极为严重的不良影响与损失。为了有效防止或最大程度地降低此类损害发生的可能性,就必须提前做好应急预案,在极为有限的时间里,迅速果断地做出决策,并即刻组织开展相应行动,力求将危机的负面影响控制在最小范围。

四、活动评价管理

在养老机构精神文化活动设计并实施之后，并非意味着工作的终结，而是进入一个关键的反思与提升阶段。此时，事后评价工作犹如一面镜子，能够清晰地映照出活动过程中的优点与不足，为后续活动的优化提供精准依据。

事后评价主要分为过程评价和结果评价。过程评价指对精神文化活动开展过程中的各个环节、步骤、执行情况以及参与者在活动进程中的表现、互动情况等进行动态的评估与分析，重点关注活动过程中服务对象发生的各种变化和收获、成长。结果评价指在精神文化活动结束后，针对活动最终达成的成果、效果、目标完成度以及对参与者产生的长远影响等方面进行综合性的考量与判断，聚焦于活动所产生的最终成效与影响力。

过程评价主要内容有活动环节的衔接流畅性，参与者的参与积极性变化趋势，比如在活动初期、中期、后期参与者的投入程度是否有波动；参与者在知识、技能、情感等方面的收获程度；活动过程中的突发情况应对效果，诸如临时设备故障、人员冲突等问题的处理是否得当等。结果评价主要内容有活动目标的达成情况，活动在社会层面所获得的声誉与反响，如是否得到社区居民、相关公益组织的认可与好评等。

> 阅读卡
>
> 《养老机构文娱服务安全规范》（行标）

📖 课后拓展

1. 请尝试结合任务情境设计一个重阳节文化娱乐活动，要求活动内容贴近老人需求，具有可操作性。

2. 探讨事后评估对活动顺利举办的重要性。

> 测试
>
> 在线练习

任务3　志愿者管理

📇 知识索引

关键词：养老机构　精神文化服务　志愿者管理

理论（技能）要点：志愿者管理的必要性　志愿者来源与分类　志愿者的管理

重点：志愿者的来源与分类　志愿者的管理

难点：根据养老机构实际情况进行志愿者的精准分类与高效管理

📗 任务目标

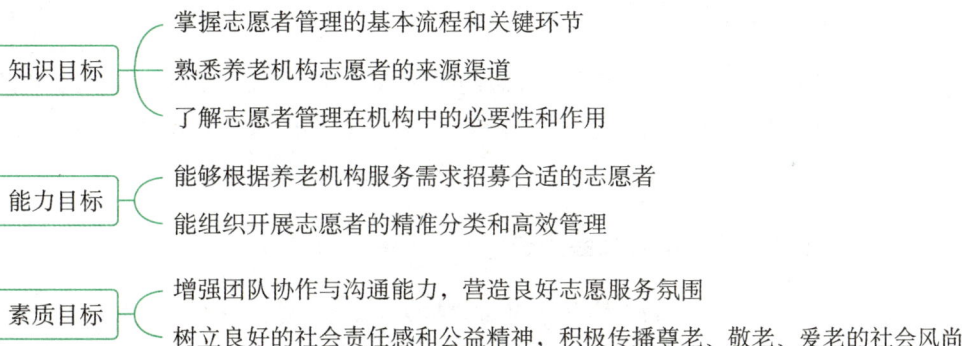

知识目标
- 掌握志愿者管理的基本流程和关键环节
- 熟悉养老机构志愿者的来源渠道
- 了解志愿者管理在机构中的必要性和作用

能力目标
- 能够根据养老机构服务需求招募合适的志愿者
- 能组织开展志愿者的精准分类和高效管理

素质目标
- 增强团队协作与沟通能力，营造良好志愿服务氛围
- 树立良好的社会责任感和公益精神，积极传播尊老、敬老、爱老的社会风尚

🧹 任务情境

某养老机构针对认知症老人推出"记忆银行"志愿服务项目,通过系统化管理实现服务效能升级。机构建立"三阶"志愿者管理体系:首先与高校心理学系合作,筛选具备同理心且有基础护理知识的志愿者;随后开展每月4课时的"认知症照护工作坊",涵盖怀旧疗法、非药物干预技巧等专业内容;最后实施志愿者服务能力星级评定(1~5星),匹配对应服务岗位。在机构人力紧张的情况下,活用志愿者资源对于满足老年人精神文化需求具有重要价值。

那么机构应通过哪些途径招募到合适的志愿者,并对他们开展有效的管理和培训呢?

🏠 知识准备

学习《北京市养老志愿服务工作指引》全文。

📝 知识学习

知识点一 志愿者管理的必要性

在人口老龄化日益加剧的当下,养老机构承担着愈发重要的社会责任。志愿者作为养老服务体系中的关键补充力量,其管理工作的有效开展对养老机构的发展至关重要,主要体现在以下五个方面。

一、提升服务质量与丰富服务内容

养老机构的服务对象需求多样,从日常生活照料到精神慰藉,仅靠专业工作人员难以面面俱到。志愿者来自不同领域,拥有丰富的技能和知识,如医护志愿者能协助开展健康讲座、提供简单医疗咨询;文艺志愿者可以组织各类文艺活动,丰富老年人的精神文化生活。通过有效的志愿者管理,将这些多元化的服务整合进养老机构日常运营中,能极大地提升服务质量,满足老年人多样化需求。

二、增强老年人精神慰藉与社会融入感

对于老年人而言,情感陪伴和社会交往至关重要。志愿者定期的陪伴交流,能让老年人感受到社会的关爱,缓解他们可能存在的孤独感和失落感。志愿者组织的社交活动,如节日庆祝、兴趣小组等,为老年人提供了与他人互动的平台,帮助他们重新融入社会,增强生活的幸福感和归属感。

三、缓解养老机构人力与资源压力

随着养老需求的增长,养老机构面临着人力和资源的双重压力。志愿者的加入,能在一定程度上缓解人力短缺问题,如协助护理人员照顾老年人日常生活、参与后勤保障工作等。同时,志愿者还能带来社会捐赠、公益合作等资源,帮助养老机构改善设施设备,拓展服务项目,提升整体运营能力。

四、促进社会公益文化传播

养老机构是社会公益事业的重要阵地,有效的志愿者管理,能吸引更多社会人士关注养老问题,参与到养老服务中来。志愿者在服务过程中,将关爱老人、奉献社会的理念传递给更多人,激发社会各界对养老事业的关注和支持,营造尊老、敬老、爱老的良好社会风尚,推动社会公益文化的传播与发展。

五、提升养老机构品牌形象与社会声誉

规范的志愿者管理,能确保志愿者服务的高效与优质,这无疑会提升养老机构的整体形象。一个积

极引入志愿者、注重老年人精神文化生活的养老机构,更容易获得社会的认可和信任,吸引更多老年人入住,同时也能获得政府、企业和社会组织的支持与合作,为机构的可持续发展奠定坚实基础。

知识点二　志愿者的来源与分类

在养老机构的运营与服务体系中,志愿者群体发挥着不可或缺的重要作用。了解志愿者的来源,是构建高效且可持续的养老机构志愿者管理模式的关键基础,这不仅关乎志愿者队伍的稳定性与多样性,更直接影响着养老服务的质量与丰富程度。

一、志愿者的来源

1. 低龄老人志愿者

低龄老人因自身身体条件尚佳,拥有较多闲暇时光,且具备积极投身社区活动的意愿,故而他们常常踊跃加入各类养老志愿服务组织,成为其中一股活跃的力量。

2. 社区党员志愿者

社区党员凭借所在机关企事业单位党组织以及党员"双报到"制度的有力支撑,以身作则,积极践行先锋模范作用,在养老志愿者队伍里占据着极为关键的地位。

3. 企业职工志愿者

企业职员由于自身群体具备较高的活跃度,所涉及的领域广泛,并且对周边环境较为熟悉,能够有效开展结对帮扶类的为老志愿服务工作。

4. 学生志愿者

学生群体可充分利用周末以及寒暑假等特定时段,积极投身到养老志愿服务之中,通过探望、陪伴等方式给予老年人关怀与照顾,使老年人深切体会到来自社会大家庭的温暖。

5. 专业志愿者

专业志愿者通常要求具备相关专业资质,其能在业余时间运用自身专业知识为老年人提供精准且专业的服务。

6. 其他志愿者

此外,除了上述提及的这五类主要来源之外,各级党政机关、企事业单位的干部职工,民营外资企业的员工,还有快递员、外卖员、网约车司机等新兴就业群体,都可依据自身实际状况,灵活地为老年人奉献志愿服务,共同构建起丰富而充满活力的养老志愿服务力量体系。

二、志愿者的分类

为了方便志愿者的管理,将志愿者按照不同的维度进行分类,能够有效增强志愿者管理的精准性,推进志愿服务高效开展。一般来说,可按照年龄、身份或职业、服务内容、服务时长等对志愿者进行分类。

① 按照年龄分类,可分为儿童志愿者、青年志愿者、老年志愿者等。

② 按照身份或职业分类,可分为党员志愿者、大学生志愿者、妇女志愿者、企业志愿者、老干部志愿者、退役军人志愿者、医务志愿者等。

③ 按照服务内容,可分为文明劝导志愿者、困难帮扶志愿者、环境保护志愿者、养老服务志愿者、应急救援志愿者等。

④ 按照服务时长可分为长期志愿者、短期志愿者和临时志愿者等。

在养老机构中,明确岗位类型与服务内容是做好养老志愿服务的必要前提,是开展后续养老志愿者招募工作的基础。按照养老服务内容不同,可将养老志愿服务岗位分为普通养老志愿者和专业养老志愿者。普通养老志愿服务岗位原则上不需要具有专业技术能力,主要包括入户探访、生活照顾、家政服务、扶助出行、餐食配送、陪伴慰藉、文化娱乐等。专业养老志愿岗位要求具备专业技术能力,提供服务的志愿者需受过专业教育和专业培训,具有相关从业资格与职业资质,包括医疗咨询、理疗康复、护理指导、心理咨询、法律咨询、教育培训、应急救援、社会工作、智慧助老等。

知识点三　志愿者的管理

养老机构要想充分发挥志愿者优势,为老人提供更贴心服务,需在多个环节精细运作,构建完善的志愿者管理体系。从志愿者的招募,到培训提升专业度,再到合理调配、安全保障以及有效激励,每一步都紧密相扣,共同推动养老志愿服务迈向新高度。志愿者管理体系的关键重要环节包括以下五个方面。

一、志愿者的招募

需求评估是志愿者招募的起点,养老机构应先对自身服务现状进行全面梳理,明确目前服务缺口和老年人特殊需求。一旦明确需求后,可利用线上线下多种渠道发布招募信息。线上通过机构官网、社交媒体平台、志愿者服务网站等发布招募启事;线下在周边社区、学校、企业张贴海报、发放传单,或与相关单位合作开展招募活动。招募信息包含志愿服务或志愿者队伍的基本情况,志愿者需求数量、岗位要求和报名方式等。

二、志愿者的培训

养老志愿者的培训主要包括通用培训、专业培训。通用培训包括:服务机构基本情况、志愿服务内涵、志愿者精神、志愿服务礼仪、志愿者权利与义务等。专业培训包括:养老政策、老年人护理及慢病管理、沟通技巧、活动实施技巧、应急处置等。为养老机构的志愿服务工作持续赋能,让老人们收获更优质、更贴心、更持久的服务。

三、志愿者的调配

根据志愿者的培训结果、特长以及服务时间,结合养老机构日常服务安排和突发任务需求,合理分配服务任务。例如,安排有绘画特长的志愿者负责组织绘画兴趣班,时间充裕的长期志愿者定期陪伴失独老人。在服务过程中,根据实际情况灵活调整志愿者工作安排。如遇突发公共卫生事件,将医疗护理类志愿者优先调配到防疫工作中;若某区域老人临时增加活动需求,及时调配更多志愿者协助。

四、志愿者的保障

为降低志愿服务风险,开展志愿服务前,可进行风险评估,一方面评估活动过程中可能出现的风险因素。另一方面评估志愿者是否具有抵御风险的能力,例如是否具有专业的养老知识和技能、自身素质如何、胜任力如何等;同时,为了规避风险,保障志愿者的安全,维护志愿者的权益,购买志愿者保险也是很有必要的,志愿者保险主要包括意外身故、意外残疾、意外医疗等。

五、志愿者的激励

尽管志愿服务具有自愿、无偿、公益的属性,但志愿者仍然渴望通过志愿服务活动获得一定认可和肯定,从而增强自我效能感。适度的激励能够激发志愿者的积极性、创造性,促进志愿服务健康发展。养老服务机构志愿者激励措施主要有以下三点,首先,可结合国家和本地区有关法律和政策规定建立志愿服务星级评价制度,以服务时间和服务质量为主要考核标准,进行星级志愿者的评选;其次,依托志愿服务记录,健全养老服务积分兑换机制,使志愿者可以通过自己积累的养老志愿服务积分来兑换相应的服务或物资;最后,有条件的机构可以通过表彰大会的形式,邀请重要领导为优秀志愿者颁发荣誉,或由居民撰写表扬信的形式,使其感受到志愿服务为其带来的声誉价值和精神层面鼓舞。

📖 课后拓展

请走访当地2~3家养老机构,了解其志愿者管理与使用的基本情况。可从以下角度开展调研:

（1）养老机构目前在精神文化服务开展中主要依赖的人力和岗位是什么?

（2）养老机构是否有使用志愿者资源?主要来源于哪些渠道?各渠道志愿者能提供的主要服务或资源是什么?优势与劣势是怎样的?

（3）养老机构对于志愿者管理是否建立长效机制?培训开展情况怎么样?激励措施是什么?

测试
在线练习

阅读卡
《养老机构志愿服务管理规范》（地标）

阅读卡
《养老机构志愿服务规范》（行标征求意见稿）

模块四

运营篇

项目一

行政办公管理

在人口老龄化加速的背景下，养老机构承载着千万家庭"老有所安"的期盼。行政办公管理作为养老服务的"中枢神经"，已不再是简单的日常事务处理，而是演变为支撑养老服务品质、保障机构高效运转的战略性枢纽。它通过统筹协调人、财、物等资源，构建高效的组织架构与规范流程，将"以老人为中心"的理念转化为可落地的服务实践。行政办公管理承载着资源调配、制度完善、文化塑造等多重使命，其效能直接影响长者满意度、员工执行力乃至机构的核心竞争力。

本项目主要包括两大任务，即日常行政管理和档案管理，涉及来访接待、会议组织、工作总结与计划、档案管理范围、档案管理制度、档案建立流程等。

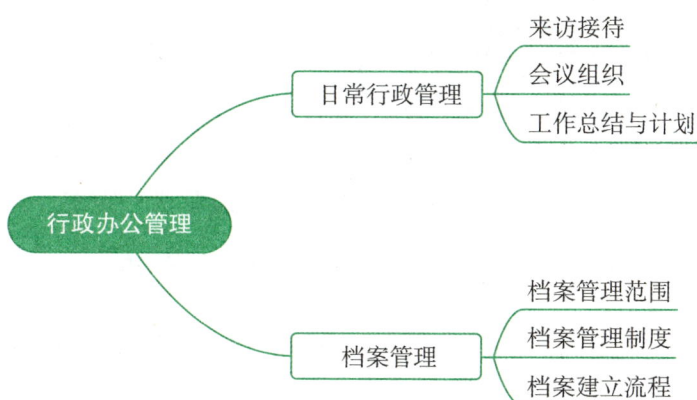

任务1　日常行政管理

知识索引

关键词：行政管理　档案管理　会议组织

理论(技能)要点：常见接待话术　会议组织流程

重点：接待规范

难点：工作总结与计划

任务目标

知识目标
- 掌握来访接待主要类型
- 熟悉工作计划的制定要求
- 了解养老机构常见会议

能力目标
- 能使用养老机构常见接待话术
- 能按照会议流程组织会议
- 能独立完成一份工作计划

素质目标
- 树立良好的接待服务意识
- 培养实事求是的观念
- 培养社会责任感与使命感

任务情境

2023年5月,民政部养老服务司领导带队调研北京市养老服务工作,随机抽查了海淀区某养老机构(五星级机构)。该机构在接待过程中因细节到位、服务专业,获得民政部官方公众号公开表扬。

试想一下,养老机构在接待过程中做了哪些工作而获得表扬?

知识准备

1. 回想一下,在酒店或者医院,服务前台的人员是如何做接待的。

2. 收集各行各业接待话术。

知识学习

知识点一　来访接待

来访接待是养老机构通过电话、互联网、现场等方式为来访者(包括潜在入住长者、家属、考察团体等)提供的咨询、接洽、迎送等服务活动,是连接机构与社会、家属及老年人之间的重要桥梁,是其运营的重要环节,涵盖家属探视、咨询参观、政府检查、志愿者活动等多种场景,其服务质量直接影响机构形象、客户满意度及老年人生活质量。

一、来访接待主要类型

1. 家属探视类

指老年人亲属或监护人因探望、陪伴需求到访的接待场景,通常涉及情感交流、生活关怀。这类接待以亲情交流为核心,需平衡探视诉求与老年人生活节律。

2. 咨询参观类

指潜在入住者及其家属为评估机构服务质量、环境设施而来的咨询与实地考察场景,核心需求为信息收集与决策支持。该类接待侧重潜在客户的转化,需精准挖掘需求。通过交流摸排关注点(如医疗配套),定制参观路线(如突出康复区),主动公示证照与价格,避免夸大宣传,后续跟进并促进签约。

3. 政府检查类

指民政、卫健、市场监督等政府部门依法对机构开展的质量监管、安全检查或行业调研活动,需配合提交运营数据、接受现场核查。

4. 志愿者活动类

指公益组织或个人为老年人提供陪伴、文艺表演等志愿服务的接待场景,需审核志愿者资质并监管服务过程。该类接待注重服务过程监管,志愿者需经培训后上岗,服务内容需提前备案,机构需记录服务时长并评估效果,定期表彰激励。

5. 其他场景类

涵盖医疗机构协作(如巡诊)、第三方调研(如需求评估)、法律纠纷处理等非常规性接待需求,需按需提供专项支持。

二、接待规范

为确保服务质量与风险可控,需遵循必要的服务规范。

1. 身份核验

应核验来访者的身份、来意,并对出入时间、人数等信息进行登记。所有来访者需登记身份证、来意,特殊场景(如探视)需评估健康及精神状况。

2. 设施配置

接待区需公示证照、价格表、探视须知,配备监控、轮椅、急救箱等设施。

3. 人员要求

接待人员应精神饱满,仪容端庄、仪表整洁,着工装、佩戴工牌上岗。

4. 评价与改进

通过意见箱、满意度调查等收集反馈意见,每半年开展服务质量自评,持续优化流程。

三、常见接待话术

接待话术是指在接待过程中使用的一系列语言和行为技巧,旨在通过得体的语言和恰当的行为来展现专业、热情和友好的形象,从而提升接待效果和服务质量。接待话术在接待过程中非常重要,它关系到个人和单位的形象。通过得体的语言和行为,可以建立信任和好感,提升来宾的满意度和忠诚度。良好的接待能力能让接待者在人际交往中占据主动地位。在养老机构中,有一些常见的来访接待话术。

1. 初次接待/电话咨询

(1)开场白　"您好,这里是某某养老机构,我是养老顾问小王。请问您是想要了解养老服务,还是为长辈咨询呢?"

（2）介绍机构   "我们机构是医养结合型,配备专业医疗团队、康复中心和适老化设施。入住老人既能享受生活照料,又能保障健康需求。"

（3）邀请参观   "您方便的话可以过来参观,我带您实地看看房间、餐厅和活动区,体验下环境。"

2. 参观引导话术

（1）环境介绍   "您看,走廊两侧都有扶手,地面防滑处理,保证长辈行走安全。每个房间门口还有紧急呼叫按钮,一分钟内工作人员就会响应。"

（2）房间展示   "这是标准间,配有独立卫生间、紧急呼叫系统和适老化家具。单人间还有电动护理床,床头可抬升,方便卧床老人用餐。"

（3）服务亮点   "我们每天有医生查房,医护人员24小时值班。每周还有中医理疗、手工课、生日派对,让长辈身心都充实。"

四、常见接待礼仪

接待礼仪是主人通过接客、待客、送客的全过程,展现专业性与人文关怀的社交规范。养老机构通过规范接待人员的言行举止、仪表形象和服务流程,为来访者提供专业、温馨、高效的服务体验。

1. 仪容规范

① 保持面部洁净、口腔卫生。男员工应剃净胡须(因民族习俗而留胡须的少数民族除外);女员工可适度化妆,妆容淡雅,符合岗位要求。

② 保持头发干净、长短适宜,发型符合岗位要求。

③ 保持手部清洁,指甲修剪整齐,长度适宜,不涂有色指甲油(特殊岗位禁止涂指甲油)。

④ 不应使用香味过于浓烈的香水(特殊岗位禁止使用香水)。

2. 仪表规范

① 统一着装、佩戴工牌。工装应整洁、平整,穿戴整齐。

② 鞋面干净,符合岗位要求。除特殊工作,不应穿着拖鞋或在其他可能影响工作的鞋子。

③ 不应佩戴夸张饰品。

3. 仪态规范

① 表情自然大方,保持微笑,眼神温和、亲切。

② 站姿端正、挺拔、稳重。站立时,应头正肩平,身体立直,根据不同站姿调整手位和脚位。双手不应叉在腰间,不应抱在胸口或插入口袋;双腿不应抖动;不应靠墙或倚在其他支撑物上。

③ 走动时,不应弯腰驼背、摇头摆脑、慌张奔跑或与他人勾肩搭背。

4. 沟通礼仪规范

① 与老年人及相关人员沟通时,应相距适宜,目视对方脸部眼鼻三角区,专心、耐心倾听并回应,以示尊重与诚意。根据老年人及相关人员实际情况使用易懂的语言及规范的服务用语,声调自然、清晰、柔和、亲切,并合理调整音量。

② 沟通过程中严禁出现以下行为:

a）使用污蔑和侮辱性的语言、质问式语言、命令式语言;

b）使用语气强硬、态度不耐烦、推卸责任等语言;

c）评论老年人的处事风格、老年人家庭问题及其子女的经济等隐私问题;

d）评论老年人个人宗教信仰与风俗习惯;

e）对老年人的服装、形貌、不同习惯和动作等品头论足;

f）其他不符合沟通礼仪的禁止行为。

5. 其他礼仪规范

① 来访者进门时,应主动起身迎接,使用礼貌用语问候,了解需求,针对性地提供相应解答。

② 当来访者提出的服务要求一时无法满足时,应主动讲清原因,并表达歉意;当来访者情绪激动时,应先安抚,不应以任何借口顶撞、讽刺、挖苦来访者。

③ 工作过程中,应随时关注周边老年人的身体、精神状态。如发现有身体不适的,及时通知相关人员并采取必要的应急措施。发现老年人有禁止和危险行为时,应使用礼貌用语劝阻,保持耐心。

④ 在机构内见到老年人及相关人员,应主动打招呼、避让,并提供力所能及的帮助,如开关门、提重物等。

⑤ 接递物品时,应使用双手,并与对方进行目光交流,保持微笑。

⑥ 咳嗽或打喷嚏时,应用手或纸巾捂住口鼻面向一旁并及时清理。

⑦ 来访者离开时,应起身送客,提醒收好随身物品。

知识点二　会议组织

养老机构的高效运营离不开规范有序的会议组织,作为内部沟通、决策和协作的核心平台,会议承载着传达政策、总结经验、分析数据、解决问题及规划发展的重要职能。会议组织是养老机构为规范会议流程、提高决策效率而进行的系统性安排。它涵盖会议策划、准备、执行和后续跟进等环节,旨在通过高效会议推动机构战略目标落地,解决运营问题,提升服务质量和内部协作效率。

一、养老机构常见会议

员工大会每年召开1次,院务会每月1次,业务工作会议视情况定期召开。

周例会议:每周1次,每周星期一总结上周工作,研究部署下周的工作和上级交办的各项任务。

月例会议:每月1次,每月月末总结上月工作,研究部署下月的工作和上级交办的各项任务。

年度会:每半年1次,每年年中召开年中总结会,年末召开年度总结会,研究部署下一阶段的工作和上级交办的各项任务。

护理晨会:每日早晨上班利用半小时时间召开,由各生活区护理部负责人主持,交接重点护理内容,布置当日护理工作,开展针对性提问。

专题会议:根据具体工作需要组织的会议,如安全生产会议、民主管理委员会会议、家属见面会等。

老人代表会议:针对住养老年人相关的事项,需要征求老年人意见的会议,如膳食委员会议。

其他会议:针对突发事件或紧急问题召开的会议等。

二、会议的组织流程

1. 会议准备

会议组织者(主持人或主持人指定的其他人员)会前应做好充分准备,准备所有资料,明确会议议程,做到心中有数。

2. 会议通知

① 会议组织者提前一个工作日发通知给各参会人员,并同时登记核实开会人数。临时会议无须提前一日通知。

② 会议通知需明确会议时间、地点、内容、准备材料和参会人员等。

③ 若是例会,则按安排表的时间准时召开,不需要另行通知,除有特殊情况不得随意更改时间、地点。

3. 会议纪律

① 会议组织者负责会议期间纪律的维护。

② 会议期间禁止大声喧哗、交头接耳、打瞌睡或做与会议无关的事项,不得在会场上随意走动,手机应调为振动模式或关机。

③ 参会人员提前5分钟到达会议地点及签到,不得缺席和迟到。

④ 参会人员如不能按时出席会议,需至少提前一个小时向会议主持人请假,同时指定专人代为参会。

4. 会议记录

① 会议记录人配备专门的会议记录本,负责会议期间所有议程及内容的记录。

② 会议记录要求按专门的格式记录,内容要全面、简明、扼要,包括会议开始和结束时间、会议地点、出席人、应到人数、实到人数、迟到人员、缺席人员、会议议程及内容,字迹工整。

③ 会议记录人要求善于分析、总结,能够从记录中提炼重点、要点。

④ 记录人要保管好会议记录,备份并交行政专员核实决议执行情况。

5. 会后传达及执行

① 对于因事不能到场的应与会人员,会议记录人要负责会议内容的及时传达宣贯到位。

② 会议所议定的工作任务与事项,由绩效专员进行任务分解,要设置时间截点,各负责人及时落实、执行,各部门主管检查、监督、追踪执行情况,行政专员负责核实评价执行成果和质量。

知识点三　工作总结与计划

工作总结与计划是养老机构的"管理闭环",通过数据驱动决策、标准化沉淀与持续改进,可推动机构从"被动应对"转向"主动进化",在银发经济浪潮中构建核心竞争力。

一、工作计划

1. 基本概念

养老机构工作计划是为实现机构战略目标(如提升服务质量、优化资源配置、增强社会效益),对一定时期内(如年度、季度)的工作任务、实施步骤、责任分工及预期成果进行的系统性规划。

2. 计划原则

① 以老人为中心:所有工作围绕提升老年人生活质量、健康安全展开。

② 合规性:符合国家《养老机构管理办法》及地方政策要求。

③ 科学性:基于数据(如入住率、满意度、事故率)制定合理目标。

④ 可操作性:任务分解到具体岗位,明确责任人、完成时间。

⑤ 风险预控:提前识别潜在问题(如消防安全、食品安全),制定应对措施。

3. 主要内容框架

① 行政管理计划(政策落实、人员管理、财务管理)。

② 照护服务计划(分级护理、医疗协作、文娱活动)。

③ 后勤保障计划(食品安全、设施维护、环境卫生)。

④ 安全与应急计划(消防安全、突发事件预案)。

⑤ 品牌与宣传计划(家属沟通、社会合作)。

4. 制定流程

(1)收集信息　查看最新养老政策。整理前段时间运营数据(入住率、投诉率等)。收集老人/家属的3～5条主要建议。

(2)召开启动会　各部门负责人参加,确定计划重点方向(如提升护理质量、入住营销等)。

(3)设定目标　设置3～5个可量化目标,如将跌倒发生率降至5%以下、新增2项文娱活动等。

（4）制定措施 每个目标配2～3条具体措施,明确责任人和完成时间,制作计划表（表4-1-1）。

表4-1-1 计划表示例

重点目标	具体措施	负责人	时间节点	完成情况
降低跌倒发生率	1. 每周检查防滑垫 2. 每月防跌倒培训	护理部张主任	6月底前	每月填写

（5）部门核对 各负责人确认任务可行性。

（6）院长审批 最终签字确认。

（7）张贴公示 在员工公告栏或线上工作群公示。

二、工作总结

1. 基本概念

养老机构工作总结是对机构在一定时期内（如年度、半年）运营成果的全面梳理,旨在总结经验、发现问题、优化管理,并为下一阶段工作提供依据。涵盖服务成效（如老人满意度、健康指标改善）,管理效率（如成本控制、人员绩效）,风险防控（如安全事故率、合规性）等维度。

2. 基本原则

（1）客观性原则 以事实为依据,避免主观臆断,数据需真实可溯源,如"长者跌倒率同比下降15%,数据来源:护理记录系统"。采用量化指标（如入住率、护理频次）与质性描述（如"长者情绪波动案例分析"）结合。

（2）系统性原则 覆盖机构运营全链条,包括但不限于:医疗护理、生活照料、精神文化活动;人力资源、财务管理、物资采购;家属沟通、社区合作、政策响应。

（3）改进性原则 突出问题导向,提出可落地的改进措施（如"针对护理人员短缺问题,计划与职业院校合作开设定向班"）。采用PDCA循环（计划-执行-检查-处理）框架。

3. 常用方法

（1）数据统计分析法

量化指标:入住率、护理人员配比、平均服务响应时间等。

对比分析:同期数据对比（如2023年与2022年跌倒事故率）、行业标准对比。

（2）PDCA循环法

Plan（计划）:对照年初目标（如"降低压疮发生率至5%以下"）。

Do（执行）:实际采取的措施（如增加翻身频次、使用气垫床）。

Check（检查）:目标达成率与偏差分析。

Action（处理）:未达标项的整改计划。

（3）案例分析法 选取典型案例（如成功干预老人心理危机的过程）,总结服务流程的优化点。

（4）多方反馈法

内部反馈:员工座谈会、部门交叉检查。

外部反馈:家属满意度调查、第三方评估报告。

4. 总结框架

（1）标题 格式:时间＋机构名称＋总结类型,如"××养老机构2023年度工作总结"。

（2）正文结构

①引言:背景说明,如"响应国家老龄化战略,本机构于2023年启动智慧养老试点"。

② 主体：

工作成果：分模块描述，如"医疗护理：完成500人次慢性病管理，达标率95%"。

存在问题：归因分析，如"老人突发疾病响应延迟，因夜间值班人员不足"。

改进措施：具体行动计划，如"增设夜间急救岗，配置智能监测设备"。

③ 结语：展望与承诺，如"下半年将重点推进适老化改造，提升长者生活品质"。

（3）附录

数据图表、案例照片、政策文件等支撑材料。

三、注意事项

1. 工作计划

（1）目标SMART化，拒绝口号

遵循"具体、可衡量、可实现、相关性、时限性"原则，如"2024年Q2前完成电梯改造，故障率≤0.5次/月"。

（2）资源匹配，落地可行

明确预算、人力、政策依赖，如"申请政府补贴30万元，外聘工程师1名"，避免计划"空中楼阁"。

（3）风险预判，预案完备

识别潜在风险，如"供应商违约""政策变动"，制定替代方案，如"预留10%预算作为违约金"。

（4）责任到人，节点明确

指定负责人、设定里程碑，如"2024.01完成招标，责任人：采购部李主任"，杜绝"协同推进"式模糊分工。

2. 工作总结

（1）数据支撑，拒绝模糊

量化成果，如"满意度提升5%""跌倒率下降30%"，避免空泛表述，如"服务显著改善"。

（2）直面问题，深度归因

聚焦内部管理漏洞，如"流程冗长导致效率低下"，而非甩锅外部因素，如"政策变动影响收入"。

（3）案例赋能，增强说服

用具体事例佐证成效，如"张奶奶通过康复训练独立行走"，避免堆砌理论。

（4）结构清晰，重点突出

按模块分类，如服务、管理、创新等，每个模块提炼3个核心点，避免冗长赘述。

📖 课后拓展

测试

在线练习

1. 在班级里，制作一份会议记录表模板，并在某一次的会议中使用该模板做好会议记录。

2. 分小组讨论，制定一份养老机构的来访接待话术，并模拟实操一次。

任务2 档案管理

🏥 知识索引

关键词：档案分类　存储　检索　安全

理论（技能）要点：规范化流程

重点：信息化建设

难点：档案安全保障与高效利用平衡

任务目标

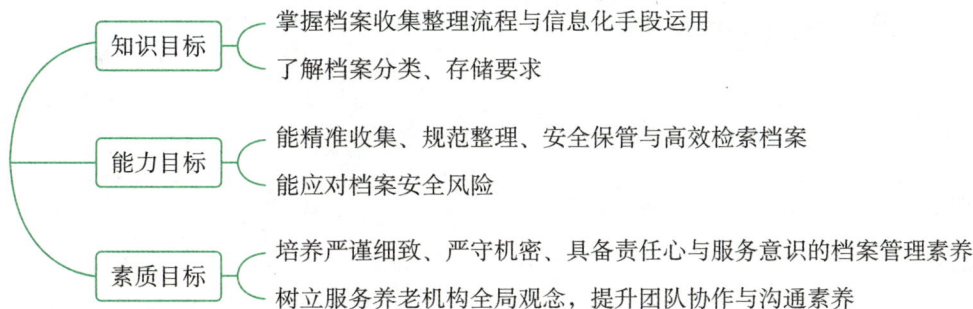

知识目标 —— 掌握档案收集整理流程与信息化手段运用

了解档案分类、存储要求

能力目标 —— 能精准收集、规范整理、安全保管与高效检索档案

能应对档案安全风险

素质目标 —— 培养严谨细致、严守机密、具备责任心与服务意识的档案管理素养

树立服务养老机构全局观念，提升团队协作与沟通素养

任务情境

新入住养老机构的李爷爷有糖尿病史且近期视力下降。护理人员接收李爷爷时，详细记录其健康状况、家庭病史等信息形成入住档案。日常护理中，每次测量血糖、血压的数据以及护理措施都会被录入健康档案。医生定期查看档案调整治疗方案。一天，李爷爷突然身体不适，工作人员迅速查阅档案了解过往病情，联系家属并安排就医。

你认为，档案中哪些信息对李爷爷突发状况处理最关键？护理人员应多久更新一次李爷爷的健康档案数据呢？

知识准备

1. 掌握信息安全防护知识。

2. 熟悉档案管理法规政策并了解不同类型养老档案管理要点差异。

知识学习

知识点一　档案管理范围

养老机构档案管理的范围广泛，涵盖了机构运营和老年人服务过程中形成的各类重要资料。

一、入住相关档案

1. 入住申请材料

老人或家属填写的入住申请表、协议书，以及老人的身份证、户口本等身份证明文件复印件，这些是入住的基础资料。

2. 入住评估资料

身体状况评估表、认知能力测试结果、心理健康评估记录等，为确定护理等级提供依据。

二、健康档案

1. 日常健康记录

体温、血压、心率等生命体征数据，还有饮食、睡眠、排泄情况记录，能反映老年人日常健康状态。

2. 疾病诊疗资料

病历、诊断证明、检查检验报告、医嘱单、用药记录等,有助于医护人员了解老年人病情。

三、护理服务档案

1. 护理计划

依据老年人健康和生活需求制定的个性化护理方案。

2. 护理记录

每次护理服务的内容、时间、效果及护理人员签名等信息。

四、财务档案

1. 费用清单

老人入住费、护理费、餐饮费等收费明细记录。

2. 缴费记录

家属缴费的时间、方式、金额等记录。

3. 财务报表、账目记录、发票凭证等

五、行政与后勤档案

1. 机构文件

运营许可证、登记证书、管理制度、人事档案等。

2. 后勤记录

设备维护记录、物资采购清单、食品安全检查记录等,保障机构正常运转。

阅读卡

《养老机构老年人健康档案管理规范》

知识点二　档案管理制度

一、总则

为加强养老机构档案管理,提高档案利用效率,实现档案管理规范化、科学化、智慧化,特制定本制度。

二、档案管理范围

1. 入住老人档案

包括个人基本信息、健康状况评估、家属联系方式、入住协议等。

2. 员工档案

个人简历、入职手续、培训记录、绩效考核、离职手续等。

3. 运营管理档案

日常运营记录、会议纪要、财务报表、采购合同、维修记录等。

三、档案收集与整理

按照档案分类,明确各部门收集职责,确保档案资料及时、完整收集。

对收集的档案进行分类、编号、装订,制作目录,便于检索查阅。

四、档案保管与存储

设置专门的档案保管场所,配备防火、防潮、防虫等设施设备。

纸质档案与电子档案分别存储,电子档案定期备份,防止数据丢失。

五、档案利用与借阅

内部员工因工作需要借阅档案,须办理借阅手续,明确借阅期限和用途。

外部人员借阅档案,须经机构负责人批准,并严格遵守保密规定。

六、档案鉴定与销毁

定期对档案进行鉴定,确定保存期限,对超过保存期限且无保存价值的档案进行销毁。

销毁档案需编制销毁清单,经批准后由专人监督销毁。

七、信息化建设

建立档案管理信息系统,实现档案录入、查询、借阅、统计等功能的信息化操作。

逐步推进档案数字化进程,提高档案管理与利用效率。

八、培训与考核

对档案管理人员进行定期培训,提高业务水平和综合素质。

将档案管理工作纳入部门和员工绩效考核体系,确保制度有效落实。

知识点三 档案建立流程

一、确定档案分类体系

依据养老机构运营管理需求,划分档案类别,如入住老人档案、员工档案、运营档案、财务档案、设施设备档案等。

二、设计档案模板与表单

针对不同类型档案设计标准化模板与表单。例如入住老人档案模板涵盖个人信息表、健康评估表、家属联系表、入住协议等;员工档案包括个人简历表、入职登记表、培训记录表、绩效考核表等。

三、收集档案资料

1. 入住老人档案

在老人入住前,通过与老人及其家属沟通交流,收集身份证、户口本、体检报告等基本信息资料,并进行健康评估、生活能力评估等,填写相应表单。

2. 员工档案

招聘环节收集个人简历、学历证书、职业资格证书等;入职时填写入职登记表、签订劳动合同等;入职后持续收集培训记录、奖惩记录等。

3. 运营档案

日常运营过程中,收集会议纪要、活动策划与总结、投诉处理记录等。

4. 财务档案

整理财务报表、发票、收据、报销凭证等。

5. 设施设备档案

收集设施设备的采购合同、安装调试报告、使用说明书、维修保养记录等。

四、档案录入与整理

将收集到的纸质档案资料进行数字化录入,为每份档案生成唯一编号,按照分类体系进行电子归档存储。同时,对纸质档案进行整理,装订成册,存放在专门的档案库房或档案柜中,确保排列有序、便于查找。

阅读卡

《企业档案管理规定》

五、档案审核与确认

档案管理部门或人员对录入和整理后的档案进行审核,检查档案资料是否完整、准确、规范,如有问题及时与相关部门或人员沟通修正,确保档案质量。

📖 课后拓展

测试

在线练习

1. 请访问一家养老机构,咨询相关人员,他们采取了何种措施。

2. 选取2～3家养老机构,从他们的做法中找到有关答案。

项目二
人力资源管理

　　养老机构的人力资源管理是保障服务品质与机构长效运营的关键所在,涵盖多个核心板块。本部分主要包含三大任务,即人力资源管理的五个方面内容:岗位设置、员工招聘、员工培训、绩效管理和薪酬管理。

　　在岗位设置上,基于养老服务全流程,细分护理、康复、餐饮、社工、行政后勤及管理等岗位,精准锚定各岗位职责,搭建起协同高效的服务架构,满足老年人生活照料、健康关怀、精神慰藉等多元需求;招聘环节,秉持爱心、耐心与专业素养并重的选人标准,借助线上招聘平台、线下校园合作、人才市场等多元渠道,广纳贤才,严格通过简历筛选、面试、实操考核,把好人员入口关,为机构注入新鲜活力;培训工作不容小觑,新员工入职培训可以助其迅速融入,掌握基本服务规范,在职员工定期参与专业提升、应急处理、心理关怀等课程,可以更新知识技能,强化服务本领;绩效管理紧密围绕服务质量与老年人满意度构建,细化护理成效、活动组织效果、家属反馈等量化与定性指标,进行周期性评定,让员工表现有直观量化的呈现;薪酬设计则充分兼顾岗位价值、市场行情与机构成本,既有稳定的基本工资,又设绩效奖金、加班补贴等激励部分,再佐以完备福利,全方位激发员工能动性,稳定人才梯队。

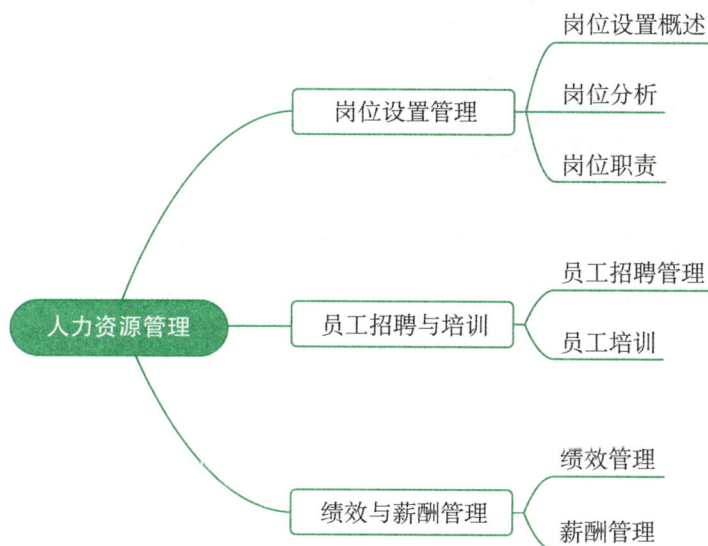

```
                                        ┌── 岗位设置概述
                        ┌─ 岗位设置管理 ──┼── 岗位分析
                        │               └── 岗位职责
                        │
                        │               ┌── 员工招聘管理
       人力资源管理 ──────┼─ 员工招聘与培训 ┤
                        │               └── 员工培训
                        │
                        │               ┌── 绩效管理
                        └─ 绩效与薪酬管理 ─┤
                                        └── 薪酬管理
```

任务1 岗位设置管理

知识索引

关键词：岗位设置　岗位说明书　岗位职责
理论（技能）要点：养老机构岗位分类　主要岗位的岗位职责
重点：岗位设置和岗位职责
难点：主要岗位的工作内容和职责

任务目标

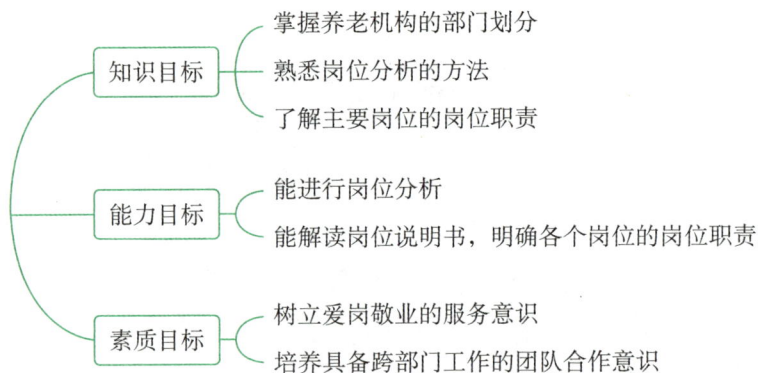

知识目标 — 掌握养老机构的部门划分
— 熟悉岗位分析的方法
— 了解主要岗位的岗位职责

能力目标 — 能进行岗位分析
— 能解读岗位说明书，明确各个岗位的岗位职责

素质目标 — 树立爱岗敬业的服务意识
— 培养具备跨部门工作的团队合作意识

任务情境

2023年，杭州某民办养老院发生一起老人跌倒后无人及时处理的事件。调查发现，该机构在岗位设置上存在"多头管理"问题。清晨6:00清洁工发现老人跌倒后，认为属于"护理范畴"未第一时间处理；早班护理员则以为后勤已上报，导致延误救治。安保人员只负责大门安全，不参与老人房间巡查；护理员夜间仅例行查房2次，中间存在3小时空白期。另外，该机构半年内累计接到23起关于"找不到责任人"的投诉，如空调报修推诿、用药记录缺失等。

你觉得，关于养老机构的岗位设置，如何才能更好地满足老年人的需求，同时降低机构运营风险呢？

知识准备

1. 上网查找养老机构的岗位设置规范。
2. 上网查找一个养老机构的组织结构图，并进行部门分析。

知识学习

知识点一　岗位设置概述

随着社会对老龄化问题的日益关注，养老机构作为为老年人提供生活照料、健康管理、精神慰藉等服务的专业机构，其内部岗位的合理设置与高效运作显得尤为重要。岗位设置作为人力资源管理的基础工作，对于明确岗位职责、优化人员配置、提升服务质量具有关键作用。

一、岗位设置含义

养老机构岗位设置是指根据养老机构的目标、规模大小、功能定位、服务内容、服务对象的需求和运营管理要求,对机构内需要的工作岗位进行规划、确定和安排。具体而言,就是明确各个岗位的名称、职责范围、工作任务、任职资格等内容。

二、岗位设置原则

1. 因事设岗原则

以机构的目标任务和工作流程为依据设置岗位,确保每个岗位都有明确的工作内容和职责范围,避免出现岗位冗余或者职责不清的情况。比如养老机构需要照顾老人生活起居,那就设置护理员岗位来负责相关事务。

2. 精简高效原则

在保证服务质量的前提下,尽可能减少不必要的岗位和人员,降低运营成本,提高工作效率。如将一些关联性强的事务合并到一个岗位中,而不是设置多个岗位分别处理。

3. 能级对等原则

根据岗位要求和工作难易程度等,匹配相应能力和资质的人员。像养老机构的医护岗位,需要有专业的医护知识和资质才能担任。

4. 动态调整原则

随着养老机构的发展、服务对象需求的变化等因素,适时对岗位设置进行调整,使岗位设置更贴合实际运营情况。比如入住老人的健康状况整体下降,就可能需要增加医护岗位的人员。

阅读卡

《养老机构岗位
设置及人员配
备规范》

知识点二 岗位分析

一、岗位分析

岗位分析是指采用特定的方法获取组织内岗位的重要信息,并以特定的格式把该岗位相关信息表述出来,从而满足养老机构管理的一系列过程。岗位分析最重要的是明确岗位的主要工作内容、胜任资格和岗位职责。为明确岗位所需信息,具体可以用"6W1H"来表示。

Who,谁来完成工作?

What,工作内容是什么?

When,工作的时间是什么?

Where,工作地点是哪里?

Why,工作目标是什么?

Whom,服务对象是谁?

How,工作方式是什么?

二、岗位分析的步骤

1. 准备阶段

成立分析小组,成员包括机构的管理人员、人力资源专家等,明确小组成员的职责。

收集相关资料,如机构的组织架构图、服务范围和流程、现有岗位描述等,为后续分析提供基础信息。

2. 调查阶段

运用多种方法进行信息收集。可以采用问卷调查法,向各个岗位的员工发放问卷,了解他们的工作任务、工作环境等内容;也可以进行访谈法,与员工、上级主管进行面对面交流,获取更详细的工作细节和期望。

3. 分析阶段

对收集到的信息进行整理和分类(表4-2-1)。明确每个岗位的主要职责。例如医护岗位主要职责是老人的医疗护理,后勤岗位主要职责是保障物资和设施的正常供应与运行。

表4-2-1 养老机构岗位分析表

岗位分析						
序号	阶段	步骤	细节	时间节点	工具	备注
1	准备阶段	步骤:确定岗位分析的目的	1. 员工实际在做什么		调查表	
			2. 机构认为员工应该做什么			
			3. 员工认为自己应该做什么和计划做什么			
			4. 主管认为员工应该做什么			
2	调查阶段	步骤一:各类岗位信息的初步调查	1. 浏览机构已有的管理制度文件,与主要管理人员进行交谈,了解机构涉及到的岗位的主要任务、职责及流程			
			2. 准备提纲,确定几个关键岗位和时间,作为深入访谈和重点观察分析的参考和指南			
			3. 列出各岗位的主要任务、特点、职责、要求等			
		步骤二:工作现场的初步观察	1. 对工作岗位、现场初步观察,了解工作人员的工作内容、工作条件,以及岗位对工作人员的要求和工作职责			
			2. 由熟悉相关工作岗位的任职人员上级一同参加现场观察,便于了解,可得到及时有效的咨询回答			
		步骤三:深入访谈	1. 确定深入访谈对象		访谈记录表	
			2. 根据初步的调查、了解和所收集的岗位分析信息要求,制定较为详细的结构化访谈提纲			
			注:第一次访谈对象最好为基层的管理者或具体工作人员,谈话过程中最好有较为详细的记录,便于分析			
			3. 针对某一关键时间,召集各部门关键人员进行座谈,深入了解公司各岗位的职责要求及存在的问题			
		步骤四:工作现场的深入观察	深入贯彻工作现场,进一步充实前提调查和访谈获得的信息			
			注:深入观察前,应拟订需明确的有关问题、信息,由最初一同观察人员及基层管理者一同观察			
3	分析阶段	步骤:岗位信息的综合处理	1. 根据文件查阅、现场观察、访谈及关键时间分析得到的信息,进行分类整理,得到每一岗位所需的信息		初步岗位说明书	
			2. 针对某一岗位,根据岗位分析所要搜集的信息要求,逐条列出这一岗位的相关内容,即初步的岗位说明书			
			注:在分析的过程中,还需随时与机构管理人员及实际工作人员进行沟通			

（续表）

岗位分析						
序号	阶段	步骤	细节	时间节点	工具	备注
4	完成阶段	步骤：完成岗位说明书的撰写	1. 召集整个岗位分析工作中所涉及的人员，并给每位分发一份岗位说明书初稿，讨论该岗位说明书是否完整、准确		岗位说明书	
			2. 根据讨论结果，最后确定一份详细的、准确的岗位说明书			

确定岗位的关键要素，包括工作任务的复杂程度、所需技能和知识、工作环境的特点等。比如康复治疗师岗位，需要专业的康复知识和技能，工作环境主要是在康复治疗室。

4. 完成阶段

根据分析结果编写岗位说明书，内容包括岗位基本信息（岗位名称、所属部门等），岗位工作概述，岗位职责，岗位任职资格（学历、技能、工作经验等要求），岗位工作环境等。

三、岗位分析的方法

养老机构岗位分析方法是指用于系统地收集、分析和确定养老机构内各个岗位相关信息的方法。以下是养老机构岗位分析的常用方法。

1. 观察法

观察法是观察人员直接到工作现场，针对特定对象的工作过程、行为、内容，借助一定的观察工具，对观察对象进观察和记录的方法。养老机构可直接观察员工工作过程，像观察护理人员如何照顾老人洗漱、进食，活动组织人员怎么开展娱乐活动等。这样能直观了解工作内容、工作环境和工作流程。

2. 访谈法

个别访谈：与每个岗位的员工单独交流，了解他们对工作任务、职责、所需技能和工作中的困难等方面的看法。例如询问养老机构行政人员对于文件管理、对外沟通等工作细节的看法。

群体访谈：把同岗位或者相关岗位的员工集中起来访谈。这种方式能快速收集信息，还能让员工互相补充、纠正，像组织护理团队访谈，讨论如何更好地照顾失能老人。

3. 问卷调查法

设计结构化问卷，涵盖岗位基本信息、工作内容、所需知识技能、工作强度等内容。发放给养老机构各个岗位员工填写，之后进行统计分析。这种方法能在短时间内收集大量信息，但问卷设计要合理，问题要明确、无歧义。

4. 工作日志法

让员工记录自己一段时间内（如一周或一个月）的工作内容、工作时间、工作成果等。例如让养老机构的厨师记录每天采购食材的种类、数量、烹饪的菜品、用餐老人的反馈等，便于详细了解工作细节和流程顺序。

5. 关键事件法

收集岗位工作中的关键事件，包括积极和消极事件。如护理人员成功抢救突发疾病老人是积极事件，老人摔倒而护理人员未及时发现属于消极事件。通过分析这些事件来明确岗位的关键职责、所需能力和行为规范。

四、岗位说明书

养老机构岗位说明书是对养老机构内各个岗位的全面描述文件,是岗位分析的结果。它详细说明了岗位的基本信息,像岗位名称、所属部门、岗位等级等内容,让人能够快速了解岗位在组织架构中的位置。其基本内容主要包括以下五个方面。

1. 确定岗位基本信息

涵盖岗位名称,岗位编码(便于管理与信息化处理),所属部门(如护理部、行政部等),直接上级岗位名称以及岗位职级等内容。

2. 岗位概述

简要阐述该岗位在养老机构中的主要职责与角色定位。例如,护理岗位负责老年人的日常生活照料与健康护理工作;厨师岗位专注于为老人提供营养均衡、安全美味的餐饮服务等。

3. 岗位职责与工作任务

是对工作任务的概括性描述,重点在于强调岗位角色在组织中应负责的事务类别。例如,养老机构中护理人员有日常照料职责,需协助老人起居等并预防疾病,关注身心状况及时汇报异常;活动策划人员承担活动组织职责,要设计组织文化娱乐活动以及带领老人进行体育锻炼,以促进老人身心健康。

4. 任职资格

任职资格部分明确了胜任该岗位需要具备的条件,如教育背景、工作经验、专业技能和素质能力等。教育背景规定学历与专业,工作经验依岗位而异,技术岗位可能需多年实践经历,素质能力涉及职业道德和心理特质。

5. 工作环境与条件

描述岗位工作的物理环境,如室内温度、湿度控制情况,是否存在噪声、异味等。同时说明工作时间安排,是否需要值夜班、加班等情况,以及所需的特殊工作设备或工具,如护理人员的医疗器械、厨师的厨房用具等。

知识点三　岗位职责

养老机构岗位职责是指在养老机构这个特定环境下,每个工作岗位所承担的工作任务、责任范围和工作要求的具体规定。岗位职责也是对员工工作内容的一种界定,能够让员工清楚知道自己该做什么,避免工作中的混乱和推诿。同时,它为养老机构的工作质量评估提供了标准,机构可以根据岗位所规定的任务和要求来衡量员工的工作完成情况和服务质量。

根据中华人民共和国民政行业标准(MZ/T 187—2021)《养老机构岗位设置及人员配备规范》。以下在每个分类中选取一个重点岗位进行岗位职责分析。

一、管理岗位

管理岗位为承担领导职责或管理任务的工作岗位,包括但不限于养老机构院长、副院长、内设部门负责人岗位。养老机构院长、副院长文化程度应符合《养老机构等级划分与评定》中的相关要求,具有养老服务专业知识;养老机构内设部门负责人应具有相关资质及专业知识技能。以下以养老机构院长为例分析主要岗位职责。

1. 机构运营管理

①　全面统筹养老机构的运营,制定年度运营计划和预算,监督财务收支,合理控制成本,确保机构经济状况良好。

② 拓展与政府部门、医疗机构、社会组织等的合作关系，争取政策支持、资金补贴、医疗资源等。

③ 建立和完善运营管理制度与流程，包括服务、人事、财务、后勤等方面，保障机构高效、有序运转。

2. 服务质量监督

① 构建服务质量监督体系，定期检查护理、餐饮、活动等服务内容，保证服务符合行业标准和机构要求。

② 处理老人及家属的反馈和投诉，督促相关部门及时整改，持续优化服务质量。

3. 团队领导与管理

① 负责高层管理团队的组建和培养，指导各部门负责人开展工作，明确各部门职责和目标。

② 制定员工培训和发展计划，提升员工专业素养和服务意识，建立合理的绩效考核和激励机制。

4. 安全与风险管理

① 建立安全管理制度，涵盖消防安全、食品安全、医疗安全、老年人人身安全等各个方面。

② 组织安全检查和应急演练，应对突发事件，降低风险，保障老人生命和财产安全。

二、专业技术岗位

专业技术岗位为承担专业技术工作职责、具有相应专业技术水平和能力要求的工作岗位，包括但不限于医疗、护理、康复、社会工作、健康管理岗位。以下以社会工作为例分析主要岗位职责。

1. 心理与情绪支持

① 关注老年人的心理和情绪状况，通过聊天、倾听等方式，为老年人提供情感疏导，帮助他们应对孤独、失落、焦虑等负面情绪。

② 针对患有抑郁症、认知障碍等心理问题的老人，开展心理干预和治疗服务，促进老人心理健康。

2. 社交活动组织

① 策划和组织各类适合老年人的社交活动，如主题聚会、生日会、节日庆祝等，丰富老年人的生活，增强他们的社交互动。

② 鼓励老人积极参与机构内外的社交活动，帮助他们建立和维持良好的人际关系，提升生活满意度。

3. 权益维护

① 了解并向老人及其家属解释养老机构的服务政策、收费标准等相关信息，保障老人的知情权。

② 维护老人的合法权益，协调解决老人与机构、家属之间的矛盾和纠纷，确保老人在养老机构中得到公平、公正的对待。

4. 临终关怀

① 为临终老人及其家属提供关怀服务，包括心理安慰、精神支持和实际帮助，帮助他们度过艰难的时期。

② 协助医护人员进行临终护理，确保老人在生命的最后阶段能够舒适、安详地度过。

5. 资源链接

整合社会资源，如志愿者服务、慈善捐赠、社区支持等，为养老机构和老年人提供更多的资源和帮助。与外部机构建立合作关系，如医院、社区服务中心等，为老年人提供更广泛的医疗、康复、文化等服务。

三、工勤技能岗位

工勤技能岗位为承担技能操作和维护、后勤保障、服务等职责的工作岗位，包括但不限于养老护理、维修维护、保洁绿化、特种作业、消防设施操作、信息管理、档案管理、接待管理、会计、出纳、厨师、门卫、洗涤岗位。以下以养老护理员为例分析主要岗位职责。

1. 生活照料

① 协助老人起床、穿衣、洗漱、进食、沐浴、如厕等日常活动，保障老年人基本生活需求得到满足。

② 定时为老人翻身、拍背、按摩,预防压疮、坠积性肺炎等长期卧床并发症,细心护理老人皮肤与毛发,维护其身体清洁与舒适。

2. 健康护理

① 严格按照医嘱提醒老人按时服药,观察用药反应并记录。

② 协助医护人员进行简单伤口护理、康复训练辅助操作,如帮助老人进行肢体活动锻炼,促进身体机能恢复。

③ 负责定期为老人测量生命体征,如体温、血压、心率等,准确记录数据并及时汇报异常情况。

3. 心理关怀

① 密切关注老人情绪变化与心理状态,通过陪伴、聊天等方式给予情感支持,缓解老人孤独、焦虑等不良情绪。

② 鼓励老人参与社交活动,协助组织并引导老人之间的互动交流,增强其社交归属感。

4. 安全保障

① 检查老年人居住环境安全,消除潜在危险因素,如障碍物、湿滑地面等。

② 在老年人活动过程中,提供必要的搀扶与保护,防止跌倒、摔伤等意外事故发生。

📖 课后拓展

1. 以小组为单位,设计一个养老机构的组织结构图,并阐述不同部门工作内容。

2. 根据以上内容在每个部门选择一个重点岗位,分析其岗位职责。

在线练习

任务2 员工招聘与培训

🗂 知识索引

关键词: 员工招聘　员工培训

理论(技能)要点: 员工招聘的方法　员工培训的内容

重点: 员工招聘的渠道　常见的培训方法

难点: 员工培训内容的设计

📖 任务目标

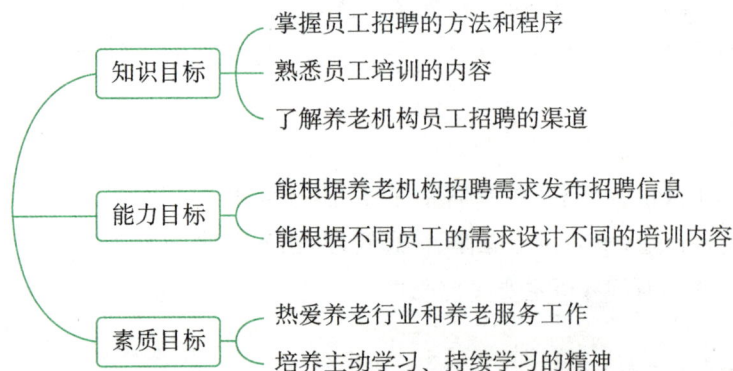

任务情境

2022年,北京朝阳区一家200床位的民营养老机构面临严重用工荒。养老护理员缺口达60%,常年保持15~20个岗位空缺,传统劳务市场招聘会、58同城发布效果差,平均面谈10人才能入职1人。后来,该机构为解决员工紧缺问题,与3所职业院校签订"养老护理定向班"协议,招募55~60岁健康退休人员担任"生活管家"等。通过创新的拓展招聘渠道和招聘方式,较快地解决了员工招聘难题。

请你思考一下,养老机构还可以有哪些招聘渠道和方式?

知识准备

网上查找养老机构招聘的渠道。

知识学习

知识点一 员工招聘管理

养老机构作为老年人晚年生活的重要依靠,其服务质量和运营水平备受关注,而员工招聘作为养老机构运营的首要环节,筛选契合机构"关爱、耐心、负责"等文化理念的人员对于提升整体服务质量、保障老年人安全、塑造专业形象等方面具有至关重要的作用。

一、员工招聘的渠道

1. 内部推荐

鼓励养老机构内部现有的员工推荐他们认为合适的人选来应聘。这种方式基于员工对机构文化和工作要求的了解,推荐的人可能更符合机构的价值观。例如,一名资深的养老护理员可能会推荐自己曾经的同事来应聘护理岗位,因为他了解同事的工作能力和性格特点,并且认为其能够很好地融入机构。

2. 网络招聘平台

利用专业的招聘网站,或者针对养老行业的垂直招聘网站发布招聘信息。养老机构在招聘网站上发布护理岗位信息后,能够在短时间内收到来自不同地区、不同背景的求职者简历,并且可以通过筛选学历、工作经验等条件缩小范围。

3. 校园招聘

校园招聘是指与开设老年护理、康复治疗技术、社会工作等相关专业的院校合作,招聘应届毕业生。养老机构从高校招聘毕业生,这些学生经过系统的专业知识学习,在实践操作方面也有一定的基础,能够快速上手基本的养老运营与管理工作。

4. 社交媒体招聘

社交媒体招聘是指通过社交媒体平台,如微信公众号、微博、抖音等发布招聘信息。在养老机构的微信公众号上发布招聘信息,关注该公众号的人群可能是对养老行业感兴趣的人,包括潜在的求职者、家属或者行业内的人士。同时,还可以通过制作有趣的短视频介绍养老机构的工作环境和福利待遇,吸引求职者。

5. 社区推荐和合作

养老机构与周边社区建立合作关系,由社区工作人员推荐有爱心、有闲暇时间的居民,或者在社区张贴招聘海报。例如,社区里一些退休的医护人员或者志愿者,他们有服务社会的意愿,也有一定的专业知识,通过社区推荐可以成为养老机构的合适人选。

各类招聘渠道的优缺点对比见表4-2-2。

表4-2-2　招聘渠道的优缺点对比表

序号	招聘渠道	优点	缺点
1	内部推荐	内部员工对机构的工作环境、工作内容和岗位要求比较熟悉,他们推荐的人在一定程度上更有可能适应机构的工作。同时,这种方式可以增强员工的参与感和忠诚度	可能会导致"近亲繁殖",如果内部员工推荐的范围较窄,可能会使机构的人员结构不够多元化。而且如果推荐不恰当,可能会影响内部员工之间的关系
2	网络招聘平台	平台拥有大量的求职者资源,能够快速地将招聘信息传播出去。可以通过设置关键词筛选等功能,快速找到符合基本要求的候选人简历	信息过载,可能会收到大量不符合要求的简历,需要花费时间进行筛选。同时,部分求职者可能只是海投简历,对养老机构工作的热情和了解程度有限
3	校园招聘	应届毕业生具有较强的学习能力和创新精神,能够为养老机构带来新的理念和方法。可以更好地接受养老机构的培训,适应机构的文化	应届毕业生缺乏工作经验,可能需要较长时间的培训才能独立承担工作任务。而且他们可能比较不稳定,容易受到外界因素的影响而离职
4	社交媒体招聘	可以利用社交媒体的传播特性,精准地定位目标人群	信息的可信度可能会受到质疑,因为社交媒体上的信息较为繁杂。而且招聘信息可能会被大量的其他内容淹没,难以引起足够的关注
5	社区推荐和合作	社区推荐的人员可能对当地的情况比较熟悉,对养老服务工作有一定的亲近感。这些人可能来自机构周边,通勤方便,有利于工作的稳定性	社区推荐的人员素质可能参差不齐,需要进一步筛选。而且社区的推荐资源也可能比较有限

二、员工招聘流程

养老机构员工招聘是指养老机构运用多种评估方法和工具,从众多求职者中筛选出最能满足机构养老服务岗位需求,并且与机构文化和价值观相契合的人员的过程。主要包含下面五个方面的步骤。

1. 制定招聘计划

（1）确定招聘岗位和人数　明确需要招聘的具体岗位及人数,例如养老护理员、康复治疗师、营养师、社工等。

（2）明确岗位要求　详细规定每个岗位的学历、专业技能、工作经验、相关证书等要求。

（3）选择招聘渠道　根据养老机构所需招聘的人员信息选择适合的招聘渠道。

2. 发布招聘信息

（1）机构介绍　简要介绍养老机构的发展历程、服务理念、机构规模、特色服务项目等,让求职者对机构有初步的了解和认识,增强其对机构的认同感和加入意愿。

（2）岗位描述　详细阐述每个招聘岗位的工作职责、工作内容、工作时间、工作地点等信息,让求职者清晰了解岗位的具体要求和任务。

（3）福利待遇　明确养老机构提供的薪资待遇和福利政策。

3. 简历收集与筛选

（1）收集各渠道简历　定期查看并收集来自网络招聘平台、校园招聘、内部推荐、人才市场等各个渠道的简历,确保不错过任何一份潜在合适的简历。对于网络招聘平台,可设置简历接收邮箱,方便统一管理;校园招聘和人才市场收集的简历则及时整理归档。

（2）按照岗位要求初筛简历　根据之前确定的岗位要求,对收集到的简历进行初步筛选。重点关注求职者的学历、专业、工作经验、相关证书等是否符合岗位基本条件,将明显不符合要求的简历剔除,保留符合基本条件的候选人简历。

4. 笔试或面试

（1）笔试 针对专业岗位设计笔试题目。对于一些专业性较强的岗位，如护理员、康复治疗师、营养师等，设计相应的笔试题目，以测试候选人的专业知识和技能水平。

（2）面试 选择安静、舒适、整洁的面试场地并根据候选人的数量和面试官的时间安排面试。

组建面试团队：面试团队一般由用人部门负责人、人力资源人员等组成。

设计面试问题：专业知识，根据招聘岗位的特点，设计相关专业知识问题，以了解候选人在专业领域的掌握程度。工作经验，了解候选人过去的工作经历，重点关注与招聘岗位相关的工作经验。沟通能力，通过提问和互动，考察候选人的语言表达能力、倾听能力和沟通技巧。对养老行业的认知，了解候选人对养老行业的认知和热情，判断其是否真正愿意从事养老服务工作。

5. 录用决策

面试团队根据候选人在面试中的表现、笔试成绩（若有）以及背景调查结果进行综合评估，讨论确定最终的录用人员名单。

知识点二 员工培训

养老机构员工培训的意义在于通过系统化、规范化的培训活动，使员工能够更好地理解老年人的需求，掌握必要的服务技能，提高服务质量，进而促进养老机构的可持续发展。

一、员工培训的含义

养老机构员工培训是指机构为了使员工在知识、技能、工作态度、行为等方面得到提升和改进，以满足养老机构当前服务和未来发展的需求，而有计划、有系统地开展的一系列教育和训练活动。除此之外，养老机构员工培训对于提升服务质量、保障老人安全、增强专业技能、提高应急能力、强化职业素养、促进团队协作、激发工作热情以及符合法规要求等方面都具有重要意义。因此，养老机构应高度重视员工培训工作，不断提升员工的综合素质和服务水平，为老年人提供更加优质、专业的照护服务。

二、员工培训的内容

养老机构员工培训内容丰富多元，围绕提升员工专业素养、服务能力与职业态度展开，并且应注重针对不同类型的员工设计不同的培训内容。具体可以涵盖以下五大板块。

1. 团队协作与管理能力

养老机构团队协作与管理能力培训聚焦提升机构整体运营效能（表4-2-3），通过角色分工演练、跨部门协作模拟等场景化训练，强化护理、医护、后勤等多岗位间的信息共享与联动响应机制，培养员工以机构目标为导向的协同意识。同时，围绕沟通协调、冲突化解、资源调配等管理技能展开系统教学，助力基层员工掌握高效沟通技巧与问题解决策略，管理者提升团队激励、目标管理与风险预判能力，最终构建分工明确、配合默契、响应迅速的养老服务团队，为机构高效运转与服务质量持续提升奠定坚实基础。针对养老机构的管理人员应注重综合能力的培养，具体包含团队管理、财务管理、市场调研和质量管理等方面的专业知识。

表4-2-3 团队协作与管理能力培训内容

序号	培训重点	主要内容
1	团队管理	对于管理人员，要学习如何打造高效的养老服务团队。包括团队成员的选拔、培训、激励和考核等方面的知识和技能

（续表）

序号	培训重点	主要内容
2	财务管理	了解养老服务成本核算、预算管理、财务报表分析等财务管理知识,合理控制运营成本,确保养老机构财务状况稳定
3	市场调研	学习养老服务市场调研、营销策略制定、客户投诉处理等知识,提高养老机构的市场竞争力和客户满意度
4	质量管理与风险控制	掌握养老服务质量标准制定、评估和改进方法,以及安全风险识别、评估和防范措施

2. 专业护理知识与技能

专业技能是养老机构员工必备的能力之一,也是确保机构老年人能得到专业照护的根本保障。养老机构专业护理培训(表4-2-4)聚焦老年人常见病护理(如糖尿病足、认知症干预),急救技能(如心肺复苏、噎食处理),康复辅助及用药安全等核心内容,通过实操演练提升护理人员应对突发状况的能力,并强化人文关怀理念,实现精准化、个性化照护,保障老年人安全与尊严。

表4-2-4　专业护理知识与技能培训内容

序号	培训重点	主要内容
1	老年人身体与生理特点认知	深入学习老年人身体机能衰退的表现,如肌肉力量减弱、关节灵活性降低、感官功能退化等。了解这些特点有助于员工在日常护理中采取合适的护理措施,例如在协助老年人移动时,能根据其肌肉力量状况提供恰当的支撑力度,预防跌倒等意外事故
2	常见疾病护理	包括心血管疾病、糖尿病、呼吸系统疾病、神经系统疾病(如阿尔茨海默病和帕金森病)等老年人常见疾病的护理知识。员工需要掌握这些疾病的症状观察、用药管理、饮食禁忌以及紧急情况处理方法。例如,护理患有糖尿病的老年人时,要准确监测血糖水平,根据血糖数值调整饮食和胰岛素注射剂量,并能识别低血糖等紧急情况并及时处理
3	护理操作技能训练	一是,日常生活照料技能。如协助老年人进食、饮水、沐浴、穿衣、排泄护理等。二是,康复护理技能。针对术后康复或患有慢性疾病导致肢体功能障碍的老年人,员工要学习康复按摩手法、肢体被动运动训练方法以及使用康复辅助器具(如轮椅、助行器等)的技巧,以促进老年人肢体功能的恢复和改善。三是,特殊护理技能。如鼻饲护理、导尿护理、伤口护理等

3. 沟通与服务意识培养

养老机构沟通与服务意识培养培训(表4-2-5)是提升养老服务质量的关键环节,旨在通过系统化、场景化的训练,帮助员工深刻理解老年人的心理需求与沟通特点,掌握尊重、耐心、共情的沟通技巧,学会以温和的语言、适度的语速和清晰的表达传递关怀。同时,强化"以老年人为中心"的服务理念,引导员工从细节处着眼,主动关注老年人生活需求、情感诉求及个性化差异,将服务意识内化为职业习惯,外化为温暖行动,从而建立信任关系,提升老年人及其家属的满意度,营造和谐、温馨的养老服务环境。

表4-2-5　沟通与服务意识培养培训内容

序号	培训重点	主要内容
1	与老年人及家属沟通技巧	与老年人沟通需要了解老年人的心理特点,如可能存在的孤独感、失落感、固执心理等。学习有效的沟通方法,如使用温和、耐心的语气,放慢语速,倾听老年人的心声并给予积极回应。与家属沟通合作:学会与老年人家属保持密切且良好的沟通。及时向家属反馈老年人的生活状况、健康变化等信息,同时倾听家属的意见和需求
2	服务意识强化	培养员工以老年人为中心的服务理念,注重细节,尊重老年人的个性和隐私。例如在提供服务时,先敲门征得老年人同意后再进入房间,在处理老年人个人物品时要格外小心谨慎,让老年人感受到尊重和关爱,提升服务满意度

4. 法规政策与职业道德教育

养老机构法规政策与职业道德教育培训（表4-2-6）是养老服务行业规范化发展的基石，旨在通过全面解读国家及地方养老服务相关法律法规（如养老机构管理条例、老年人权益保障法等），强化员工依法执业意识，明确服务边界与责任义务。同时，结合行业典型案例与伦理规范，引导员工树立"尊老、敬老、爱老"的职业价值观，恪守诚实守信、隐私保护、公平对待等职业道德准则，将合规意识与人文关怀融入日常服务，避免因法律盲区或道德失范引发的风险，最终实现养老服务专业化、标准化与人性化的有机统一，为老年人提供安全、可靠、有温度的养老保障。

表4-2-6 法规政策与职业道德教育培训内容

序号	培训重点	主要内容
1	养老法规政策学习	系统学习国家和地方出台的养老相关法律法规和政策文件，如《中华人民共和国老年人权益保障法》等。了解养老机构的设立许可、运营管理规范、服务质量标准等方面的法律规定，明确员工在工作中的法律责任和义务，确保养老机构的运营合法合规
2	职业道德修养提升	加强员工的职业道德教育，培养员工的爱心、耐心、责任心和敬业精神。强调对老年人生命健康的尊重和保护，严禁虐待、忽视老年人等违背职业道德的行为。通过案例分析等方式，让员工深刻认识到职业道德在养老服务工作中的重要性，树立正确的职业价值观

5. 应急处理与安全知识

养老机构应急处理与安全知识培训（表4-2-7）聚焦风险防范与危机应对，通过火灾逃生、跌倒急救、突发疾病处理等场景化实操演练，强化员工对跌倒压疮预防、用药安全、传染病防控等日常风险的识别与管控能力；系统传授心肺复苏、海姆立克急救法等关键技能，提升紧急情况下的应急反应速度与处置水平。同时，结合机构安全管理制度与应急预案，开展灾害疏散、设备故障排查等专项培训，确保全员掌握风险预警、信息上报、协同救援等标准化流程。

表4-2-7 应急处理与安全知识培训内容

序号	培训重点	主要内容
1	应急处理预案培训	制定并培训针对各类突发事件的应急处理预案，如火灾、地震、老年人突发疾病或意外伤害（如噎食、跌倒、心脏骤停等）。明确员工在应急事件中的职责分工、报告流程和处理步骤
2	人身安全防范	学习防范老年人常见人身安全事故的方法和措施，如预防老年人跌倒、走失、噎食等，保障老年人的人身安全
3	食品安全	掌握养老机构食品采购、储存、加工、留样等环节的安全管理知识，确保老年人饮食安全
4	设施设备安全	熟悉养老机构内各类设施设备（如床铺、轮椅、电梯、扶手等）的安全操作规程和日常检查维护方法，及时发现并排除安全隐患，预防因设施设备故障导致的安全事故

三、养老机构常见的培训方式

1. 新员工入职培训

新员工入职当天或入职后的短期内，组织新员工入职培训。培训内容包括养老机构文化培训，向新员工介绍机构的发展历程、服务宗旨、价值观等，增强员工的归属感和认同感；岗位职责培训，由用人部门负责人详细讲解新员工所在岗位的工作职责、工作流程、工作标准等，帮助新员工尽快熟悉工作内容；安全知识培训，包括消防安全、食品安全、老年人护理安全等方面的知识，提高新员工的安全意识和应急处理能力；此外，还可根据实际情况安排其他相关培训，如服务礼仪培训、沟通技巧培训等。

2. 岗位导师指导

为新员工安排一位岗位导师,岗位导师一般由经验丰富、业务能力强的老员工担任。岗位导师负责在新员工入职后的一段时间内(如1~3个月)对其进行工作上的指导和帮助,包括协助新员工熟悉工作环境、介绍团队成员、解答工作中的疑问、传授工作经验和技巧等,帮助新员工顺利度过试用期,尽快适应工作岗位并发挥出应有的工作能力。在新员工试用期结束后,对其进行试用期考核,考核合格后正式转正成为养老机构的正式员工。

📖 课后拓展

走访一家医养结合型的养老机构,采访相关负责人,询问他们的招聘方式和渠道。

在线练习

任务3 绩效与薪酬管理

📑 知识索引

关键词:绩效管理 薪酬管理

理论(技能)要点:绩效管理的关键要素 薪酬体系的主要内容

重点:绩效管理的流程和方法 薪酬体系的内容

难点:薪酬设计的要素计点法

📘 任务目标

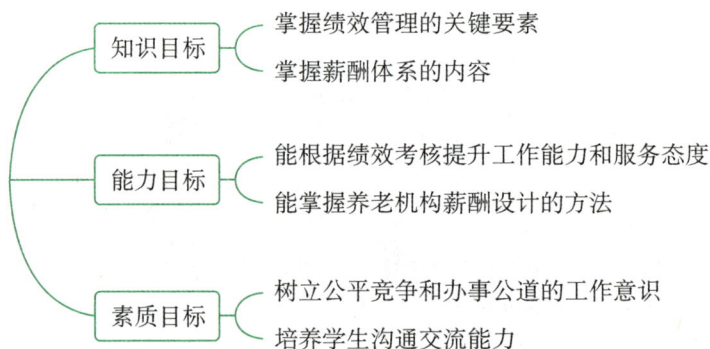

知识目标	掌握绩效管理的关键要素
	掌握薪酬体系的内容
能力目标	能根据绩效考核提升工作能力和服务态度
	能掌握养老机构薪酬设计的方法
素质目标	树立公平竞争和办事公道的工作意识
	培养学生沟通交流能力

🧹 任务情境

某养老机构的会议室里,气氛略显紧张又充满期待。曹院长表情严肃地站在前方,对着台下几十位养老服务员工说道:"咱们机构一直致力于为老人们提供最优质的晚年生活,但近期在服务质量的把控上,出现了一些参差不齐的现象。有的老人家属反馈护理细节不到位,有的老人对活动安排不够满意。"曹院长继续说道:"所以,从这个月起,我们将正式启动全新的绩效考核制度。无论是日常的护理工作、与老人的陪伴交流,还是对家属意见的反馈处理,都在考核范围内。"

你认为,实施绩效考核,需要和员工的薪酬和奖惩挂钩吗?

🏠 知识准备

1. 网上查找养老机构的绩效考核方法。

2. 关注不同地区的养老机构薪酬水平。

知识学习

知识点一 绩效管理

养老机构员工绩效考核是对员工工作表现、专业素养、服务质量等多方面进行综合评估的管理机制。这有助于精准衡量员工工作成效,激励员工提升自我,保障服务质量持续优化,还能为机构的人员管理、资源分配及整体运营改进提供关键依据与方向指引。

一、绩效管理的含义

养老机构绩效管理是指养老服务组织为达成高质量养老服务目标,运用系统的方法,对员工的工作表现、工作成果以及机构整体运营成效,进行全方位的监测、评估、反馈与激励的一系列管理过程。其涵盖多个维度,包括对老年人生活照料的细致程度、护理操作的规范水准、与老年人及家属沟通的效果等。通过设定明确的考核指标与标准,如老年人满意度、护理任务完成率等,定期开展评估。

二、绩效管理的关键要素

养老机构绩效管理是一个复杂而系统的过程,它涉及目标设定、关键绩效指标、考核流程、结果反馈、激励机制等多个方面。通过有效的绩效管理,养老机构可以提升自身的管理水平和服务质量,为老年人提供更加优质、高效的服务。

1. 绩效目标确定

养老机构绩效管理的第一步是明确机构的整体战略目标,如提高服务满意度、优化资源配置、提升运营效率等。随后,这些战略目标需要被细化、分解为具体、可衡量的部门和个人目标。目标设定应遵循SMART原则,确保每个目标都清晰、具体、可达成,并与机构的整体使命和愿景相一致。

2. 关键绩效指标确立

关键绩效指标(KPI)是衡量养老机构绩效管理效果的重要工具。养老机构应根据自身的业务特点和战略目标,确立一系列关键绩效指标,如入住率、满意度、成本控制率、员工离职率等。这些指标应具有高度的相关性、可操作性和可衡量性,以便于后续的监控和评估。

3. 绩效考核流程规范

绩效考核是绩效管理中的关键环节。养老机构应制定详细的绩效考核流程,包括考核周期、考核方法、考核标准、考核程序等。流程规范有助于确保考核的公平、公正和透明,减少人为因素的干扰,提高考核结果的准确性和可信度。

4. 绩效结果的合理运用

绩效管理不仅是对员工工作成果的评估,更是对员工工作态度的认可和激励。养老机构应建立多元化的激励机制,包括物质奖励(如奖金、晋升等)和精神激励(如表彰、荣誉等),以激发员工的积极性和创造力。绩效考核结果应及时反馈给员工,让他们了解自己的优点和不足,以及改进的方向和途径。同时,养老机构应根据考核结果,对员工的工作内容和职责进行调整和优化,以更好地适应机构的发展需要。此外,反馈和调整过程也是机构自我完善、持续改进的重要机会。

三、绩效管理的流程和方法

养老机构的绩效管理是一套复杂且关键的体系,关乎服务质量、员工效率与机构长远发展,关键的绩效考核流程主要包含绩效计划、绩效实施、绩效考核和绩效结果运用四个方面。

1. 绩效计划

（1）机构目标拆解

依据养老机构整体的战略愿景与年度运营目标，细化分解到各部门及具体岗位。比如，若机构计划年度提升老人满意度至90%，护理部门就需设定诸如降低褥疮发生率、提高护理操作规范达标率等对应子目标；后勤部门则要保障物资供应及时率等目标。

（2）员工目标设定

结合员工岗位说明书，和员工一对一沟通，确定个性化、清晰可衡量的绩效目标。例如，针对一线护理员，设定每月为所负责的老年人提供至少3次康复辅助训练目标；对于活动策划专员，设定每季度组织特色老年人活动不少于4场的任务。

2. 绩效实施

（1）持续沟通与反馈

管理人员定期与员工交流，分享工作进展与困难。每周的部门例会，主管与员工讨论本周老年人护理中遇到的棘手状况，给出改进意见；每月一次的一对一谈话，员工汇报个人工作状态，上级给予针对性辅导。

（2）数据收集与记录

借助信息化系统和日常工作表单，精准收录各项绩效数据。如护理记录单上的护理时长、老年人健康指标变化；食堂的食材采购量、餐食浪费率统计；财务系统里的费用收缴、成本开支数据，为后续评估存好一手资料。

3. 绩效考核

（1）服务质量指标

涵盖护理服务的准确性、细致度，老年人生活质量提升状况。如用药差错率、老年人意外摔倒频次、精神状态积极率等。

（2）客户满意度

通过问卷调查、现场访谈收集老年人及家属反馈，了解其对服务、环境、餐饮等全方位的满意度评分。

（3）考核周期安排

分月度、季度、年度考核。月度考核快速反馈员工短期工作问题；季度考核适合追踪项目型工作成果；年度考核关乎薪酬调整、职位晋升，综合评定全年表现。

（4）考核方式选用

上级评价：主管凭借日常观察、工作成果，对下属打分。同事互评：促进团队协作，如不同护理小组交叉评价彼此配合度。老年人及家属评价：最直观反映服务成效，以线上线下问卷、电话回访获取评价。

（5）绩效反馈与面谈

考核结束，及时向员工通报结果，明确优点与不足。并结合绩效辅导，鼓励员工倾诉想法，共同制定改进计划。比如探讨新护理技巧学习、情绪管理课程选修等提升路径。

阅读卡

绩效考核平衡记分卡法

知识点二 薪酬管理

首先，合理薪酬能吸引、留住专业养老、护理、康复等人才，减少人员流动，维持服务连贯性。其次，科学的薪酬体系是激励"引擎"，认可员工付出，激发其服务热情与创造力，促使大家用心照护老年人，提升服务质量。最后，精准的薪酬管理还有助于控制成本，保障机构财务稳定，为长远发展蓄势赋能。

一、薪酬管理的定义

养老机构薪酬管理是指养老机构针对员工劳动付出，制定、实施、调整包括工资、奖金、福利等在内的薪酬体系，通过合理规划薪酬结构、确定薪酬水平、设计薪酬发放方式以及进行薪酬相关的考核评估等一系列管理活动，旨在吸引、激励和保留优秀员工，保障机构运营，提升服务质量。

二、薪酬体系构成

养老机构的薪酬由基本工资、绩效工资、奖金、津贴和福利五个部分构成，各部分发挥着不同作用，协同保障员工的生活和发挥激励作用。

1. 基本工资

基本工资是养老机构员工在劳动合同约定的工作时间内，履行正常劳动义务后，养老机构按照法定或约定标准支付的最低劳动报酬。基本工资依据岗位分析评定的结果确定，反映岗位的基本价值，与员工所处岗位职级紧密相关。比如，养老机构的院长、主任医师这类核心管理与专业技术岗位，因肩负重大决策、复杂医疗诊治责任，基本工资设定较高；而普通保洁、安保岗位，工作内容相对常规，技能要求低些，基本工资便处于较低水平。它为员工提供稳定的基本收入，满足日常生活开销，不与员工短期工作绩效直接挂钩，确保员工在机构任职期间，每月都有一笔可预期的固定收入维持生计，抵御一定生活风险。

2. 绩效工资

和员工的绩效考核成绩高度相关，考核指标围绕服务质量、工作效率、老年人满意度等关键维度构建。以养老护理员为例，若季度考核中其负责老年人的身体状况改善良好、家属满意度高，且护理操作规范达标，就能拿到较高比例的绩效工资；反之，若出现护理失误、老年人投诉，绩效工资则会大打折扣。为了促使员工努力达成机构设定的阶段性目标，激励全员聚焦提升养老服务水准，持续优化自身工作表现，可以通过绩效工资的增减，直观展现工作成果优劣。

3. 奖金

用于表彰员工在日常工作中做出的超乎寻常的优异表现。例如：护理员创新护理手法，让多位长期卧床老年人褥疮快速痊愈；养老机构的行业竞赛中，护理员为机构争得荣誉；厨师研发新菜品，大受老年人好评，使餐饮满意度显著提升，这类突出贡献者有机会拿到相应奖金。

4. 津贴

针对特殊岗位或工作环境给予补偿，像养老机构里经常值夜班的护理人员、安保人员，会发放夜班津贴，补偿其颠倒作息带来的身心损耗；接触有毒有害清洁用品的保洁员，也有相应岗位津贴，保障身体健康。另外，有些养老机构鼓励员工提升专业技能，员工取得高等级护理证书、营养师证书、心理咨询师证书等与养老服务相关的进阶资质，可享受技能津贴，彰显机构对知识技能升级的支持。

5. 福利

法定福利主要是社会保险，包括五险一金（部分地区为六险一金），即养老保险、医疗保险、失业保险、工伤保险和生育保险，及住房公积金，是法律强制要求机构为员工提供的保障。有一部分养老机构为展现人文关怀，会给员工餐补、交通补贴减轻日常通勤与就餐成本；有的养老机构还提供员工家属体检优惠、养老服务折扣，缓解员工后顾之忧。

三、薪酬设计的方法

职位评价是薪酬设计中的重要环节，旨在通过系统的方法评估不同职位在组织中的相对价值，为薪酬设计、职位分类、员工激励等提供科学依据。常见的主要有排序法、分类法和要素计点法。

1. 排序法

排序法是最简单直观的职位评价方法。其基本步骤是：首先，列出组织中的所有职位。其次，确定评价标准，根据组织需求，确定评价职位价值的主要标准，如职责复杂性、所需技能、工作强度等。最后，依据评价标准，对所有职位进行排序，从价值最高的职位到价值最低的职位。

排序法虽然简单易行，但主观性较强，评价结果可能因评价者的不同而有所差异。

2. 分类法

分类法将职位划分为不同的类别或等级，每个类别或等级对应一定的薪酬范围。其步骤包括：首先，定义职位类别，根据职位的性质、职责、所需技能等因素，定义不同的职位类别。其次，将每个职位归入相应的类别或等级。最后，为每个类别或等级设定薪酬范围。

分类法操作简便，但分类标准和薪酬范围的设定可能缺乏灵活性，难以准确反映职位间的细微差异。

3. 要素计点法

要素计点法是一种更为精细的职位评价方法，通过评估职位的多个要素（如知识、技能、责任、工作条件等），为每个要素分配点数，最终得出职位的总点数，以此作为职位价值的依据。计点法具有较高的客观性和准确性，但操作复杂，需要耗费大量时间和精力。要素计点法发挥了薪酬评价的内部公平性、激励员工发展和结构灵活的特点。

四、薪酬的调整

基本薪酬虽然是相对稳定的，但是并不意味着员工所获得的基本薪酬就不会发生变动，在一定条件下，员工的基本薪酬也会做出调整，这种调整主要分为两个层次：一是整体性的调整；二是个体性的调整。

整体性的调整指按照统一的政策针对企业内部所有的员工进行基本薪酬的调整，通俗地讲就是"普调"，而调整的原因则往往与员工个人没有关系，调整原因主要有，物价水平发生变化、基本生活费用发生变化、市场的平均薪酬水平发生变化、企业的薪酬策略做出调整、企业的经济效益发生变化等。个体性的调整指针对员工个人进行基本薪酬的调整，调整的原因大多是由员工个人造成的，主要有职位等级或技能等级的变化、工作绩效的好坏、工作的年限不同等。

阅读卡

要素计点法分析案例

📖 课后拓展

以小组为单位设计一场绩效面谈活动，并考虑怎样加以绩效辅导。

测试

在线练习

项目三

财务管理

近年来,随着中国老龄化进程的加快,养老机构作为养老服务的重要提供者,承担着为老年人提供照料和服务的重要职责,其发展受到了广泛关注。而财务管理在其中也是至关重要的,本项目就了解一下养老行业的财务管理。

财务管理是一项复杂且至关重要的工作,它贯穿于机构运营的各个环节,直接影响着机构的服务质量、可持续发展以及长者的生活体验。只有充分认识并妥善处理好财务管理中的各项问题,才能确保良好运营。

本项目主要包括三大任务,分别为预算管理与决算管理、资金管理与成本管理、收费与税费管理,涉及财务预算管理、决算管理、预算与决算的关系、固定资金管理、流动资金管理、专项资金管理、社会捐赠资金、资产管理与折旧、价格管理、收费管理、税费等。

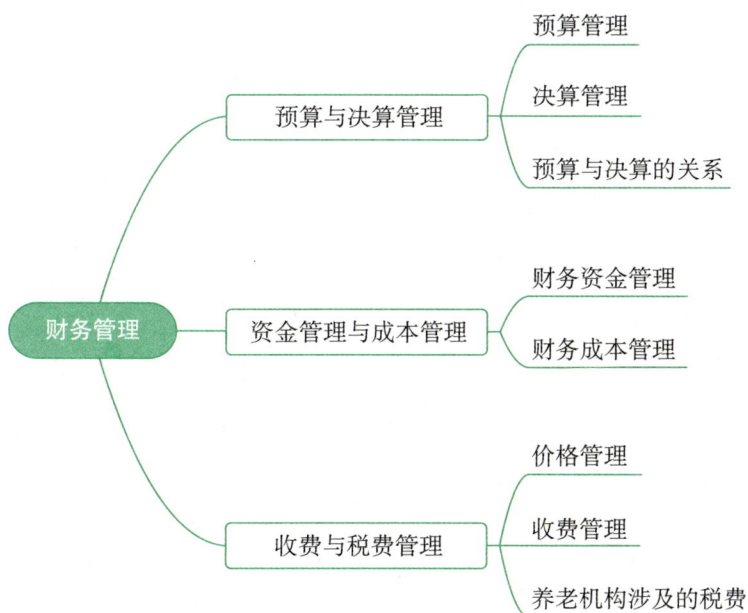

```
                                    ┌── 预算管理
                   ┌── 预算与决算管理 ──┼── 决算管理
                   │                 └── 预算与决算的关系
                   │
                   │                 ┌── 财务资金管理
财务管理 ──────────┼── 资金管理与成本管理 ┤
                   │                 └── 财务成本管理
                   │
                   │                 ┌── 价格管理
                   └── 收费与税费管理 ──┼── 收费管理
                                     └── 养老机构涉及的税费
```

任务1　预算与决算管理

📋 知识索引

关键词：预算管理　决算管理　财务管理

理论(技能)要点：预算编制方法　决算分析

重点：决算分析与应用

难点：预算与决算的关系

📒 任务目标

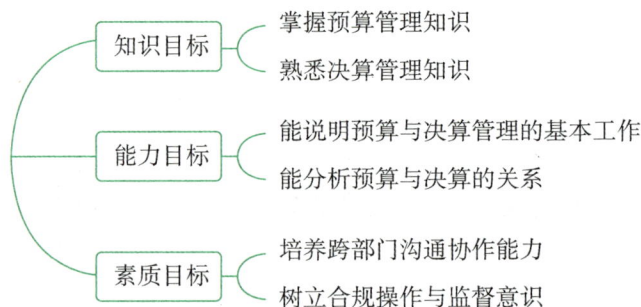

知识目标 —— 掌握预算管理知识

熟悉决算管理知识

能力目标 —— 能说明预算与决算管理的基本工作

能分析预算与决算的关系

素质目标 —— 培养跨部门沟通协作能力

树立合规操作与监督意识

🧹 任务情境

山西省长治市某养老机构于2023年年底开始试运营,该机构共有四层,设置床位数100张。到2024年年底有五十余位老人入住。院长安排机构财务人员小张做好养老机构2024年决算以及2025年预算的编制工作。

请问,小张应该如何编制预算和决算。

🏠 知识准备

1. 网上查找相关财务知识,有关预算与决算的内容,并作预习。

2. 学习一个关于养老机构预算的视频。

📝 知识学习

知识点一　预算管理

养老机构的预算管理是确保其财务健康和可持续发展的关键环节。对于合理配置资源、控制成本、实现战略目标具有重要意义。通过编制预算,养老机构能够提前规划各项收入与支出,确保资源的有效利用,避免资金浪费和不必要的开支,为机构的稳定运营和可持续发展提供有力保障。

一、预算编制的原则

1. 全面性原则

预算应涵盖养老机构的全部收支,包括人员工资、物资采购、设备维护、水电费、医疗费用等各项收入和支出项目,确保所有经济活动都纳入预算管理范畴。

2. 合理性原则

预算编制要基于养老机构的实际需求和历史数据,结合市场环境和行业标准,合理预估各项费用,使预算既符合机构运营的实际情况,又具有一定的前瞻性和合理性。

3. 可操作性原则

预算编制应细化到具体项目和时间节点,明确各部门、各阶段的收支计划,便于执行和监控,确保预算能够在实际运营中得到有效落实。

二、预算编制的方法

1. 零基预算

不考虑以往的预算项目和收支水平,以零为基础,根据养老机构的发展规划和实际需求,重新评估和确定各项收支的必要性和合理性,从而编制预算。这种方法能够有效避免预算的不合理增长和资源浪费,但编制过程相对复杂,需要投入较多的时间和精力。

2. 增量预算

在基期预算执行结果的基础上,结合预算期内的业务发展情况和可能的变化因素,对原有预算进行适当调整和增加,形成新的预算。该方法相对简单,便于操作,但容易受到以往预算的束缚,可能导致预算松弛和资源配置不合理。

三、预算的执行与监控

1. 严格执行预算

养老机构各部门应严格按照预算计划安排收支活动,确保各项支出控制在预算范围内,不得随意超支或挪用预算资金。同时,要加强对预算执行情况的跟踪和分析,及时发现并解决执行过程中出现的问题。

2. 实时监控预算执行情况

通过建立健全的财务信息系统,实时记录和反映养老机构的收支情况,对预算执行进度进行动态监控。定期对比实际收支与预算计划的差异,分析差异产生的原因,如市场价格波动、业务量变化、政策调整等,并及时采取相应的措施进行调整和控制。

3. 强化预算执行责任制

明确各部门和人员在预算执行中的责任和义务,将预算执行情况与部门绩效和个人考核挂钩,激励全体员工积极参与预算管理,提高预算执行的效率和效果。

四、预算的调整与优化

1. 预算调整条件

在预算执行过程中,如遇重大政策变化、市场环境突变、业务活动调整或突发事件等不可抗力因素,导致原预算与实际情况严重不符时,可对预算进行调整。

2. 预算调整程序

预算调整应严格按照规定的程序进行,一般需由相关部门提出调整申请,说明调整的原因、内容和金额,经财务部门审核后,报管理层审批。审批通过后,方可对预算进行相应的调整,并及时更新预算执行情况报告。

3. 预算优化措施

定期对预算执行数据进行深入分析,总结经验教训,找出费用控制的薄弱环节和可优化的空间,如优化资源配置、降低采购成本、提高资金使用效率等,为下一年度的预算编制提供参考和改进依据,不断提高预算管理水平。

知识点二　决算管理

决算是指养老机构在一定时期(通常为年度)结束后,对其财务收支状况和经营成果进行全面、系统的总结和核算。它是对预算执行情况的最终检验,能够真实反映养老机构在该时期内的经济活动全貌和财务状况,为管理层提供决策依据,为利益相关者提供财务信息,同时也是对机构财务管理水平和运营效益的综合评价。

一、决算的编制流程

1. 准备工作

在编制决算前,需要做好各项准备工作,包括清理账目、核对资产负债、核实收入支出、盘点物资等,确保财务数据的真实性和准确性。同时,收集和整理与财务决算相关的资料,如预算执行情况报告、会计凭证、账簿、报表等。

2. 编制报表

根据会计准则和财务制度的要求,编制资产负债表、利润表、现金流量表等主要财务报表,以及相关的附表和附注。这些报表应全面、准确地反映养老机构的财务状况、经营成果和现金流量情况,各项数据应相互勾稽、逻辑一致。

3. 审核与汇总

编制完成的决算报表需经过内部审核和汇总,由财务部门对报表的内容、数据、格式等进行认真审核,确保报表的质量和合规性。对于审核中发现的问题,应及时进行调整和更正,然后将各部门的决算报表进行汇总,形成养老机构的年度决算报告。

4. 上报与审批

年度决算报告经管理层审批后,按照规定的程序和要求上报给相关部门,如上级主管单位、财政部门、审计部门等。同时,根据需要向社会公众或利益相关者公开决算信息,接受社会监督。

二、决算分析与应用

1. 财务状况分析

通过对资产负债表的分析,了解养老机构的资产、负债和净资产的规模、结构和质量,评估机构的财务实力和偿债能力。如计算资产负债率、流动比率、速动比率等指标,判断机构的财务风险水平。

2. 经营成果分析

依据利润表,分析养老机构的收入、成本、费用和利润情况,评价机构的盈利能力和经营效益。可计算利润率、成本费用利润率等指标,与预算目标和历史数据进行对比,找出经营管理中的优势和不足。

3. 现金流量分析

借助现金流量表,分析养老机构的现金流入、流出和净流量情况,掌握机构的资金来源和使用去向,评估其资金周转能力和财务弹性。关注经营活动、投资活动和筹资活动的现金流量状况,判断机构的现金创造能力和可持续发展能力。

4. 绩效评价与决策支持

将决算分析的结果与预算目标、行业标准、同类型机构进行对比,对养老机构的整体绩效进行评价,为管理层制定下一年度的工作计划、调整经营策略、优化资源配置提供决策依据,同时也为机构的长期发展规划提供参考。

知识点三　预算与决算的关系

一、相互依存

1. 预算是决算的前提和基础

预算是对未来一定时期内收支的计划安排,它明确了各项经济活动的预期收入和支出额度,为决算提供了参照标准和目标方向。没有预算,决算就失去了对比和评判的依据。

2. 决算是预算的执行结果和检验

决算是对预算执行情况的全面总结和反映,通过实际发生的收入、支出等数据,展示了预算在一定时期内的执行成效,是对预算计划合理性、准确性以及执行过程中控制情况的最终检验。

二、相辅相成

1. 预算为决算提供目标指引

预算制定了收入和支出的预期目标,引导着各项经济活动的开展,使相关部门和人员在执行过程中有明确的方向和任务,以确保资源的合理配置和有效利用,从而为实现预期的决算结果奠定基础。

2. 决算为预算提供反馈和改进依据

决算所反映出的实际收支情况、成本控制效果、资源使用效率等信息,能够帮助发现预算编制和执行过程中存在的问题与不足,为下一轮预算的编制提供宝贵的经验教训,促使预算更加科学、合理、准确,不断提升预算管理水平。

三、控制与监督

1. 预算对决算具有控制作用

在经济活动开展过程中,预算作为一种预先设定的计划和标准,对实际收支起到了控制和约束的作用,要求各项支出必须在预算范围内进行,防止超支和浪费现象的发生,确保最终的决算结果能够符合预算目标。

2. 决算对预算执行情况进行监督

通过将决算数据与预算数据进行对比分析,可以清晰地了解预算的执行进度和偏差情况,及时发现预算执行过程中的异常情况和潜在风险,从而加强对预算执行的监督和管理,保障预算的严格执行和有效落实。

四、共同服务于财务管理和决策

1. 为财务管理提供全面信息

预算和决算共同构成了财务管理的重要环节,预算侧重于事前规划,决算侧重于事后总结,两者相结合能够为养老机构等组织提供完整的财务信息,全面反映其经济活动的全过程,有助于管理层准确把握财务状况和经营成果,为财务管理决策提供有力支持。

2. 助力决策制定与调整

基于预算和决算所提供的信息,管理层可以评估机构的运营绩效,分析资源配置的合理性,进而制定科学合理的发展战略、经营计划和资源分配方案。同时,在决策过程中,也可以根据决算结果对预算进行调整和优化,使预算更加贴近实际情况,更好地服务于组织的发展目标。

课后拓展

测试

在线练习

选择不同性质(公办、民办、公建民营等),不同规模的养老机构进行实地调研,了解其预算编制与决算管理的实际操作情况,对比分析不同类型机构在预算管理和决算管理方面的差异和特点,探讨各自的优势与不足。

任务2 资金管理与成本管理

知识索引

关键词: 固定资金管理 流动资金管理 专项资金管理 成本管理

理论(技能)要点: 固定资产折旧方法

重点: 专项资金管理 社会捐赠资金管理

难点: 财务成本管理 养老机构成本控制策略

任务目标

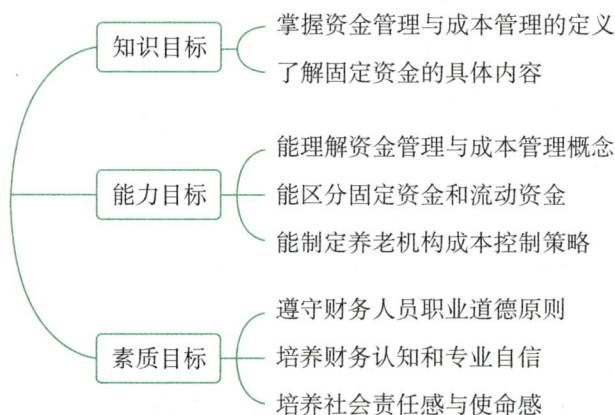

知识目标 —— 掌握资金管理与成本管理的定义
　　　　　　了解固定资金的具体内容

能力目标 —— 能理解资金管理与成本管理概念
　　　　　　能区分固定资金和流动资金
　　　　　　能制定养老机构成本控制策略

素质目标 —— 遵守财务人员职业道德原则
　　　　　　培养财务认知和专业自信
　　　　　　培养社会责任感与使命感

任务情境

2024年6月,某企业在北京市筹建一家养老机构,建筑面积2 500平方米,规划床位68张(其中自理区域床位10张、半自理区域床位18张、失能区域床位25张、认知障碍区域床位10张、日间照料休息区域床位10张),机构提供长期照护、日间照料、健康管理、中医理疗以及医疗康复等服务,接收自理、半自理、失能及认知障碍长者。前期建筑装修已全部完成,根据该机构的定位、服务内容及客户人群,你认为该如何配备相应的固定资产? 如何使用固定资金呢?

知识准备

1.网上查找固定资产采购流程并预习。

2.查找不同的服务内容,相应配备哪些固定资产。

3.了解养老机构日常流动资金的管理以及成本控制。

📝 知识学习

知识点一 财务资金管理

养老机构的财务资金主要包括多个方面,这些资金的来源和用途对于确保养老机构的正常运作和服务质量至关重要,主要包括固定资金管理、流动资金管理和专项资金管理等。

一、固定资金管理

固定资金是固定资产的货币表现,主要包括养老机构所有的主要劳动资料和耐用消费品的形态。

1. 主要劳动资料

（1）**房屋建筑物** 养老机构的住养楼、老年餐厅、活动中心、医疗护理站等建筑,这些是养老机构开展服务的基础设施。比如一座新建的住养楼,造价500万元,这500万元就计入固定资金。房屋建筑物通常价值较高,使用年限长,是养老机构固定资金的重要组成部分。

（2）**设施设备** 像康复理疗设备、健身器材等,用于为老年人提供医疗保健服务。以一台价值5万元的心电图机为例,它能为老年人进行心脏健康检查,其价值5万元就构成固定资金的一部分。这些设备对于保障老年人的健康和安全至关重要。

（3）**交通工具** 包括接送老年人的专用车辆等。一辆价值30万元的养老服务专用车,方便老年人出行就医、参加活动等,这30万元同样属于固定资金。

2. 耐用消费品

（1）**家具** 如老年人房间的床、衣柜、桌椅等。一套老年人房间的家具价值可能在5 000元左右,这些家具的使用年限较长,属于耐用消费品,其价值计入固定资金。

（2）**电器设备** 空调、电视、冰箱等。一台价值3 000元的空调,能为老年人提供舒适的居住环境,它的价值也包含在固定资金内。

固定资金管理是指养老机构对其固定资产所占用的资金进行规划、筹集、运用、控制、核算以及监督等一系列管理活动的统称。养老机构固定资金管理是确保机构正常运营和提供优质服务的重要保障。

养老机构根据各部门及服务环节的实际需求,合理调配固定资产。在购置固定资产前,养老机构要全面评估自身运营需求。比如,根据预计服务的老年人数量和服务项目(如医疗护理、康复服务、日常生活照料等),确定所需的床位数量、医疗设备规格及生活设施配套等。当固定资产达到使用寿命、损坏无法修复或因机构业务调整不再需要时,要进行规范的资产处置。

固定资产折旧是指在固定资产使用寿命内,按照确定的方法对应计折旧额进行系统分摊(表4-3-1)。

表4-3-1 固定资产折旧方法

序号	折旧方法	计算公式	主要特点
1	年限平均法	年折旧率＝(1-预计净残值率)÷预计使用寿命(年);年折旧额＝固定资产原价 × 年折旧率	这种方法将固定资产的应计折旧额在其预计使用寿命内平均分摊,计算简单,便于理解和操作。适用于那些在使用过程中损耗较为均匀的固定资产,如房屋建筑物等
2	工作量法	单位工作量折旧额＝(固定资产原价-预计净残值)÷预计总工作量;某项固定资产的折旧额＝单位工作量折旧额 × 该项固定资产本期实际完成的工作量	根据固定资产实际完成的工作量来计算折旧额,适用于那些损耗与工作量密切相关的固定资产,如运输车辆、工程机械等,能够更准确地反映这类固定资产的价值损耗情况

（续表）

序号	折旧方法	计算公式	主要特点
3	双倍余额递减法	年折旧率 = 2 ÷ 预计使用寿命（年）；年折旧额 = 固定资产账面净值 × 年折旧率	它属于加速折旧法的一种，前期折旧额相对较高，随着固定资产使用年限的增加，折旧额逐渐降低。这种方法适用于那些在使用初期损耗较快、技术更新换代迅速的固定资产，如电子设备、高新技术产品等，能够更快地反映固定资产在初期的价值损耗情况，并且在一定程度上可以享受税收优惠政策（在符合相关规定的情况下）
4	年数总和法	年折旧率 =（预计使用寿命−已使用年限）÷［预计使用寿命 ×（预计使用寿命 + 1）÷ 2］；年折旧额 =（固定资产原价−预计净残值）× 年折旧额	它也是一种加速折旧法，前期折旧额相对较高，后期逐渐降低。它是根据固定资产已使用年限占预计使用寿命的总和的比例来计算折旧额，适用于那些在使用初期损耗较快、技术更新换代迅速的固定资产，如电子设备、高新技术产品等，同样可以在一定程度上享受税收优惠政策（在符合相关规定的情况下）

二、流动资金管理

流动资金是流动资产的表现形式，指养老机构在日常经营中用于周转的资金，包括现金、存货、应收账款、短期投资等占用的资金。养老机构流动资金主要包括以下三个方面。

1. 现金

包括机构持有的现金、银行存款等。这些资金是养老机构日常运营中最灵活的部分，用于支付员工工资、日常采购、水电费、税费等各项费用。

2. 存货

指养老机构为提供养老服务而储备的物资，如食品、药品、医疗耗材、生活用品等。这些存货是养老机构运营中不可或缺的一部分，需要合理管理以确保供应稳定。

3. 应收账款

指养老机构为提供养老服务而应收但未收的款项，如入住老年人的预付款、押金等。这些款项是养老机构未来收入的重要来源，需要妥善管理以确保及时回收。

养老机构流动资金管理的具体管理内容主要为现金管理、存货管理、应收账款管理和应付账款管理，对这些流动资产及流动负债（如短期借款、应付账款等）进行规划、调控和监督，以确保养老机构有足够且合理配置的资金来维持正常生产经营活动，并实现资金使用效益的最大化。流动资金的管理至关重要，它直接关系到养老机构的日常运营、服务质量以及可持续发展。

三、专项资金管理

养老机构专项资金是指具有特定来源和专门用途的用于支持养老机构发展、改善养老服务设施和服务质量、保障老年人权益的资金。养老机构专项资金的来源主要有以下三个方面。

1. 政府专项补贴

政府为了支持养老机构的发展，提升养老服务质量，改善养老设施等目的，会发放多种形式的专项补贴。比如，针对新建或改扩建给予的建设补贴，用于购置养老设备的设备购置补贴，为提高护理人员专业素质设立的护理人员培训补贴等。这些补贴通常有明确的发放标准、条件和用途限制。

2. 社会捐赠专项资金

来自社会各界爱心人士、企业、慈善组织等的捐赠资金，当捐赠方明确指定该笔资金用于特定项目或用途时,如专门用于改善长者居住环境、为长者开展特定文化娱乐活动等,这部分资金就属于专项资金范畴,需要按照捐赠方的意愿进行管理。

3. 项目合作专项资金

与其他机构(如科研单位开展养老服务相关研究项目、企业合作开展特色养老服务项目等)合作过程中,所获得的专门用于该合作项目的资金。这笔资金是基于合作协议约定,为实现特定合作目标而投入的,同样具有明确的用途要求。

专项资金管理是指针对所获得的具有特定用途的资金,依据相关法规、政策及财务规定,进行规划、筹集、分配、使用、监督以及绩效评估等一系列管理活动的统称。

在使用专项资金过程中,必须严格按照规定的用途使用,不得挪作他用。例如,政府发放的养老设备购置补贴,就只能用于购置符合条件的养老设备,如康复器材、护理床等,不能用于支付人员工资或其他无关费用。每一笔支出都要有明确的记录,包括支出的项目、金额、时间、用途等信息,以便日后查证。

四、社会捐赠资金管理

养老机构社会捐赠资金是指自然人、法人和其他组织自愿无偿向养老机构提供的资金支持。为鼓励社会力量参与养老服务事业,政府通常会对捐赠资金给予一定的政策优惠。例如,对企业事业单位、社会团体和个人等社会力量,通过非营利性的社会团体和政府部门向福利性、非营利性的养老机构的捐赠,在缴纳企业所得税和个人所得税前准予全额扣除。

如果捐赠人明确指定了捐赠资金的用途,如专门用于购买康复设备、为老年人举办文化活动等,要按照这些指定用途对捐赠资金进行分类管理;对于未指定用途的捐赠资金,可根据自身实际需求和发展规划,在遵循相关法律法规及机构宗旨的前提下,合理安排使用。但通常会优先考虑用于提升养老服务质量、改善老年人生活条件等方面。

捐赠资金的使用应严格按照相关法规和政策要求,以及捐赠者的意愿进行规范和管理,以确保资金的合法合规、安全有效。对于每一笔捐赠,都要建立完善的接收流程。当收到捐赠意向时,安排专人与捐赠人沟通,了解捐赠目的、捐赠金额、是否指定用途等关键信息。在接收捐赠时,出具规范的捐赠收据,注明捐赠日期、捐赠人姓名(或单位名称)、捐赠金额、捐赠用途(若有指定)等详细内容。收据应加盖公章,确保其合法性和有效性。例如,若某企业表示要捐赠10万元用于改善老人居住环境,在接收这笔捐赠时,除了将款项存入专用账户外,还要出具详细注明上述信息的捐赠收据给该企业。

知识点二　财务成本管理

养老机构成本是运营过程中的一种耗费,属于商品经济中的一个价值范畴。简单来说,成本就是养老机构为了获得某种利益或达到一定目标所发生的耗费或支出。养老机构成本管理是指对养老机构在运营过程中发生的各项费用进行计划、控制、核算、分析和考核的一系列管理活动。

一、主要成本项目

1. 人力成本

是养老机构的主要成本项目,包括管理人员、护理人员、后勤人员等的工资、福利、培训费等。人力成本占总成本的比例较高,通常约为50%～60%。

2. 设施与设备成本

包括养老机构的房屋、设备、设施等的购置、折旧、维护等费用。这些成本在养老机构开业前期占比较高,随着运营时间的推移,占比逐渐下降。

3. 日常运营成本

包括伙食费、水电费、取暖费、物业费、日用品费、医疗用品费等。这些成本是养老机构日常运营中不可或缺的部分,需要通过有效的管理措施加以控制。

4. 营销与宣传成本

为了吸引潜在客户和提高知名度,养老机构需要进行营销和宣传活动。这些成本虽然占总成本的比例较小,但对于提升机构形象和服务质量具有重要作用。

二、成本核算

这里引入一个案例,作为成本核算的例子。

案例 假设有一家中等规模的养老机构,拥有150张床位,主要提供床位服务、护理服务、餐饮服务以及日常照护等服务。该机构位于城市郊区,交通便利,周边环境优美,适合老年人居住。每月日常运营成本核算如下:

1. 人力成本构成及估算

(1)管理人员配置及成本

院长1名、院长助理1名、部门主管3名(护理、后勤、行政),共5人。

院长月薪约1万元,院长助理约0.8万元,主管约0.6万元/人。

月总成本:$1 + 0.8 + 3 \times 0.6 = 3.6$万元。

(2)护理人员配置及成本

参考民政部《养老机构岗位设置及人员配备规范》,假设150床中,自理老人50人(需3~4人)、半失能老人60人(需15人)、失能老人40人(需15人)。

总计护理人员约34人,月薪5 000元/人。

月总成本:$34 \times 0.5 = 17$万元。

(3)后勤及辅助人员配置及成本

厨师3人、保洁4人、维修2人、社工1人、财务1人,共11人。

厨师月薪6 000元/人,保洁4 000元/人,其他5 000元/人。

月总成本:$3 \times 0.6 + 4 \times 0.4 + 4 \times 0.5 = 5.4$万元。

(4)医务人员配置及成本

医生1名、护士2名(按每增加100床增配1名护士)。

医生月薪1万元,护士6 000元/人。

月总成本:$1 + 2 \times 0.6 = 2.2$万元。

人力成本总计:$3.6 + 17 + 5.4 + 2.2 = 28.2$万元(基础配置)。

若增加弹性人力储备(如20%冗余),总人力成本可达36万至40万元。

2. 其他运营成本估算

(1)场地及设施成本

租金:按二线城市标准,150床养老机构月租金约15万至20万元。

水电费、物业费:月均约2万至3万元。

(2)餐饮成本

每人每日餐饮标准约25元,150人月均成本约11.25万元。(注:工作人员餐饮成本已均摊在老年人餐饮成本之上)

(3)医疗及耗材成本

药品、耗材、康复设备维护:月均约3万至5万元。

（4）营销及行政成本

广告宣传、办公费用：月均约2万至3万元。

（5）保险及杂费

机构责任险、员工社保公积金等：月均约4万至6万元。

其他成本总计：约37.25万至48万元。

3. 总运营成本估算

基础人力成本（28.2万元）＋其他成本（37.25～48万元）＝总运营成本约65～78万元。

若按弹性人力配置（36～40万元）＋其他成本（37.25～48万元）＝总运营成本约74～88万元。

三、成本控制

成本控制是成本管理者根据预定的目标，对成本发生和形成过程以及影响成本的各种因素条件施加主动的影响或干预，把实际成本控制在预期目标内的成本管理活动。成本控制的关键是选取适用于本企业的成本控制方法，它决定着成本控制的效果。传统的成本控制基本上采用经济手段，通过实际成本与标准成本之间的差异分析来进行，如标准成本法等；现代成本控制则突破了经济手段的限制，使用包括技术和组织手段在内的所有可能控制的手段，如目标成本法、作业成本法等。

养老机构成本控制是一个系统工程，需要从人力配置、采购管理、能源消耗、运营流程等多个方面入手，采取综合措施降低运营成本。养老机构成本控制具体策略见表4-3-2。

表4-3-2　养老机构成本控制策略

序号	控制策略	具体内容
1	优化人力配置	1. 合理规划人员编制。根据入住老年人的数量和护理等级，合理配置护理人员和管理人员，避免人员过剩或不足 2. 提高员工素质。加强员工培训，提高护理技能和服务水平，减少因员工不熟练或错误操作而造成的成本浪费 3. 实施灵活的用工方式。如采用兼职员工、临时工等，以降低人力成本。同时，通过绩效考核和激励机制，提高员工的工作积极性和效率
2	降低采购成本	1. 集中采购。对于日常消耗品和医疗耗材等，采用集中采购的方式，以获得更优惠的价格和更好的质量保障 2. 建立供应商管理体系。与信誉良好的供应商建立长期合作关系，确保物资供应的稳定性和成本的可控性 3. 引入信息化管理系统。通过信息化手段，实现采购流程的自动化和透明化，提高采购效率，降低采购成本
3	控制能源消耗	1. 采用节能设备。如使用LED照明、节能空调等，降低能源消耗 2. 优化能源使用。根据入住老年人的实际需求和天气变化，合理调节能源使用，避免浪费 3. 加强能源管理。建立能源管理制度，定期对能源使用情况进行监测和分析，及时发现并纠正能源浪费现象
4	优化运营流程	1. 简化管理流程。通过流程再造和创新，简化管理环节，提高运营效率 2. 引入标准化管理。制定标准化的护理流程和服务规范，确保服务质量的稳定性和一致性 3. 加强信息化管理。利用信息化手段，实现老年人信息、护理记录、财务管理等方面的数字化管理，提高管理效率和服务质量
5	合理控制营销成本	1. 精准定位目标客户。通过市场调研和分析，明确目标客户群体和需求，制定有针对性的营销策略 2. 采用低成本的营销方式。如利用社交媒体、社区活动等方式进行宣传推广，降低营销成本 3. 评估营销效果。定期对营销活动的效果进行评估和分析，及时调整营销策略，确保营销成本的有效利用

阅读卡

流动资金预算编制

课后拓展

了解养老机构传统方式和信息化下的成本管理。

测试
在线练习

任务3　收费与税费管理

知识索引

关键词： 价格管理　收费管理　养老机构的税费种类概览　税费政策
理论（技能）要点： 价格管理　收费管理　税费管理
重点： 合理定价与调价　规范收费流程
难点： 定价与成本核算

任务目标

知识目标
掌握养老机构价格管理的调价机制
熟悉养老机构价格管理的收费项目

能力目标
能合理制定收费项目和收费标准
能准确运用养老机构税费政策

素质目标
培养对养老服务工作的责任感和敬业精神
树立合法合规经营的意识

任务情境

某养老机构即将进入试运营阶段，院长组织筹备小组的成员一起开会讨论，商量确定该机构的收费标准和收费项目，确保既能以较快的速度实现收支平衡，又能在当地市场具有一定的竞争力。你认为养老机构可以有哪些收费项目？定价方面需要考虑哪些因素？

知识准备

调研了解本市3个不同类型养老机构的收费价格。

知识学习

知识点一　价格管理

一、价格构成要素

养老机构的价格构成要素主要包括床位费（根据房型、设施和地理位置差异定价），护理费（按老人自理能力分级收费，从基础照护到特级护理），餐饮费（包餐制或点餐制，含特殊饮食需求），医疗康复费（基础服务包含在护理费中,专业治疗按次计费),以及其他费用(如一次性入住押金、水电费、个性化服务附加费等)。这些要素共同构成养老服务的综合成本,定价时需综合考虑运营成本、市场竞争、政府指导及老年人支付能力,确保透明合理。

二、定价策略

民办营利性养老机构服务收费实行市场调节价,由经营者自主定价;民办非营利性机构服务收费由经营者合理确定,政府可对财务收支、调价频次进行监督。公办养老机构收费以实际服务成本为依据,兼顾群众承受能力和市场供求状况。

政府投资兴办养老机构收费标准需扣除政府投入和社会捐赠,按非营利原则核定。公办、普惠性民办养老机构基本服务收费实行政府指导价。

三、调价机制

不同性质和管理方式的养老机构调价机制有所差异。对于实行政府指导价管理的养老机构,如公办养老机构,床位费、护理费的调整间隔通常不少于3年。而其他养老机构的床位费、护理费调整间隔应在合同中约定,一般不少于2年。养老机构调整伙食费标准时,应充分考虑对入住老年人的影响,调整间隔期一般不得少于6个月。并且,养老机构调整服务收费时,须提前1个月告知入住老年人及其家属(代理人),听取意见,并重新签订或调整书面服务合同。

知识点二　收费管理

一、收费流程

首先,养老机构应根据自身的服务内容和成本核算,制定详细的收费标准和项目清单,并向相关部门备案或审批。在收费时,需向入住老年人或其家属(代理人)明确说明收费项目、标准和计费方式,按照合同约定的时间和方式进行收费,通常床位费、护理费等可按月计费,一次性收取最多不得超过6个月,伙食费应据实结算。收费后,要及时为缴费人提供正规的票据,并定期提供费用清单和相关费用结算账目,确保收费过程的透明化和规范化。

二、注意事项

养老机构在收费管理中需注意严格执行明码标价制度,在显著位置公示收费项目、标准、依据和投诉举报电话等信息,接受社会监督。不得强制服务、强制收费,对于基本服务项目清单内的服务项目,不得以个性化服务名义变相收费。同时,要确保收费行为的合法性和合规性,避免出现乱收费、多收费等损害老年人合法权益的行为,加强与入住老年人及其家属的沟通,及时解答收费方面的疑问并处理相关投诉。

知识点三　养老机构涉及的税费

养老机构需要缴纳的税种主要取决于其业务性质和经营状况。总的来说,养老机构可能涉及增值税、企业所得税、房产税、城镇土地使用税、契税等多个税(费)种。为支持我国养老服务业的发展,国家出台了一系列税费优惠政策。

一、增值税

增值税是一种按照货物和服务在每个流通环节的增值部分征收的税种,适用于几乎所有类型的销售货物、提供劳务及进口货物的行为。对于养老机构而言，增值税的相关规定和优惠政策对其财务状况有着直接的影响。依据《财政部 国家税务总局关于全面推开营业税改征增值税试点的通知》（财税〔2016〕36号），养老机构提供的养老服务自2016年5月1日起免征增值税。

二、企业所得税

企业所得税是针对企业和其他取得收入的组织在一定期间内的所得征收的一种税。对于养老机构而言，是否需要缴纳企业所得税以及如何缴纳取决于其性质（营利性或非营利性）、规模、收入来源等多种因素。

政府部门和企事业单位、社会团体以及个人等社会力量投资兴办的福利性、非营利性的养老机构，取得的养老服务收入，暂免征收企业所得税。这是为了鼓励非营利性养老机构的发展，减轻其税收负担；其他老年服务机构，如果符合小微企业条件，其取得的养老服务收入所得减按50%计入应纳税所得额，按20%的税率缴纳企业所得税。这项政策旨在支持小型和微型养老机构的发展，降低其税负。

三、房产税、城镇土地使用税

非营利性养老服务机构自用房产、土地免征房产税、城镇土地使用税。如养老机构房产并非专门用于提供养老服务，或者机构本身并非非营利性组织，则可能需要缴纳房产税。房产税的计算通常基于房产的评估价值或租金收入，具体税率和计税依据可能因地区和政策而异。

四、耕地占用税

耕地占用税对占用耕地建房或从事非农业建设的单位和个人征收。根据《中华人民共和国耕地占用税法》及相关实施办法，社会福利机构占用耕地时，可以免征耕地占用税。其中，免税的社会福利机构具体范围限于依法登记的养老服务机构、残疾人服务机构、儿童福利机构、救助管理机构、未成年人救助保护机构内，专门为老年人、残疾人、未成年人、生活无着的流浪乞讨人员提供养护、康复、托管等服务的场所。

五、契税

契税的征收范围包括土地使用权出售、赠与和交换，房屋买卖，房屋赠与，房屋交换等。简而言之，只要是不动产的产权发生转移，都需要缴纳契税。依法登记成立的事业单位性质的养老机构，或者是依法登记为事业单位、社会团体、基金会、社会服务机构等的非营利法人和非营利组织，在契税方面可以享受一定的免税政策，但具体是否免税以及免税的额度和期限可能因地区和政策而异。

假设某事业单位性质的养老机构购买了一块土地用于建设养老机构，且该土地直接用于为老年人提供养护、康复等服务。根据契税免税政策，该养老机构可以免征契税。但如果该机构将购买的土地部分用于商业开发或转让给他人使用，则可能会失去免税资格，并需要补缴相应的契税。

📖 课后拓展

拜访一家养老机构，询问其有关费用数据，填报一份简易成本收支核算表。

在线练习

项目四

风险管理

养老机构风险管理占据着举足轻重的地位。它不仅是机构稳定发展的基石,更是提升老年人生活质量的重要保障。在中国老龄化趋势日益明显的今天,加强养老机构的风险管理,不仅有助于提升机构的管理水平和服务质量,更是积极响应国家政策、履行社会责任的重要举措。

本项目旨在深入剖析养老机构风险管理的核心领域。从风险的初步识别到细致的评估,再到有效的控制与灵活的应对,学习并掌握如何构建一套既科学又行之有效的风险管理体系,从而为养老机构筑起一道坚不可摧的安全防线。面对各种可能的突发事件与潜在危机,通过迅速响应与妥善处理,确保机构在面临挑战时仍能维持平稳运行。

本项目主要包括三大任务,即风险识别、风险防范、风险处置,涉及养老机构风险定义、常见的风险类型、风险识别方法、风险防范原则、服务风险防范要求、常见的意外伤害事件、意外伤害事故的处理流程、方法等。

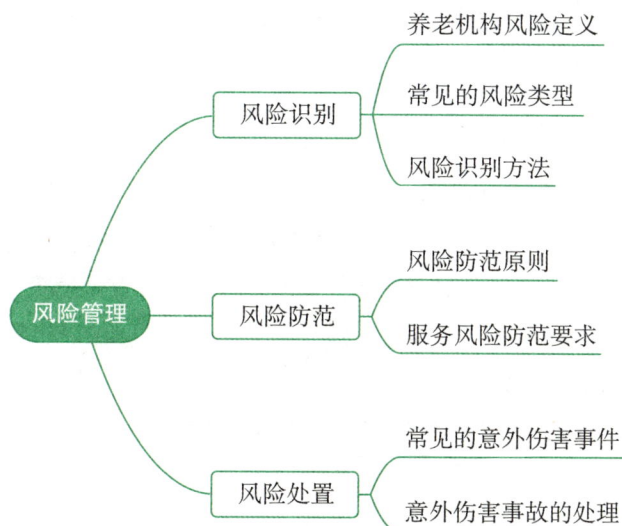

任务1　风险识别

知识索引

关键词：养老机构　风险识别　风险类型

理论（技能）要点：养老机构常见风险类型　养老机构风险识别方法

重点：养老机构的风险管理　养老机构风险防范原则

难点：养老机构风险识别方法

任务目标

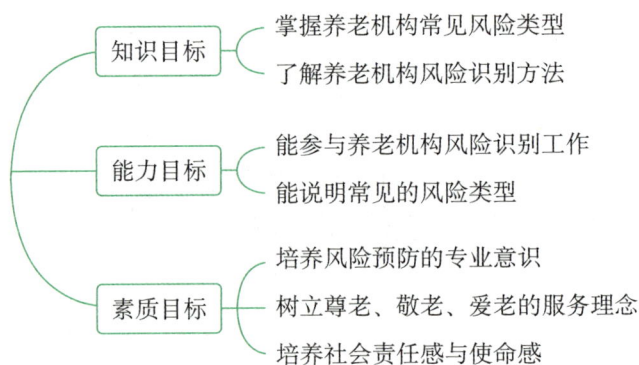

任务情境

2023年，北京某养老机构一名患有阿尔茨海默病的78岁老人从机构侧门离开后走失。老人24小时后在3公里外被找到，身体虚弱送医。调查发现，养老机构侧门感应器故障，未及时维修，老人外出未及时报警提醒。你认为，除了因为门禁管理有漏洞外，造成该老人走失的因素还有哪些？

知识准备

搜集5个关于养老机构风险事件案例并归纳总结处理方法。

知识学习

知识点一　养老机构风险定义

养老机构风险是指在运营过程中，养老机构可能面临管理漏洞、服务缺陷、设备故障或外部环境等各种不确定性因素，这些因素可能对机构的稳定运营和服务质量产生负面影响，导致老年人安全、健康或权益受损，或使机构面临法律、经济及声誉损失的潜在威胁。风险管理在养老机构运营中显得尤为重要，它有助于机构建立健全的管理制度和服务流程，提高服务质量和效率，降低运营风险和经济损失。通过科学的风险管理，养老机构可以及时发现和解决运营中存在的问题和隐患，保障老年人的合法权益，提升整体服务水平。同时，积极应对和妥善处理风险事件，也有助于维护机构的声誉和形象，促进机构的可持续发展。因此，风险管理是养老机构运营不可或缺的一部分。

阅读卡

养老机构服务
安全基本规范

知识点二　常见的风险类型

养老机构风险是指在运营过程中,因各种因素导致的潜在损失或不利影响。这些风险可以从微观和宏观两个角度进行分类。微观风险包括入住老年人的身体、心理及人际关系风险,服务人员的服务质量和服务稳定性风险,以及管理人员的决策、协调和执行风险。宏观风险涉及政策、市场、社会和环境等多个方面,特别是政策调整风险,如国家对养老行业的政策导向变化、补贴政策的调整、以及养老机构的准入和监管政策等,这些都会对养老机构的运营造成重大的影响。

一、微观风险

养老机构微观风险因素着眼于养老机构内部的参与个体,即入住老人、服务人员和管理人员,就其可能带来或引发的潜在风险进行分析和梳理。

1. 入住老人

养老机构入住老人的风险来源于老年人的生理、心理和社会交往等方面,体现为身体因素、心理因素和人际关系等3类风险。

① 老年人由于年龄原因,行动能力、思维能力和记忆力不同程度老化,加之多种疾病的困扰,使养老机构作为高危人群的聚集地,各种事故、疾病、意外、纠纷等风险高发。

② 老年人在入住养老机构过程中,需要进行心理调适以适应新环境,但由于个人性格、情绪、情商、调适能力的不同,可能会出现或加剧心理问题、精神问题发生的风险。

③ 老年人入住养老机构过程中,与服务人员、管理人员和其他入住老年人有较为频繁的交往互动,存在关系僵化、恶化甚至破裂进而引发危险行为的可能。

2. 服务人员

养老机构服务人员的风险来源于服务人员的服务质量和服务稳定性,体现在素养能力、人员结构和员工流动等风险问题。

① 养老机构服务人员大多学历水平较低且学习能力较弱,缺乏与护理、医疗相关的专业知识和证书,并未经过系统的专业学习或技能培训,在服务供给上存在风险隐患。

② 养老机构服务人员在人员结构上存在男女比例失调、年龄偏大等问题,男性或年龄较小的服务人员对于进入养老机构意愿不强。

③ 养老机构服务人员由于工作量大、社会地位低、承担责任重等原因面临较大的工作压力,但薪酬福利呈现普遍较低的现状,直接导致养老机构员工流动性较大,也让养老机构难以提升服务质量,出现持续经营风险。

3. 管理人员

养老机构管理人员决策、协调、执行过程中同样可能产生风险。

① 养老机构管理人员在组织重大战略或日常管理中可能存在由于能力或经验所限出现决策失误的风险,包括人事管理、财务管理、业务流程、风险管理等各方面的决策风险。

② 管理人员在协调上下级关系、员工关系以及员工与顾客、本组织与外部组织关系时可能出现一定的失误和偏差,在业务授权、组织分工、资源配置等方面容易出现协调风险。

③ 管理人员在推行政策法规、标准规章、标准流程、组织管理等过程中容易出现执行偏差,导致机构运行实际结果偏离既定战略和目标而带来风险。

二、宏观风险

养老机构宏观风险因素着眼于养老机构外部环境的威胁与挑战,借助分析宏观环境的有效工具

"PESTEL"模型,即政治因素(political)、经济因素(economic)、社会因素(social)、技术因素(technology)、环境因素(environmental)和法律因素(legal)。

1. 政治因素(political)

(1)人口政策调整 国家对人口政策的重大调整影响未来人口的数量和结构,老年人口、家庭抚养比、劳动力人口等变化对养老机构发展产生不同程度影响。比如计划生育政策使我国从成年型人口国家转变为老龄化人口国家,未来数十年内,我国人口结构仍将继续向深度老龄化逼近,这为养老机构发展提供了长期稳定的市场需求,但人口老龄化速度和程度的不确定性也给养老机构规划带来风险。

(2)政策扶持力度变化 政府对于养老服务机构优惠政策(如税费、水电费用、土地使用等)的变化会直接对养老机构发展产生风险。优惠力度的减小或中止会增加养老机构运营成本,若政府对民办养老机构的补贴政策调整,可能导致一些机构资金紧张,影响服务质量和发展规模。

(3)城市发展规划影响 城市行政职能部门的发展规划政策可能给正在运营的养老机构带来风险。例如,养老机构所在区域被纳入城市道路规划或其他建设项目范围,机构可能面临停业、搬迁等问题,而此时机构可能还未进入盈利状态。

2. 经济因素(economic)

(1)宏观经济周期波动 宏观经济存在一定的周期,当处于经济下行阶段或经济萧条时期,会直接带来人们的财富贬值和消费力下降。老年人及其家属可能会减少在养老服务方面的支出,导致养老机构入住率降低,经营困难。

(2)投资与资金风险 养老机构可能面临资金不足的风险,如养老基金不足或者投资项目亏损。投资方、股东、注资方、贷款方暂停或终止合作等所带来的资金链出现断裂的可能,直接影响养老机构的固定资产投资、人力资本投资、信息或技术投资等日常经营支出。

(3)市场竞争与盈利风险 随着市场预期乐观和国家政策鼓励,出现大量同等规模和层次的养老机构,彼此在争夺老年客户上形成竞争关系。同时,公办养老机构和民办养老机构之间也存在竞争,出现了排号入住和入住率低的不均衡问题。此外,养老机构由于前期选址、客户需求和购买力调查、组织定位等出现失误,直接导致机构入住率不高、利润率较低、盈利模式不明确,也会带来盈利风险。

3. 社会因素(social)

(1)社会习俗与观念 在中国传统的孝道文化和勤俭节约等优良传统的影响下,入住养老院道德压力大,加之老年人普遍消费能力有限,使大部分家庭和老年人谨慎选择机构养老。这种社会习俗和观念使得养老机构的市场需求受到一定抑制。

(2)社会认可度差异 公众对于公立养老机构和民办养老机构的不同选择偏好,对民办养老机构的信任度不够高。这导致民办养老机构在市场竞争中处于劣势,面临更大的经营压力。

(3)舆论导向压力 在养老机构风险事件发生后,公众和媒体舆论导向往往更偏向于老年人及其家庭,在事故责任认定过程中形成一定程度的道德绑架和舆论压力,给养老机构形象和业务经营带来一定风险。即使养老机构在事件中并无过错,也可能受到负面影响。

4. 技术因素(technology)

(1)技术应用与接受度 养老机构在技术应用上处于探索阶段,工作人员对于智能化、自动化等助老、看护的先进技术和设备使用接受度差,存在使用不当风险。这可能导致先进技术设备无法充分发挥作用,影响养老服务质量和效率。

(2)技术更新换代成本 随着科技的不断进步,养老机构需要不断更新技术设备以适应市场需求。然而,技术更新换代需要投入大量资金,对于一些中小型养老机构来说,可能面临资金压力,无法及时跟上技术发展的步伐。

5. 环境因素（environmental）

（1）自然灾害风险　包括地震、滑坡、泥石流、水灾、暴雨、飓风等灾害,因其突发性、破坏性和难以预测性给养老机构带来难以挽回的损失。养老机构内的老年人行动不便,在自然灾害发生时,疏散和救援难度较大,可能造成严重的人员伤亡和财产损失。

（2）公共卫生事件风险　如新冠疫情等公共卫生事件,会对养老机构的运营产生重大影响。疫情期间,养老机构需要采取严格的防控措施,如老人只出不进、工作人员限制流动等,这会导致入住率降低、护理人员不足、运营成本提升等问题。

6. 法律因素（legal）

（1）法律法规不健全　国家法律政策方面尤其是涉及老年群体、养老机构、养老行业、养老产业等方面法律或条文可能存在不健全的情况,以及养老机构事故纠纷的法律追究和处置方式等,会对养老机构规范化、持续化运营产生一定风险。例如,在老人伤害事故处理上,缺乏明确的法律规定,一旦发生纠纷,养老机构可能面临无法可依的窘境。

（2）法律纠纷风险　养老机构可能面临与员工、居民或家属之间的法律纠纷,如合同纠纷、人身损害纠纷、劳务劳动纠纷等。这些法律纠纷不仅会耗费养老机构大量的时间和精力,还可能给机构带来经济损失和声誉损害。

知识点三　风险识别方法

养老机构风险管理中的风险识别是一个系统性、综合性的过程,其核心在于确保评估工作的针对性和有效性。在风险识别中,明确评估目标与范围是基础,它界定了风险评估的边界和重点。广泛收集相关信息,如老年人的健康信息、机构的运营信息以及外部环境信息等,可以为风险识别提供数据支持。在此基础上,通过多种途径和方法,如经验判断、事故分析、环境观察和投诉反馈等,识别出机构内部可能存在的风险源和风险事件。进一步地,对已识别的风险进行可能性和后果严重性的分析,确定风险等级和优先级。根据评估结果,制定并执行与风险等级相适应的控制方案或措施。

风险评估是一个动态过程,需要持续改进与监控,以全面确保老年人的安全和福祉。除了全面风险评估外,养老机构还可以运用专业的风险评估工具、邀请专家进行评估与咨询,以及鼓励员工反馈与观察,来增强风险识别的准确性和有效性。这些方法共同构成了养老机构风险管理中的风险识别体系。

一、全面风险评估

养老机构为了全面把握自身的运营安全状况,需对物理环境、人员管理、设施设备等多个维度进行深入而系统的评估。物理环境方面,应检查建筑结构的稳固性、消防安全设施的完备性、无障碍设计的合理性等;人员管理层面,需关注员工的职业素养、培训情况、应急处理能力等;设施设备方面,则要审视各类养老设备的运行状态、维护保养记录以及更新换代需求。通过这样全面细致的评估,机构能够精准地识别出潜在的安全风险点,为后续的风险管理奠定坚实基础。此类评估应形成制度化、周期化的机制,确保机构能够紧跟风险变化的步伐,及时应对新出现或已变化的风险。

二、风险评估工具

风险评估工具在养老机构中是指用于系统化识别、分析和评价潜在风险,从而帮助管理者采取预防和应对措施的方法或手段。这些工具通过量化或定性的方式,评估养老机构在运营过程中可能面临的各种风险,并为制定风险管理策略提供依据。常见的风险评估工具包括调查问卷、风险矩阵、检查表、评分量表等。这里列举两个最常见的风险评估工具:调查问卷是评估机构运营状况的重要直接且高效手段,通过精心设计科学合理的问卷内容,能够系统收集员工、老年人及其家属针对机构安全状况的真实反馈与意见建议;风险矩阵则是一种将风险发生的可能性和影响程度进行量化分析的工具,它能够帮助机构直观了解风险的大小和紧迫性,进而制定针对性的应对措施。这些工具的运用,使得风险评估过程更加客观、科学,有助于提升风险管理的效率和效果。

三、专家评估与咨询

邀请行业内的专家或第三方专业机构进行风险评估,是养老机构识别风险、提升管理水平的重要途径。专家凭借深厚的行业经验和专业知识,能够深入挖掘机构内部可能存在的安全隐患,提出切实可行的改进建议。同时,专家的介入也为机构提供了与外界交流的窗口,有助于机构了解行业动态、借鉴先进经验,从而不断提升自身的风险管理水平。

四、员工反馈与观察

养老机构应充分认识到员工在风险管理中的重要作用,鼓励他们积极参与风险识别工作。员工身处一线,对于机构内部的运营状况有着最为直观的感受和了解。通过日常观察和工作经验的积累,他们能够及时发现并报告潜在的风险点。因此,机构应建立健全员反馈机制,确保员工的意见和建议能够得到及时响应和处理。同时,通过培训和教育等方式,提升员工的风险意识和应对能力,形成全员参与风险管理的良好氛围。这种全员风险管理的文化,将有力推动机构风险管理水平的持续提升。

阅读卡

跌倒风险评估
量表

测试

▶ 课后拓展

将养老机构风险管理与日常运营紧密结合,可以确保风险防控措施得到有效执行,请你为一家养老机构制定一份防控措施并分析。

在线练习

任务2 风险防范

⊕ 知识索引

关键词:养老机构　风险防范　防范原则　服务风险防范要求

理论(技能)要点:养老机构风险防范原则　服务风险防范要求

重点:养老机构的风险管理　养老机构风险防范原则

难点:养老机构的风险防范措施

📖 任务目标

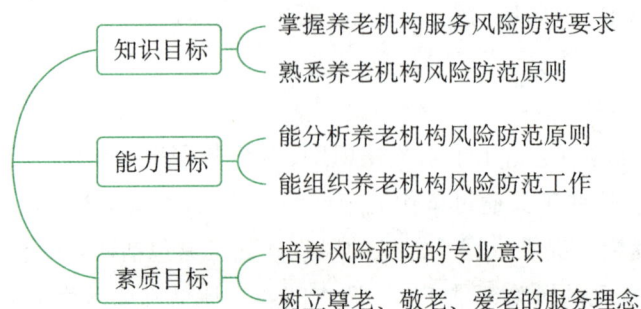

任务情境

2022年,某养老机构发生一起噎食窒息死亡事故。一名82岁患有轻度吞咽障碍的老人在进食馒头时发生窒息,当班养老护理员未能及时采取正确急救措施,导致老人不幸身亡。事故发生前,该机构没有对所有入住老人进行过系统的吞咽功能筛查(如洼田饮水试验)。

请你从风险防范角度看,该如何规避此类风险的发生?

知识准备

1. 网上查找《养老机构服务安全基本规范》全文并预习。

2. 收集并总结养老机构风险防范具体要求。

知识学习

知识点一 风险防范原则

养老机构风险防范原则是指养老机构在运营过程中,为确保老年人的生命安全、身体健康和合法权益,所遵循的一系列预防、识别、评估、控制和应对风险的指导思想和基本原则。这些原则旨在通过规范化的管理、专业化的服务和完善的设施,降低老年人面临的各种风险,为老年人创造一个安全、舒适、和谐的居住环境。养老机构作为老年人日常生活的重要场所,其安全性不仅关系到老年人的生命安全,还涉及老年人的身心健康。是保障老年人合法权益、提升养老服务质量的重要一环。

一、预防为主原则

强调在风险发生前进行预防和控制,通过采取一系列措施降低风险发生的概率和影响。

要求养老机构建立健全风险管理制度和流程,明确风险管理的职责和权限。应定期对养老机构的设施、设备、环境等进行全面检查和维护,确保其安全可靠。加强员工的风险防范意识和技能培训,提高他们识别和应对风险的能力。

二、动态性原则

风险管理是一个持续的过程,需要随着机构运营情况的变化而不断调整和优化。

定期对风险管理情况进行评估和审查,及时发现和纠正存在的问题。应根据老年人的健康状况、服务需求等变化,及时调整风险防范措施和服务内容。关注国家和地方关于养老服务的法律法规和政策变化,及时调整风险管理策略。

三、个性化原则

针对不同老年人的特点和需求,制定个性化的风险防范措施和服务方案。

对老年人进行全面的身体检查和健康状况评估,了解其身体和心理状况。应根据老年人的健康状况、兴趣爱好、生活习惯等,制定个性化的风险防范措施和服务计划。提供个性化的生活照料、医疗护理、心理关怀等服务,满足老年人的不同需求。

知识点二　服务风险防范要求

一、服务安全风险评估

1. 老年人入住前评估

在老年人入住养老机构前,应对其进行全面的服务安全风险评估,包括身体健康状况、心理状况、自理能力、跌倒风险、压疮风险等方面的评估。根据评估结果,制定个性化的风险防范措施和服务计划。

2. 定期风险评估

定期对老年人的风险状况进行重新评估,以及时发现和应对老年人健康状况的变化。根据评估结果,调整风险防范措施和服务计划。

二、服务环境安全

1. 硬件设施达标

养老机构的设施、设备应符合国家相关标准和规定,确保安全可靠。定期对设施、设备进行维护和检查,及时发现和消除安全隐患。

2. 环境安全布局

养老机构的环境布局应合理,避免老年人跌倒、碰撞等意外事故的发生。室内地面应保持平整、干燥,避免设置门槛等障碍物。

3. 应急设施完备

养老机构应配备必要的应急设施和急救药品、器械等,以应对突发事件的发生。定期检查应急设施的有效性,确保其能够在紧急情况下正常使用。

三、服务过程安全

1. 服务标准化

制定标准化的服务流程和服务规范,确保服务人员能够按照规范进行操作。定期对服务人员进行培训和考核,提高服务质量和安全意识。

2. 个性化服务

根据老年人的需求和特点,提供个性化的服务,如饮食服务、生活照料、医疗护理等。在提供服务时,要关注老年人的身体和心理状况,及时调整服务方式和内容。

3. 风险防范措施

在服务过程中,要采取风险防范措施,如使用防滑垫、安装扶手、提供轮椅等辅助器具。加强对老年人的安全教育和宣传,提高他们的安全意识和自我保护能力。

四、应急处理机制

1. 应急预案制定

制定完善的应急预案,包括火灾、跌倒、压疮、噎食等突发事件的应对措施。定期组织应急演练,提高应急处理能力和水平。

2. 及时报告与处置

在发生突发事件时,要及时向上级领导及危机处置小组报告,并在最短时间内制定应变计划。采取有效措施进行处置,减轻损失和影响。

3. 信息沟通与通报

建立完善的信息沟通机制,确保在突发事件发生时能够及时与老年人、家属、媒体、政府部门等进行沟通。及时通报事件处理进展和结果,维护机构的形象和声誉。

五、员工管理与培训

1. 员工选拔与培训

选拔具有爱心、同情心及强烈责任心的高素质专业技术人才从事养老服务工作。定期对员工进行业务知识和技能的培训,提高他们的专业素养和服务水平。

2. 员工安全意识教育

加强员工的安全意识教育,使他们认识到风险防范的重要性。鼓励员工积极参与风险防范工作,提出改进意见和建议。

3. 员工考核与激励

建立完善的员工考核体系,对表现优秀的员工进行表彰和奖励。对在风险防范工作中做出突出贡献的员工给予特别奖励和晋升机会。

📖 课后拓展

1. 在养老机构中,如何平衡风险防范与尊重老年人自主权之间的关系?
2. 请简述我国养老机构服务安全基本规范中的"九防"内容。

在线练习

任务3　风险处置

✚ 知识索引

关键词: 养老机构　风险处置　意外伤害事故处理

理论(技能)要点: 养老机构常见的意外伤害事件　意外伤害事故的处理流程、方法

重点: 养老机构常见意外伤害事故　养老机构风险处置流程

难点: 养老机构的风险处理

📖 任务目标

知识目标	掌握养老机构风险防范处理流程 了解养老机构常见意外伤害事件
能力目标	能制定各类意外伤害事故应急预案 能参与各类意外伤害事故的现场处置
素质目标	培养快速响应、冷静处置的专业素养 树立法律合规与责任担当的管理意识

🧹 任务情境

2023年8月,某200床位的民营养老院发生集体食物中毒事件,24小时内共有12位老人及3名员工出

现呕吐、腹泻症状，疑似诺如病毒感染。早班护理员7:30发现3位老人异常，立即启动应急预案。8:00前将症状人员转移至隔离区，暂停集体用餐。8:30封存留样食品，同步报告疾控中心。与签约医院开通绿色通道，9名重症老人1小时内转运。疾控专家指导完成全区域终末消毒，重点处理呕吐物污染点。每2小时向家属通报情况，避免恐慌。所有患者5日内康复，之后启动养老机构责任险赔付。

你觉得该案例中，养老机构在面对食物中毒事故中，作了哪些风险处置措施？

📋 知识准备

1. 网上查找了解养老机构在风险管理和应急处置的具体要求。
2. 学习1~2个养老机构意外伤害事故的处理流程。

📝 知识学习

知识点一　常见的意外伤害事件

养老机构常见的意外伤害事件是指在养老机构实施的活动中，在养老机构负有管理责任的院舍、场地及其他养老设施、生活设施内发生的，造成老年人人身伤害后果的事故。

一、养老机构意外伤害事故

构成养老机构意外伤害事故一般具备以下五个条件：受害方必须是在养老机构的老年人；必须有导致养老人员意外伤害事故的行为；导致伤害结果的原因可能是管理人员或护理人员的行为，也可能是养老人员自身及其他养老人员的行为；必须有伤害结果发生，导致伤、残，甚至死亡，也包括精神上的伤害；伤害行为或结果必须发生在养老机构对老年人负有管理、护理等职责期间和地域范围内。

二、常见的意外伤害事件

1. 跌倒

跌倒是养老机构中最为常见的意外伤害事件。老年人跌倒最常见的损伤是髋骨骨折，由于愈合时间长以及手术后的特殊护理要求，如长期卧床和局部的制动，使老年人容易发生压疮、肺炎和泌尿系感染等并发症。跌倒还会给老年人带来巨大的心理创伤，主要表现为担心跌倒、自信心丧失，从而有意识地减少活动，增加活动的依赖性，容易造成恶性循环，增加二次跌倒的风险。跌倒严重影响老年人的生活质量和生活自理能力，给家庭和社会带来了巨大的负担。

2. 呛噎与窒息

老年人会厌反射功能降低，咽缩肌活动减弱，容易产生吞咽困难、进食饮水呛咳，从而造成呛噎与窒息。呛噎与窒息可能导致老年人突发剧烈呛咳、呼吸困难、面色青紫，重者引起窒息，甚至危及生命。

3. 坠床

坠床是指老年人在床上或床边活动时，由于平衡感觉减退，纠正失衡自控力减弱或环境改变（如病床过高、过窄、床栏陈旧等）而发生的跌落事故。坠床可能导致老年人受伤，如骨折、软组织损伤等，严重时甚至危及生命。

4. 走失

走失是指老年人因记忆减退或患老年痴呆症等原因，在没有他人陪同的情况下离开养老机构而迷失方向或无法找到归途的事件。走失可能导致老年人发生意外，如交通事故、摔倒受伤等，同时给养老机构带来极大的管理压力和法律风险。

5. 误吸或误服

误吸或误服是指老年人在进食或服药过程中,由于嗅觉降低、短程记忆力欠佳等原因,误将食物或药物吸入气管或误服不当药物的事件。误吸可能导致老年人窒息或吸入性肺炎等严重后果;误服药物则可能导致药物不良反应或药物相互作用等风险。

6. 皮肤压疮

皮肤压疮是由于局部组织长期受压,血液循环障碍,局部组织持续缺血、缺氧、营养缺乏而导致的组织破损和溃烂。压疮一旦发生,治疗的难度大,恢复慢,并发严重感染者可导致脓毒败血症,危及老人的生命。

7. 烫伤

烫伤是指老年人在使用热水袋、电热毯等取暖设备或接触高温物体时,由于感觉迟钝、反应能力下降等原因而发生的皮肤或黏膜损伤。烫伤可能导致老年人皮肤破损、感染等后果,严重时甚至危及生命。

8. 自伤/自杀

自杀是指老年人在养老机构内因长期慢性疾病致身体疼痛、家庭矛盾影响或带有厌世情绪等心理社会问题而采取的自我伤害行为。自杀不仅导致老年人失去生命,还给其家庭带来极大的悲痛和心理创伤,同时给养老机构带来严重的法律风险和声誉损失。

知识点二　意外伤害事故的处理

养老机构意外伤害事故处理是保障老年人安全、维护机构信誉、履行法律责任的重要环节。处理流程需兼顾及时性、专业性、人文关怀和法律合规性。

一、风险事件处置步骤

1. 现场响应

立即启动应急预案,确保老人安全(如转移至安全区域)。

2. 紧急救助

实施急救措施(如心肺复苏、止血包扎)。

3. 信息上报

2小时内向家属、主管部门、保险公司报告。

4. 证据固定

拍照、录像、保存监控记录及护理日志,作为事故调查、法律诉讼、保险理赔的核心依据。

二、事故调查与分析

首先,成立调查组(护理部、后勤部、法务部联合)。

其次,复盘事件经过(结合监控、证人证言、医疗记录)。

最后,运用鱼骨图、5Why分析法追溯根本原因。

📖 课后拓展

1. 通过网络,收集整理养老机构如何构建一套完善的风险预防与管理体系,以有效减少意外伤害事故的发生。

2. 在意外伤害事故发生后,养老机构应如何进行有效的沟通与协调,以维护老人及其家属的权益,同时促进机构的持续改进?请通过网络,或实地走访,找到相关案例,并进行分析。

在线练习

项目五

后勤管理

在养老机构运营管理的宏大体系中,后勤管理犹如稳固的基石,支撑着整个机构的顺畅运转。从物资采购与仓储管理,到设施设备的维护保养,再到环境卫生与绿化管理,每一项工作都紧密关联着养老机构的日常运营。精准的物资采购,能确保机构物资供应充足且成本合理;完善的设施设备维护,可避免因设备故障影响老人生活,甚至引发安全隐患;整洁舒适的环境卫生,则为老人营造了宜居的生活空间。

要避免养老机构食品和消防安全事故的发生,就必须有规范化的后勤管理,规范化的后勤管理能够确保后勤服务流程的标准化和一致性,减少因人为因素导致的错误和遗漏,确保食品安全、消防安全、居住安全等合规性和安全性。

本项目主要包括三大任务,即食堂管理、消防管理、其他后勤管理。

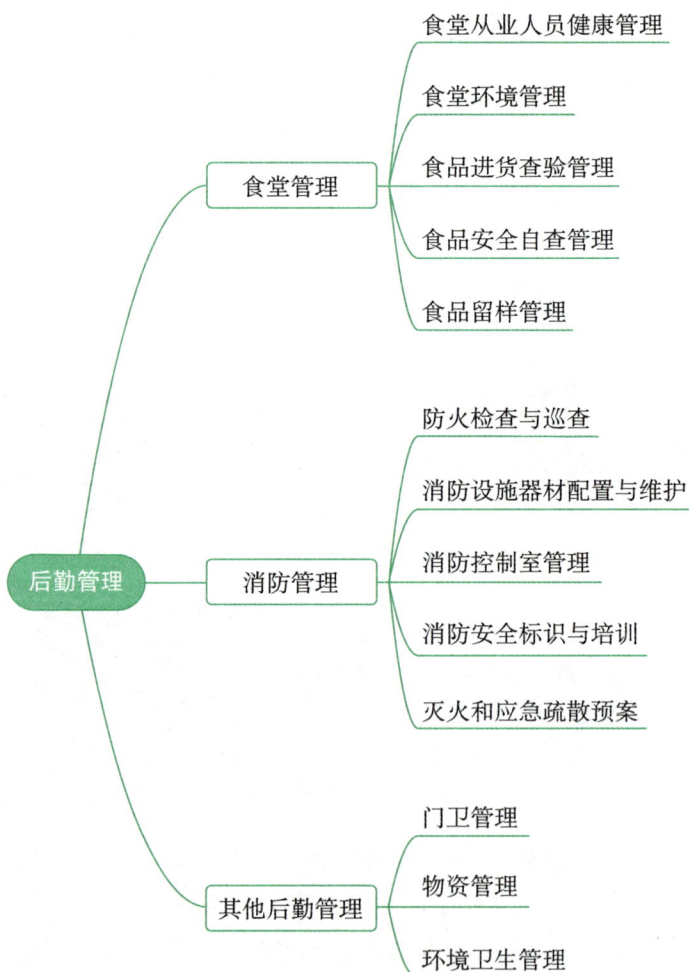

```
                                    ┌─ 食堂从业人员健康管理
                                    ├─ 食堂环境管理
                      ┌─ 食堂管理 ──┼─ 食品进货查验管理
                      │             ├─ 食品安全自查管理
                      │             └─ 食品留样管理
                      │
                      │             ┌─ 防火检查与巡查
                      │             ├─ 消防设施器材配置与维护
          后勤管理 ───┼─ 消防管理 ──┼─ 消防控制室管理
                      │             ├─ 消防安全标识与培训
                      │             └─ 灭火和应急疏散预案
                      │
                      │             ┌─ 门卫管理
                      └─ 其他后勤管理┼─ 物资管理
                                    └─ 环境卫生管理
```

任务1 食堂管理

📋 知识索引

关键词：食堂 安全 食品 环境

理论（技能）要点：食堂从业人员的健康管理要求 食堂卫生环境管理标准 食堂食品安全自查管理要求 食品留样管理要点

重点：食品安全自查管理的内容

难点：食品留样管理要点

📖 任务目标

知识目标
- 掌握食品安全管理人员基本要求
- 熟悉食品留样流程和要求
- 了解《中华人民共和国食品卫生法》

能力目标
- 能联系实际发现食堂管理存在的问题
- 能区分不同食品处理、加工、储藏区域
- 能制定简单的日常食品安全检查计划表

素质目标
- 树立质量管理理念
- 培养文化自信和专业自信
- 培养社会责任感与使命感

🧹 任务情境

最近某市一家新开办的养老机构，出现老人集体腹泻呕吐等症状。经相关部门检查，是老人因食用变质米粉中毒引发的食品安全突发事件。在检查过程中监督人员发现，该养老机构在食堂管理上存在诸多漏洞。此外，监督人员还接到投诉，部分消防通道被杂物堆积阻塞，存在严重消防隐患。该养老机构被罚款并责令限期整改。

你认为，应如何全力保障老年人"舌尖上的安全"？如何让食堂环境卫生整洁？你知道国家对于食品安全有哪些要求？

🏠 知识准备

1. 网上查找《中华人民共和国食品卫生法》并阅读。

2. 去学校食堂查找张贴在墙上的人员健康证、营业执照等相关信息。

📝 知识学习

知识点一 食堂从业人员健康管理

食堂从业人员的健康管理直接关系到食品的安全卫生。食堂从业人员直接接触食品，若患有传染病,极易通过食品传播。健康的员工能够避免因疾病或身体不适导致的操作失误,从而降低食品污染的风险,确保饮食安全。定期进行健康检查和管理,可以及时发现并处理健康隐患,有效预防疾病在食堂内的传播。根据《中华人民共和国食品卫生法》,食堂从业人员必须持有健康证明,定期进行健康检查。这是法律对食品安全的基本要求,也是养老机构合规经营的重要组成部分,避免因违规操作带来的法律风险。养老机构食堂从业人员健康管理要做到以下五个方面。

第一,食堂从业人员(包括新参加和临时参加工作的人员)在上岗前应持有县级或县级以上医院发放的健康证明。

第二,食堂从业人员需每年去医院进行一次健康检查,取得有效健康证,必要时进行临时健康检查。

第三,患有痢疾、伤寒、病毒性肝炎等消化道传染病,以及患有活动性肺结核、化脓性或者渗出性皮肤病等有碍食品安全的疾病的人员,不得从事接触直接入口食品的工作。

第四,食堂从业人员每日必须参与晨检。有发热、腹泻、皮肤伤口或感染、咽部炎症等有碍食品安全病症的人员,应立即离开工作岗位,待查明原因并将有碍食品安全的病症治愈后,方可重新上岗,晨检情况如实记录从业人员的个人健康档案。

第五,食品安全管理员要及时对本单位餐饮从业人员进行登记造册,建立从业人员健康档案,组织从业人员每年定期到指定体检机构进行健康检查。从业人员健康证明应随身携带或交主管部门统一保存,以备检查。

《中华人民共和国食品卫生法》

知识点二　食堂环境管理

食堂环境管理的重要性不容忽视,它直接关系到食品安全、老年人健康以及养老机构的声誉。清洁、整洁的环境能有效防止细菌和病毒的滋生,减少食物中毒的风险。一个干净、舒适的就餐环境能够提升老年人用餐体验,提升服务满意度。定期开展食堂卫生环境监督可以及时发现并解决潜在的卫生问题,在食堂卫生环境管理时应落实以下标准。

首先,食堂管理人员要随时检查食堂餐厅的环境卫生,并作好检查记录。食堂管理相关负责人至少每天不定时检查一次食堂餐厅的卫生情况,并作好记录,督促整改。

其次,应认真落实食堂的卫生检查。

① 食堂内的环境卫生包括地面是否有残留的食物残渣等垃圾,地面坑洼处是否积有污水,潲水桶是否加盖,并且桶身是否干净。水池内外、排污地沟等处有无堵塞,是否有饭菜残渣。灶台、操作台等处是否干净、整洁。

② 从业人员的个人卫生包括从业人员是否做到"四勤",口罩佩戴是否规范,是否正确穿戴工作衣帽,有无戴首饰上岗,有无在工作区或操作时吸烟,有无在操作间内高声喧哗,有无不良卫生习惯,分戴一次性手套。

③ 食堂的"三防"设施有无损坏情况,是否充分发挥"三防"设施的功能和作用。

④ 从业人员是否按流程进行规范操作,做到生熟、荤素分开,有无不规范操作现象。

⑤ 库房是否通风、整洁、整齐、明亮。更衣室衣物挂放是否整洁有序。

⑥ 餐具用具是否每次用后清洗、消毒,是否按规定和要求进入配餐间存放保洁。

知识点三　食品进货查验管理

食品进货查验是食堂质量控制的重要环节,通过严格的进货查验,可以确保进入食堂的食品符合安全标准,避免不合格或过期食品流入,从而保护老年人的健康。进货查验记录可以有效追踪食品的来源和流向,提高供应链的透明度,便于在出现问题时进行快速追溯和处理。通过进货查验还可以更准确地了解库存情况,合理安排食堂采购计划,避免过度库存或缺货现象,提高运营效率。食品进货查验及入库应做到以下六点。

①　采购的食品、食品添加剂、食品相关产品等应符合国家有关食品安全标准和规定的要求,不得采购《中华人民共和国食品卫生法》第二十八条规定禁止生产经营的食品和《中华人民共和国农产品质量安全法》第三十三条规定不得销售的食用农产品。

②　采购的食品原料及成品必须色、香、味、形正常,不采购腐败变质、霉变及其他不符合卫生标准要求的食品。

③　采购预包装食品,商标上应有品名、厂名、厂址、生产日期、保存期(保质期)等内容。采购进口食品必须有中文标识。

④　食品、食品添加剂及食品相关产品采购入库前,应当查验所购产品外包装、包装标识是否符合规定,与购物凭证核对是否一致,合格者入库储存,不合格者退回。

⑤　食品、食品添加剂及食品相关产品采购入库验收时应建立验收登记台账。台账应当如实记录进货日期、产品的名称、规格、数量、生产日期、保质期、供应商名称及联系方式、验收人等内容。

⑥　食品出库时应做好出库记录。

知识点四　食品安全自查管理

定期开展食品安全自查有助于监控食堂每一个工作环节,确保食品符合国家食品安全标准和食堂质量要求。定期开展食品安全自查,也是符合上级监管机构的要求,避免因违规而产生的法律责任和经济损失。自查过程中的员工培训可以提高员工的食品安全意识和操作技能。食堂食品安全自查管理应做到以下七个方面。

①　设立食品卫生检查监督小组,定期或不定期对食堂进行食品卫生检查和环境卫生检查。

②　把好食品采购、进货关,特别是对油、米、肉、菜等,关键的食品要定点,不准采购霉变、有毒、有害或无证不合格的食品,确保所购食品卫生安全。

③　规范食品加工操作流程。做到粗细分区、肉菜分开、生熟隔离、洗消严格。

④　对储存食品应进行冷藏保鲜,无须保鲜的食品应做到离地隔墙,分类堆放整齐,先进先用,用前应检查有无变质变味。

⑤　保证不出售变质或夹生不熟食物,严防病毒交叉感染引发食物中毒。

⑥　规范食品运送渠道。做好的食品,应通过专用设施密闭容器运送。

⑦　检查结果应有记录、有汇报,查出问题,立即解决,并追究责任人的责任。

知识点五　食品留样管理

食品留样是食品安全管理中的重要环节,其标准和规定在《中华人民共和国食品安全法》及相关法律法规中有所体现,《中华人民共和国食品安全法》第八十五条规定,食品检验由食品检验机构指定的检验人独立进行,且必须依照有关法律、法规的规定,并按照食品安全标准和检验规范对食品进行检验。食品留样进行检测,不光可以监控食品的质量稳定性,确保产品符合安全标准,在食品安全事故发生时,留样可以作为应急响应的一部分,快速采取措施,减少损失。食品留样制度通常包括以下要点。

①　留样工作由专人负责,专人操作,专人记录。留样食品应使用专用器具,留样冷藏柜由专人管理。

②　留样食品范围为每日经厨房加工后的所有主副食品,不得缺样。

③　餐饮单位须购置与留样食品数量相适应的冷藏设施及留样工具,留样容器要大小适宜,便于盛放与清洗消毒。冷藏设备要贴有明显的"食品留样专用"标识。

阅读卡

《中华人民共和国农产品质量安全法》

④ 留样主副食品冷却后,必须用保鲜膜密封好,放入专用器皿中加盖,并在外面贴上标签,标明编号、留样时间、餐别、餐名、留样量、消毒时间、销毁时间、留样人等,并按早、中、晚餐的顺序分类保存。

⑤ 每种主副食品留样量不少于125 g,并分别盛放在已清洗消毒的专用留样容器内。冷藏温度为0~10℃,留样时间48小时以上。

⑥ 留样的主副食品取样后,必须立即放入完好的食品罩内,避免污染。

⑦ 建立完整的留样记录,由餐饮负责人或留样负责人保管。留样记录至少应保存12个月,以备查验。

⑧ 发生食物中毒或疑似食物中毒事件,或根据其他情况需要,卫生部门将依法对留样食品进行卫生学检验。

⑨ 留样柜内严禁存放与所留样品无关食品或物品,留样食品不得混入用餐食品中。

📖 课后拓展

参观一家养老机构的食堂,观察他们在食品留样上做了哪些工作,以及现场情况如何。

测试

在线练习

任务2 消防管理

➕ 知识索引

关键词: 消防安全　安全标识　灭火预案

理论(技能)要点: 防火巡查的主要内容　消防设施器材配置要求　消防安全标识类别和含义

重点: 防火检查与巡查

难点: 消防安全"一懂三会"

📖 任务目标

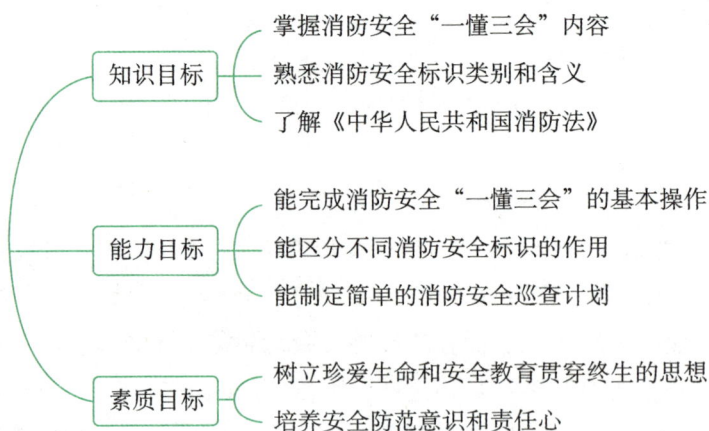

🧹 任务情境

老年人作为需要特殊关注的群体,他们行动不便,消防安全意识较为薄弱。而养老院作为老年人的集聚地,一旦遇到火灾,极易造成人员伤亡。你觉得,应如何做好日常消防检查工作? 消防设备配置需要达到哪些标准？应急疏散的流程是什么？《养老机构消防安全管理规定》对养老服务机构的消防管理工作做了哪些要求？

知识准备

1. 网上查找民政部、国家消防救援局联合印发《养老机构消防安全管理规定》(民发〔2023〕37号)并阅读全文。

2. 寻找并记录、拍照身边能找到的消防设施设备。

知识学习

知识点一　防火检查与巡查

预防是消防管理的第一任务，首先，通过加强火灾隐患排查、完善消防设施设备、强化宣传教育和培训，提高人们的安全意识，从源头上杜绝火灾隐患。其次，综合治理需要全面考虑建筑设计、消防设施配置、消防宣传教育和应急救援等方面，采取多种措施进行综合治理，确保各环节无缝衔接，提升整体防控能力。再次，消防管理必须依法进行，建立健全消防法规制度，明确责任和权限，加强对建筑、单位和个人的监管，依法惩处违法违规行为，保障管理工作的合法性和规范性。最后，消防安全管理需采取多措并举的策略，包括加强设施建设、优化管理程序、提升人员素质等，形成多层次、全方位的防控体系，确保在火灾发生时能够迅速有效地应对。

定期开展防火检查与巡查能及时发现并排除火灾隐患，提高单位消防安全水平。防火检查与巡查主要内容如下。

①检查消防设施和器材的完好性：定期检查灭火器、消火栓等消防器材是否完好，确保其随时可用。

②检查电气线路的敷设和使用情况：检查电线是否有老化、破损现象，电器设备是否按规定使用。

③检查易燃易爆物品的管理和使用：确保易燃易爆物品存放在安全区域，标识清晰，使用规范。

④检查疏散通道和安全出口的畅通：保证疏散通道无障碍物，安全出口指示明确且常开。

⑤检查消防标识的设置和维护：检查各类消防标识是否清晰可见，位置是否正确。

⑥检查员工消防知识的掌握情况：通过培训和演练，提高员工的消防安全意识和应急处理能力。

定期防火检查登记表见表4-5-1。

表4-5-1　定期防火检查登记表

被检查部门		时间		
部门负责人		部门管理人		
监督检查内容和情况				
检查内容	具体部位	检查情况		
		合格	不合格	不合格原因	责任人
消防通道 安全出口	消防车通道				
	疏散通道				
	防火间距				
	安全出口				
	封闭、防烟楼梯间				
	防火门				

（续表）

检查内容		具体部位	检查情况			
			合格	不合格	不合格原因	责任人
用火用电管理	用火、用电情况					
	燃气用具、管路					
	电器产品、线路					
消防控制室	值班操作人员					
	自动消防设备运行情况					
	消防联动控制设施运行情况					
	消防电话					
	主、备电源					
消火栓系统	消火栓					
	启泵按钮					
	屋顶试验消火栓					
	水泵结合器					
自动喷水灭火系统	报警阀组					
	末端试水装置					
	水流指示器					
火灾报警系统	报警探测器					
	警报装置					
	报警控制器					
	手动报警按钮					
	消防联动控制器					
消防供水设施	消防水泵					
	水泵控制柜					
	屋顶消防水箱					
	压力储罐					
	稳压泵					
	消防水池					
其他设施设备	泡沫灭火系统					
	气体灭火系统					
	防排烟设施					
	灭火器					
	防火卷帘					
	应急照明					
	疏散指示标志					
	应急广播					

（续表）

检查内容		具体部位	检查情况			
			合格	不合格	不合格原因	责任人
消防知识掌握情况	重点工种、部位操作人员					
	员工					
其他情况	消防安全标志设置管理					
	重点部位管理					
	易燃易爆危险品管理					
	防火巡查情况					
	隐患整改情况					
	其他					
备注	主要写明对不合格情况的处理、整改情况					

知识点二　消防设施器材配置与维护

一、消防设施器材配置

养老机构应按照国家有关消防法规规定,配备相应的消防设施设备,并定期进行检查和维护。消防设施应摆放在明显易操作的地方,且周围不应有阻碍物。消防设施设备应按照类型和用途分类放置,并按照规定进行标识。

养老机构应配备火灾报警系统、自动喷水灭火系统、消火栓系统、应急照明和疏散指示系统等必要的消防设施;还应设置符合规范的疏散通道,保持畅通无阻,疏散通道的指示标志应明显易见,并按照规定设置在通道两侧及拐角处。养老机构应设置安全出口,并保持畅通无阻,安全出口的门应向外开启,不得上锁或堵塞。

养老机构常见消防设施器材见表4-5-2。

表4-5-2　养老机构常见消防设施器材一览表

序号	类别	设施器材	要求
1	消防设施	消防栓系统	• 室内消火栓:应设置在每层楼的明显位置,确保在紧急情况下能够迅速取用,消火栓箱内应配备消防水带、消防水枪等配件 • 室外消火栓:应设置在养老机构周边,便于消防车取水进行灭火
2		灭火器	• 灭火器种类:养老机构应配备多种类型的灭火器,如干粉灭火器、二氧化碳灭火器、泡沫灭火器等,以应对不同类型的火灾 • 灭火器放置位置:灭火器应放置在明显且易于取用的位置,如走廊、楼梯间、厨房等火灾易发生区域 • 定期检查与维护:定期对灭火器进行检查和维护,确保其处于完好有效状态
3		自动喷水灭火系统	• 根据养老机构的规模和建筑特点,设置自动喷水灭火系统,以在火灾初期迅速扑灭火源 • 定期检查管道、喷头等设施,确保其正常运行
4		火灾报警系统	• 安装先进的火灾报警系统,如烟雾探测器、火焰探测器等,以及时检测火灾迹象 • 报警系统应与当地消防部门联网,确保在火灾发生时能够迅速响应

（续表）

序号	类别	设施器材	要求
5	安全疏散设施配置	疏散通道与安全出口	• 确保疏散通道宽敞明亮，便于老年人迅速疏散 • 设置明显的安全出口标识，确保在紧急情况下能够迅速找到出口
6		应急照明与疏散指示	• 配置应急照明系统，确保在火灾导致电力中断时提供足够照明供疏散和逃生使用 • 在各楼层明显位置设置疏散指示图，标示出疏散通道和安全出口的位置及方向
7		安全疏散辅助器材	• 在各楼层明显位置配备轮椅、担架、呼救器、过滤式自救呼吸器、疏散用手电筒等安全疏散辅助器材，确保在紧急情况下能够及时有效地进行人员疏散和救助
8	其他消防设施配置	消防电梯	• 根据养老机构的规模和建筑特点，设置消防电梯，以便在火灾发生时迅速疏散人员
9		消防水池与消防泵房	• 设置消防水池和消防泵房，确保在火灾发生时能够提供足够的水源进行灭火
10		防火分隔设施	• 使用防火墙、防火门等设施将养老机构划分为不同的防火分区，以减少火灾蔓延的风险

二、消防设施器材维护

1. 专人负责

消防设施日常使用管理由专职管理员负责，专职管理员每日检查设施的使用状况，保持设施整洁、卫生、完好。

消防设施及消防设备的技术性能的维修保养和定期技术检测由消防工作归口管理部门负责，设专职管理员每日按时检查了解消防设备的运行情况。查看运行记录，听取值班人员意见，发现异常及时安排维修，使设备保持完好的技术状态。

2. 消防设施和消防设备定期测试

① 烟、温感报警系统的测试由消防工作归口管理部门负责组织实施，保安部参加，每个烟、温感探头至少每年轮测一次。

② 消防水泵、喷淋水泵、水幕水泵每月试开泵一次，检查其是否完整好用。

③ 正压送风、防排烟系统每半年检测一次。

④ 室内消火栓、喷淋泄水测试每季度一次。

⑤ 其他消防设备的测试，根据不同情况决定测试时间。

3. 消防器材管理

① 每年在冬防、夏防期间定期两次对灭火器进行普查换药。

② 派专人管理，定期巡查消防器材，保证处于完好状态。

③ 对消防器材应经常检查，发现丢失、损坏应立即补充并上报领导。

④ 各部门的消防器材由本部门管理，并指定专人负责。

知识点三　消防控制室管理

消防控制室是设有火灾自动报警控制设备和消防控制设备，用于接收、显示、处理火灾报警信号，控制相关消防设施的专门处所。具有消防联动功能的火灾自动报警系统的保护对象中应设置消防控制室，消防控制室内的设备构成及其对建筑消防设施的控制与显示功能以及向远程监控系统传输相关信息的功能，应符合现行国家标准《火灾自动报警系统设计规范》(GB 50116—2013)和《消防控制室通用技术要求》(GB 25506—2010)的规定。

消防控制室应实行24小时值班制度,消防控制室的主管部门应按月制定工作人员值班表。消防控制室工作人员每班不得少于2人,其中一名为当日领班,负责控制室人员的管理及值班时紧急情况的处置。自动消防系统的操作人员,必须经过公安消防机构培训合格后,持证上岗,养老机构应制作《消防控制室操作人员考核成绩登记表》,统一记录操作人员的考核情况。

消防控制室工作人员应提前10分钟上岗,并做好交接班工作,接班人员未到岗前交班人员不得擅自离岗。工作人员工作期间不得脱岗、替岗、睡岗,严禁值班前饮酒或在值班时进行娱乐活动,因确有特殊情况不能到岗的,应提前向上级主管领导请假,经批准后,由同等职务的人员代替值班。

知识点四　消防安全标识与培训

消防安全标志是指用于提示、警告和指引消防安全事项的标识和标牌。它们在如今的现代化社会中广泛应用,为大众和消防员提供重要信息,以确保人员在危险环境中的安全。学习消防安全标志的识别和理解,不仅对生活有着重要的意义,对于公共场所、企业等也有着积极的作用,它可以确保人们在日常生活和紧急情况下的安全和保障。消防安全标志分为以下五个类别。

1. 禁止标志

这种标志通常用红底白字表示,如禁止吸烟、禁止明火等,表示特定的活动是被禁止的。拥有这类标志的地方必须严格执行相关规定,以保证人员和财产的安全。

禁止吸烟　　　　　　　　　　　　　　禁止烟火

图4-5-1　禁止标志

2. 警告标志

这种标志通常用黄底黑字表示,如高温警告、爆炸危险等,表示此处存在潜在的危险,要引起人们的高度关注和注意防范措施,以避免发生意外。

当心易燃物　　　　　　　　　　　　　当心坠落

图4-5-2　警告标志

3. 指示标志

这种标志通常用蓝底白字表示,如出口指示、应急通道等,为人们提供需要注意的事项或指示方向,使人们更好地逃离危险区域。

环岛行驶

向左转弯

图4-5-3　指示标志

4. 提醒标志

这种标志通常用绿底白字表示,如消火栓、灭火器等,提醒人们可以在此获得急救和灭火等设备。

紧急出口

明火区域

图4-5-4　提醒标志

养老机构应设置消防宣传专栏等固定消防宣传设施,提高员工的消防安全意识和技能水平,通过多种形式开展经常性的消防安全宣传与培训。至少每半年组织1次对全体员工的集中消防培训;员工新上岗、转岗前应经过岗前消防安全培训;结合服务对象的身体、心理健康状况,有针对性地开展防火常识和逃生自救教育。所有员工应了解本岗位火灾危险性和防火措施,会检查消除火灾隐患、会报火警、会扑救初起火灾,会组织疏散逃生和会消防宣传教育培训能力。消防培训包括下列内容。

① 有关消防法律法规、消防技术标准、消防安全管理制度、保证消防安全的操作规程等。

② 本单位、本岗位的火灾危险性和防火措施。

③ 建筑消防设施、灭火器材的性能、使用方法和操作规程。

④ 消防安全"一懂三会"(懂得本场所用火、用油、用气火灾危害性;会报警:发生火灾后迅速拨打119电话报警;会灭火:发生火灾后会使用灭火器、消火栓等扑救初期火灾;会逃生:懂得逃生技巧,发生火灾后迅速逃离现场)。

⑤ 灭火和应急疏散预案的内容、操作程序。

养老机构还应积极组织消防安全专职人员,易燃易爆危险物品的使用、储存等特种岗位人员,其他依照规定应当接受消防安全专门培训的人员参加消防救援机构组织的专业消防安全知识培训。

知识点五　灭火和应急疏散预案

一、基本要求

养老机构应根据《中华人民共和国消防法》、《机关、团体、企业、事业单位消防安全管理规定》(公安部61号令),结合本机构实际,制定灭火和应急疏散预案,提高企业、员工对突发火灾事故的快速反应能力及处置能力。

发生紧急情况时,每个员工都应处事不惊,有条不紊地开展报警、灭火和疏散等工作,各负其责、各尽其职,最大限度地控制火灾、疏散人员,全力保障人员及财产安全。灭火和应急疏散预案应包括以下三个要点。

组织机构及主要职责:成立消防应急指挥部,下设灭火、通讯、疏散、救护等各个功能小组。

制定灭火救援基本处置程序:任何人员发现火灾应立即报警并呼喊附近员工参与灭火救援形成第一灭火力量;本单位专兼职消防队员应迅速向火场集结,到场后组成第二灭火力量;公安消防队到达现场后形成第三灭火力量。

二、应急响应程序

1. 发现火情

在场人员要立即引导室内人员进行有序疏散,并迅速利用室内的消防器材控制火情,争取消灭于火灾初级阶段。

如不能及时控制、扑灭火灾,在场人员要立即采取措施妥善处理(如切断电源等),防止火势蔓延。

2. 报告火情

在场人员要以最快的方式向领导组成员汇报,尽快增加援助人员,协助救火。

领导组成员接到报告后,要立即到达火情现场,并视火情拨打"119"报警求救。

3. 疏散人员

按照灭火预案,管理人员及各工作人员要立即通知领导小组领导,尽快增加援助人员,如发生重大火情,同时向"119"报警,并根据火情发生的位置、扩散情况及威胁的严重程度逐个区域通知人员撤离。

为更好地应付紧急情况,管理人员及工作人员必须一切听从现场指挥部的指挥。

紧急疏散的负责同志必须接受基本灭火技术的培训,正确掌握必要的方法,对行动不便的老人及时安排人员帮助其迅速转移,切实保证逃生老人的安全撤离。

三、应急预案内容

应急预案的内容应至少包括:

a)指导思想;b)组织机构;c)职责分工;d)处置原则;e)预案等级;f)处置程序;g)工作要求。

阅读卡

四、预案演练

应急预案应至少每半年进行一次演练。

各类应急预案应根据实际情况变化不断补充、完善。

《建筑防火通用规范》(2022年)

📖 课后拓展

1. 养老机构消防管理需要哪些专职人员?需要间隔多久开展一次消防培训?

2. 请简述消防安全标识的分类和作用。

测试

在线练习

任务3 其他后勤管理

🔖 知识索引

关键词: 门卫 垃圾分类 物资采购 四害

理论（技能）要点：垃圾分类及处置　门卫职责

重点：物资库房管理　环境卫生管理

难点："四害"及消杀要求

任务目标

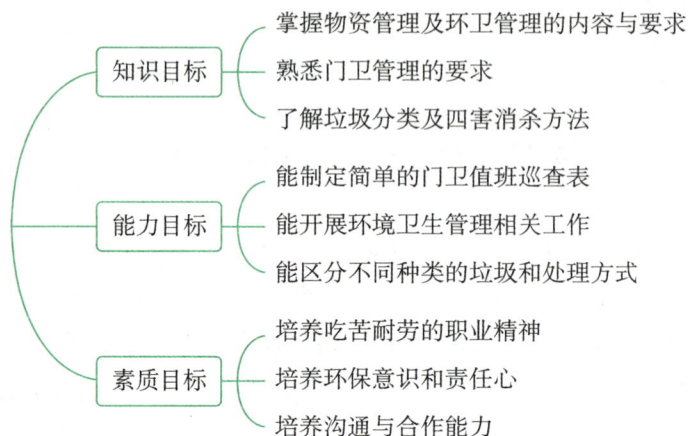

知识目标 ── 掌握物资管理及环卫管理的内容与要求

　　　　　── 熟悉门卫管理的要求

　　　　　── 了解垃圾分类及四害消杀方法

能力目标 ── 能制定简单的门卫值班巡查表

　　　　　── 能开展环境卫生管理相关工作

　　　　　── 能区分不同种类的垃圾和处理方式

素质目标 ── 培养吃苦耐劳的职业精神

　　　　　── 培养环保意识和责任心

　　　　　── 培养沟通与合作能力

知识准备

1. 寻找身边的垃圾分类收集装置，并识别垃圾分类的类型。

2. 阅读《城市生活垃圾管理办法》，了解垃圾分类及处理方式。

知识学习

知识点一　门卫管理

门卫人员应严格遵守国家法律法规和养老服务机构规章制度，切实履行门卫职责，确保养老机构安全。门卫人员的主要负责内容应包括外来人员管理、车辆管理、安全巡视管理、监控录像管理等。具体要求如下。

门卫实行24小时值班制度，确保门卫室随时有人值守。值班人员应按时到岗，不得擅自离岗、脱岗，不得在值班室内从事与工作无关的活动，确保门卫室正常运转。

所有进入养老机构的人员、车辆和物品，必须经门卫人员登记、检查后，方可进入。外来人员需出示有效证件，如身份证、驾驶证等，门卫人员应认真核对。外来车辆进入养老机构，需出示驾驶证、行驶证等，并按规定停放。

门卫人员应定时、定点开展内部巡逻，对养老机构重点部位进行安全检查，确保设施设备安全。定期检查消防设施设备，确保消防通道畅通，消防器材完好。

安保监控室设立专人负责监控工作，确保24小时值班制度。监控人员应严格按照操作规程进行监控工作，不得擅自修改监控设备参数。监控资料保存期限不少于30天，老年人活动区域图像保存期限不少于30天。

知识点二　物资管理

养老机构作为提供老年人集中居住和照料服务的专业机构，其物资采购和管理制度的建立和完善，对于保障老年人的生活质量、维护养老机构的正常运营具有重要意义。

一、物资采购管理

养老机构应根据年度工作计划和实际需求,编制年度物资采购计划。采购计划应包括采购项目、采购数量、采购预算、采购时间等,由采购部门负责编制。

养老机构还应根据采购项目的特点和需求,选择合适的采购方式。主要包括:直接采购、招标采购、询价采购等。直接采购适用于采购金额较小、需求紧急的采购项目;招标采购适用于采购金额较大、需求明确的采购项目;询价采购适用于采购金额较小、供应商较少的采购项目。

二、物资库房管理

建立物资入库管理制度,对入库物资进行验收、登记和保管。验收人员应按照采购合同约定的质量要求对入库物资进行验收,确保物资符合质量要求。

建立物资出库管理制度,对出库物资进行审批、登记和发放。出库人员应按照实际需求进行审批,确保物资的合理使用。

建立物资库存管理制度,对库存物资进行定期检查、盘点和维护。库存管理人员应定期对库存物资进行盘点,确保库存物资的数量和质量符合要求。

三、物资报废管理

对报废物资进行审批、登记和处理。报废人员应按照相关规定对报废物资进行审批,确保报废物资的处理符合环保要求。

养老机构应建立完善的物资分类管理制度,明确各类物资的报废标准和处理方式。对于不同类别的物资,应采取不同的报废流程和处理方式。

报废物资的处理过程应详细记录,包括报废申请、审核、审批、执行等各个环节。记录应真实、准确、完整,以便后续跟踪和审计。

四、维护维修管理

应设置维修保养人员专岗负责保养维修养老机构使用的各种设备和生活设施。

根据设施设备的类型、用途和使用频率等因素进行分类管理,制定相应的维护维修计划和标准。

维修保养人员应每半年对常用设备进行一次检修保养,每月对院内的水、电、门、窗等设施进行一次检修。

知识点三　环境卫生管理

一、卫生清洁

卫生清洁和消毒工作能够保持养老院环境的整洁、清新,为老年人提供一个舒适、安全的居住空间,日常的卫生清洁和消毒工作要注意以下方面。

室内卫生:定期清扫地面、清洁墙壁、窗户和家具。保持室内空气流通,及时清理垃圾。

室外卫生:定期清理花园和道路,保持整洁。

厕所卫生:定期清洗和消毒厕所,确保供应新鲜水源和洁净卫生纸。

餐厅卫生:定期清洁餐厅桌椅、餐具和厨房设备,确保食物安全。

公共区域卫生:定期清扫公共走廊、楼梯和电梯,保持公共区域整洁。

床铺卫生:定期更换床单、被罩和枕头套,并进行洗涤消毒。

使用合适的消毒剂进行消毒,杀灭表面和空气中的细菌和病毒。

定期对公共区域、床铺、厕所等进行消毒处理。

制订合理的消毒计划,确保消毒工作的全面覆盖。

对消毒剂的存储和使用进行标签和记录,确保安全使用。

二、垃圾管理

养老机构应遵循《中华人民共和国固体废物污染环境防治法》《城市生活垃圾管理办法》,开展养老机构生活垃圾分类与处置工作。

1. 垃圾分类

养老机构垃圾分为:①可回收物:如塑料、纸张、玻璃、金属等具有再利用价值的物品;②厨余垃圾:如剩菜剩饭、果皮、蔬菜残余等生物可降解的有机物;③有害垃圾:如废电池、废荧光灯管、过期药品等对人体和环境有害的物品;④医疗垃圾:如口罩、棉球、棉签、引流棉条、纱布等老年人血液、体液、排泄物污染的物品;⑤其他垃圾:如砖瓦陶瓷、卫生间废纸等无法归入以上四类的废弃物。

2. 垃圾分类收集

养老机构应设立垃圾分类投放点,并为老年人提供明确的垃圾分类指导和培训,确保垃圾分类工作的顺利进行;分类收集的垃圾应按照规定的路线、时间进行运输,确保运输过程中的安全和环保。

3. 分类处理与处置

可回收物应送到专业的回收站进行处理和回收;厨余垃圾可通过堆肥、发酵等方式进行资源化处理;有害垃圾应送到专业处理场所进行无害化处理。

三、虫害管理

虫害防治管理主要是指对"四害"(鼠、蝇、蚊、蟑螂)的灭杀。应该遵循从源头控制的原则,尽量从日常工作中采取预防措施,少用或者不使用化学药剂。"四害"灭杀要求见表4-5-3。

表4-5-3 "四害"灭杀要求

序号	类型	要求
1	灭鼠	搞好宣传教育,提高全体员工对除"四害"工作认识水平和参与意识;坚持突击灭鼠与经常灭鼠相结合,要加强防鼠设施建设
2	灭蝇	缩小与根除蝇类孳生地,加强粪便管理,厕所均为水冲式化粪池厕所,化粪池盖密封,粪便无暴露。采用人工、药物等方法,因时因地消灭蛆、蛹,随时随地消灭成蝇
3	灭蚊	控制和消除草生条件,疏通水道,填平坑洼,防止形成死水,同时搞好下水道和地下室的防蚊工作。搞好室内外速效灭蚊,常用灭蚊气雾喷杀
4	灭蟑螂	采取环境治理与化学消杀结合的办法,铲除草生源地。对重点区域进行封闭消杀,集中治理

阅读卡

《城市生活垃圾管理办法》

📖 课后拓展

通过实地走访,观察一家养老机构门卫人员在你进出大门时,做了哪些工作,并且这些工作做得是否到位或妥当。

测试

在线练习

项目六

营销管理

养老机构营销管理，在养老服务领域的专业教学体系中具有举足轻重的地位，它是养老机构在市场竞争中脱颖而出、实现可持续发展的关键指引，为培养养老行业专业营销人才提供核心知识与技能支撑。通过本项目的学习，能使学习者深入理解养老机构营销的各个环节，有效提升其在该领域的实践操作能力与战略规划水平，进而推动养老机构更好地满足老年人需求，促进养老产业繁荣发展。

在我国老龄化加速的社会背景下，养老机构数量不断攀升，市场竞争愈发激烈。养老机构营销管理的重要性日益凸显，其关乎机构的生存与发展，影响着社会养老资源的合理配置与高效利用。本项目主要包括三大任务，即养老机构市场分析、市场营销策略和市场营销计划的制定与执行，涉及养老市场需求分析、竞争对手分析、SWOT分析、产品策略、价格策略、渠道策略、促销策略、SMART原则下的营销目标设定、营销策略整合与行动计划制定、预算分配与资源配置等内容。

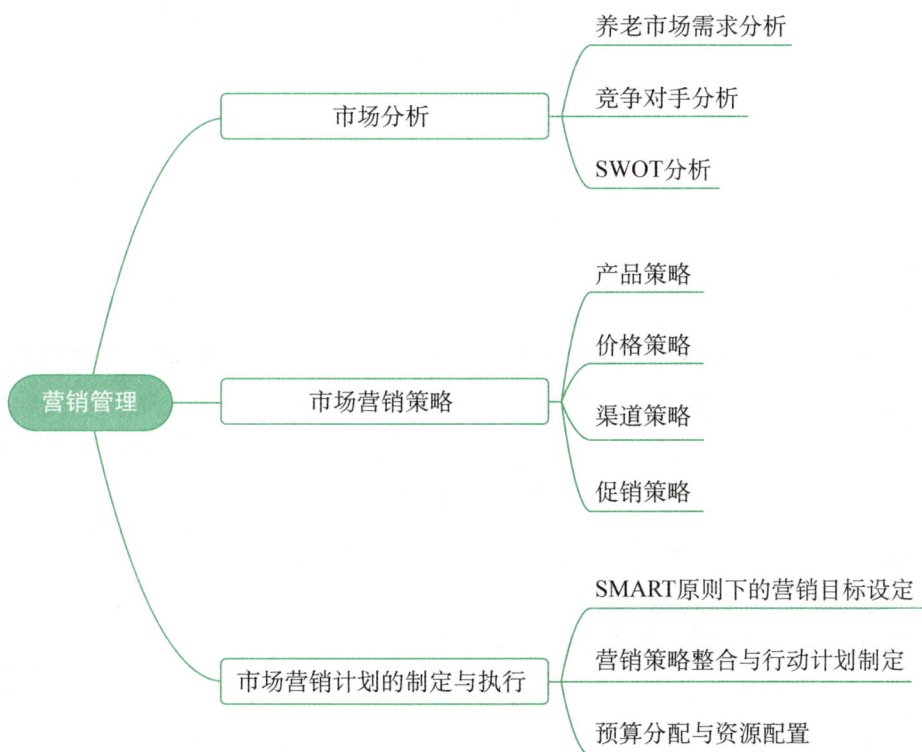

```
营销管理 ─┬─ 市场分析 ─┬─ 养老市场需求分析
          │            ├─ 竞争对手分析
          │            └─ SWOT分析
          │
          ├─ 市场营销策略 ─┬─ 产品策略
          │                ├─ 价格策略
          │                ├─ 渠道策略
          │                └─ 促销策略
          │
          └─ 市场营销计划的制定与执行 ─┬─ SMART原则下的营销目标设定
                                        ├─ 营销策略整合与行动计划制定
                                        └─ 预算分配与资源配置
```

任务1 市场分析

知识索引

关键词：养老市场需求　竞争对手分析　SWOT分析

理论（技能）要点：养老市场需求分析方法与要点　竞争对手分析维度与策略

重点：养老市场需求分析方法与要点

难点：SWOT分析养老市场

任务目标

知识目标
- 掌握运用 SWOT 分析法剖析养老机构内外部环境
- 掌握竞争对手分析的关键指标与流程
- 了解养老市场需求的影响因素及分析方法

能力目标
- 能运用调研工具和数据评估养老市场需求规模与趋势
- 能准确识别养老机构竞争对手的优势与劣势
- 能基于 SWOT 分析结果制定初步的养老机构运营改进策略

素质目标
- 培养敏锐的市场洞察力与数据驱动的决策思维
- 增强竞争意识与创新精神，提升应对市场变化的能力
- 强化社会责任感，致力于提升养老服务品质

任务情境

在养老行业蓬勃发展的当下，张经理负责一家新筹备的养老机构的市场规划工作。他发现周边既有豪华型的高端养老社区，也有价格亲民的小型养老院，市场竞争激烈。同时，随着老年人口结构的变化和社会观念的转变，老年人及其家属对养老服务的需求愈发多元化。张经理深知，若要使新机构在市场中立足并取得良好发展，必须深入了解养老市场需求、精准剖析竞争对手，并全面评估机构自身的优势、劣势、机会与威胁。

你觉得，张经理可以从哪些方面进行养老市场调研呢？

知识准备

1. 学习市场调研方法相关资料，如问卷调查设计、访谈技巧等。

2. 收集所在地区及全国养老机构行业报告、统计数据等信息资源。

知识学习

知识点一　养老市场需求分析

养老机构市场需求分析是指通过系统性的市场调研和数据研究，了解目标客户群体的养老需求特征、消费偏好、支付能力及未来趋势，为养老机构的战略定位、服务设计、市场拓展提供科学依据的过程。

其核心目标是确保养老机构的服务供给与市场需求有效匹配,提高市场竞争力和运营可持续性。这一过程主要关注以下三个方面。

一、人口因素

人口老龄化程度是养老市场需求的基础驱动因素。根据国家统计局数据,近年来我国65岁及以上老年人口数量持续增长,占总人口比重不断上升,这意味着养老服务的潜在需求群体在不断扩大。同时,老年人口的年龄结构、健康状况等也影响着需求类型。例如,低龄健康老人可能更倾向于文化娱乐、学习交流等服务;而高龄、失能半失能老人则对生活照料、医疗护理需求更为迫切。

二、经济因素

老年人及其家庭的经济状况决定了其对养老服务的支付能力和消费偏好。经济条件较好的家庭可能会选择高品质、个性化的高端养老机构;而中等收入家庭则更注重性价比高的养老服务套餐。此外,地区经济发展水平差异也导致养老市场需求的区域不平衡,在经济发达地区,养老市场需求往往更加多样化和高端化。

三、社会观念因素

随着社会的进步,传统家庭养老观念逐渐转变,越来越多的老年人和家属开始接受机构养老模式。同时,老年人对生活品质的追求也在提高,他们希望在养老机构中能继续保持社交活动、实现自我价值等,这促使养老机构提供更加丰富的精神文化和社交服务。

知识点二 竞争对手分析

养老机构竞争对手分析是指通过系统性地收集、整理和评估同行业竞争对手的信息,了解其经营策略、服务模式、市场定位及优劣势,从而制定更具竞争力的发展战略的过程。其核心目标是帮助养老机构在市场竞争中占据有利地位,优化资源配置,提升服务质量和运营效率。

一、作用

1. 市场定位优化
通过分析竞争对手的市场定位(如高端养老、普惠型养老、医养结合等),帮助机构明确自身差异化优势。

2. 服务模式改进
借鉴竞争对手的成功经验(如智慧养老、社区嵌入型养老等),优化自身服务体系。

3. 价格策略调整
对比竞争对手的收费模式(如月费、会员制、保险结合等),制定合理的价格策略。

4. 风险规避
识别竞争对手的短板(如运营问题、投诉率高等),避免类似问题发生。

二、内容

1. 服务内容与特色
分析竞争对手提供的服务项目,如生活照料的细致程度(是否提供24小时专人护理、个性化护理方案等),医疗保健服务的专业性(是否配备专业医生、康复设备等),文化娱乐活动的多样性(是否有书画室、舞蹈室、老年大学课程等)。识别其独特的服务卖点,例如某些机构以中医养生保健为特色,吸引了注重健康调理的老人。

2. 价格策略

研究竞争对手的收费标准,包括床位费、护理费、餐饮费等各项明细。了解其价格定位是高端、中端还是低端,以及价格调整机制和优惠政策。例如,一些养老机构会推出长期入住优惠、团购折扣等活动,以吸引客户。

3. 机构声誉与品牌形象

考察竞争对手在市场中的口碑,通过在线评价、客户满意度调查、行业奖项等方面评估其品牌影响力。良好的品牌形象往往能吸引更多客户,如具有多年运营历史、多次获得优质服务奖项的机构会在市场竞争中占据优势。

4. 地理位置与环境设施

地理位置的便利性(是否靠近医院、公园、交通枢纽等)和环境设施的舒适性(住宿条件、绿化面积、公共活动空间等)也是重要竞争因素。例如,位于城市中心且周边配套完善的养老机构可能更受青睐,但同时其运营成本也相对较高。

知识点三　SWOT分析

SWOT分析是一种基于内外部竞争环境和竞争条件下的态势分析方法,通过对企业或机构的优势(strengths)、劣势(weaknesses)、机会(opportunities)和威胁(threats)进行综合评估与分析,以制定相应的发展战略、计划及对策。在养老机构市场分析中,SWOT分析有助于全面、系统地认识养老机构自身的资源状况和市场竞争地位,从而为其在复杂多变的市场环境中做出科学决策提供有力依据。

一、优势(strengths)

1. 专业服务团队

拥有经验丰富、专业资质齐全的护理人员、康复师、营养师等,能够为老年人提供高质量的照护服务。例如,护理团队经过专业老年护理培训,掌握多种护理技能和应急处理方法。

2. 特色服务项目

如开展特色康复课程、临终关怀服务等,区别于竞争对手,满足特定老年人群的需求。

3. 良好的硬件设施

配备先进的医疗设备、舒适的居住环境和完善的娱乐设施,为老人提供优质的生活条件。

二、劣势(weaknesses)

1. 品牌知名度低

新成立的养老机构在市场上缺乏品牌影响力,客户认知度不足,与老牌机构相比在吸引客户方面存在困难。

2. 资金相对紧张

在初期运营阶段,可能面临资金短缺问题,限制了市场推广和设施进一步完善的投入。

3. 运营经验不足

在管理流程、服务优化等方面可能缺乏成熟的经验,需要时间积累和学习。

三、机会(opportunities)

1. 政策支持

政府出台一系列鼓励养老产业发展的政策,如税收优惠、财政补贴等,降低运营成本,提高盈利能力。

例如,符合条件的养老机构可获得建设补贴和运营补贴。

2. 科技应用

互联网、物联网、大数据等技术的发展为养老机构带来创新机遇,如开展远程医疗、智能化健康监测等服务,提升服务效率和质量。

3. 市场需求增长

人口老龄化加剧和社会养老观念转变,使得养老市场需求持续扩大,为机构提供了广阔的客户来源。

四、威胁(threats)

1. 竞争激烈

养老机构数量不断增加,市场竞争日益白热化,客户争夺压力大。

2. 法规政策变化

养老行业法规政策不断完善,机构需要持续关注并确保合规运营,否则可能面临处罚风险。例如,在消防安全、服务质量标准等方面的政策调整。

3. 人力成本上升

护理人员等专业人才短缺,导致人力成本不断上涨,增加运营成本压力。

📖 课后拓展

1. 选择当地两家不同类型的养老机构,分别对其进行详细的竞争对手分析,并撰写分析报告。

2. 运用SWOT分析法对一家虚构的养老机构进行分析,假设其位于城郊结合部,拥有一定的自然景观资源,资金较为充裕但缺乏专业护理人才,然后根据分析结果提出初步的运营发展建议。

测试

在线练习

任务2　市场营销策略

➕ 知识索引

关键词: 养老机构　市场营销　产品策略　价格策略　渠道策略　促销策略　组合策略

理论(技能)要点: 养老机构各类市场营销策略的制定原则与方法　不同策略之间的协同与整合要点

重点: 促销策略常见风险

难点: 渠道策略的制定

👓 任务目标

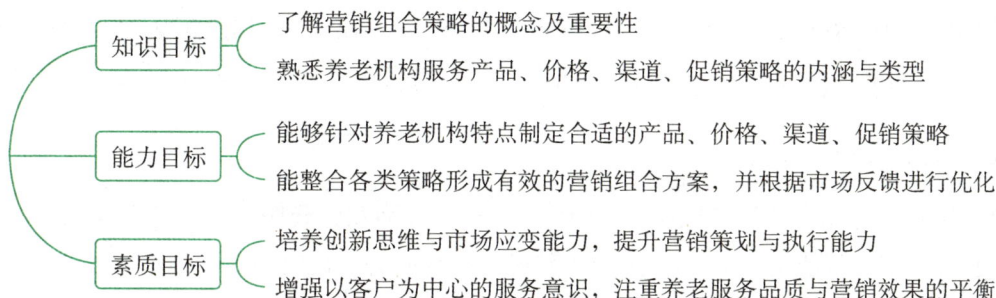

知识目标	了解营销组合策略的概念及重要性
	熟悉养老机构服务产品、价格、渠道、促销策略的内涵与类型
能力目标	能够针对养老机构特点制定合适的产品、价格、渠道、促销策略
	能整合各类策略形成有效的营销组合方案,并根据市场反馈进行优化
素质目标	培养创新思维与市场应变能力,提升营销策划与执行能力
	增强以客户为中心的服务意识,注重养老服务品质与营销效果的平衡

🧹 任务情境

某养老机构在市场竞争中面临着入住率提升缓慢的问题。尽管其服务质量尚可,但在市场营销方面缺乏系统性规划。机构负责人决定组建营销团队,深入研究各类营销策略,期望通过优化产品与服务、合理定价、拓展营销渠道以及开展有效促销活动等手段,提高机构的知名度与入住率,吸引更多老年人及其家属选择本机构,在竞争激烈的养老市场中脱颖而出,实现可持续发展。

如果你是营销负责人,你会制定哪些营销策略?

🏠 知识准备

1. 收集成功养老机构的营销案例资料,分析其策略运用的得失。
2. 学习市场营销学基础理论知识,重点关注服务营销相关章节。

📝 知识学习

知识点一 产品策略

养老机构的产品策略是指机构为满足不同老年群体需求而设计、开发和提供的各类服务产品及其组合方式。这里的"产品"不仅包括实体设施,更主要的是指机构提供的各类养老服务。

一、核心服务定制化

1. 生活照料分级

根据老年人的身体自理能力,将生活照料服务分为多个等级。对于完全自理的老人,提供基础的协助服务,如定期房间清洁、衣物换洗、协助购物等;针对半自理老人,增加如协助穿衣、洗漱、进食等日常活动协助,并根据老人的身体状况和生活习惯制定个性化照料计划;对于失能老人,提供24小时专人护理,包括翻身、排泄护理、康复按摩等专业护理服务,确保每位老年人都能得到符合自身需求的生活照料。

2. 医疗护理专业化

组建专业的医疗团队,包括全科医生、专科医生、护士、康复治疗师等。全科医生负责老人的日常健康检查和基本疾病诊断治疗;专科医生针对老人常见的慢性疾病如心血管疾病、糖尿病、老年痴呆等提供专业的诊疗方案;护士负责执行医嘱、药品管理和基础护理工作;康复治疗师根据老人的身体机能状况制定个性化的康复训练计划,如中风后老人的肢体功能恢复训练、认知症老年人的认知功能训练等,为老年人的健康提供全方位保障。

二、增值服务多元化

1. 文化娱乐丰富化

设立多种文化娱乐设施和活动项目,如书法绘画室、音乐舞蹈教室、图书馆、棋牌室等。定期邀请专业老师开展书法、绘画、音乐、舞蹈等课程,组织老人举办文艺演出、书画展览等活动,丰富老年人的精神文化生活,满足他们的兴趣爱好和社交需求,促进老年人之间的交流与互动,提升他们的生活品质和幸福感。

2. 精神慰藉贴心化

配备专业的心理咨询师和社工团队,为老人提供心理咨询和疏导服务。关注老人的心理状态变化,及时发现并解决老年人可能出现的孤独、抑郁、焦虑等心理问题。同时,组织志愿者定期探访老人,开展陪伴聊天、亲情连线等活动,让老年人感受到社会的关爱和温暖,增强他们的心理归属感和安全感。

3. 老年教育实用化

开设各类实用的老年教育课程,如养生保健知识讲座、智能手机使用培训、金融理财基础知识等。帮助老人了解健康养生方法,提升自我保健意识;教授老人掌握智能手机的基本操作,如视频通话、移动支付、线上购物等功能,方便他们与家人朋友的沟通交流和日常生活;普及金融理财知识,让老年人能够合理管理自己的财产,提高生活质量和经济保障能力。

知识点二 价格策略

养老机构的价格策略是指机构为实现经营目标,根据成本、市场需求和竞争状况,对所提供的各项养老服务制定收费标准的方法和技巧。

一、定价方法

1. 成本加成定价法

核算养老机构的运营成本,包括场地租赁、人员工资、设备采购与维护、餐饮成本等,在此基础上加上一定的利润率确定价格。例如,若每月运营成本为5 000元/床位,期望利润率为20%,则定价为6 000元/床位。

2. 市场竞争导向定价法

参考同区域类似养老机构的价格水平,结合自身服务特色和优势进行定价。若周边机构平均价格为5 500元/床位,本机构提供更优质的康复服务,则可适当提高价格至6 200元/床位。

二、价格调整策略

1. 季节性调整

在旅游旺季或节假日期间,可推出短期度假式养老套餐,并适当提高价格;淡季则提供优惠折扣,吸引更多客户。比如,夏季海边养老机构可在旅游旺季提高价格10%~20%,冬季推出长住优惠活动,降价15%左右。

2. 基于客户群体调整

对于长期入住、团购(如家庭多位老人同时入住或多个家庭联合预订)、经济困难的老人等,给予不同程度的价格优惠,提高客户满意度和忠诚度。

知识点三 渠道策略

养老机构的渠道策略是指机构将其服务产品传递给目标客户所采用的各种途径和方式的总和,包括直接渠道和间接渠道内大类别。

一、线上渠道

建立官方网站,展示机构的环境设施、服务内容、团队介绍、收费标准等信息,并提供在线咨询和预订功能。优化网站设计,确保在搜索引擎上的排名,提高网站的曝光率。例如,通过搜索引擎优化技术,使机构网站在搜索"[城市名]养老机构"等关键词时出现在搜索结果的前列。利用社交媒体平台(如微信公众号、抖音、微博)进行宣传推广,定期发布机构的动态、老人生活趣事、健康养生知识等内容,吸引潜在客户关注,并与客户进行互动交流。例如,在微信公众号上开设在线预约参观通道,方便客户预约。

二、线下渠道

与社区合作，开展养老服务宣传活动、健康讲座等，提高机构在社区的知名度。在社区设立咨询点，发放宣传资料，为居民提供咨询服务。例如，与周边多个社区签订合作协议，每月在社区举办一次养老知识讲座，并宣传本机构的特色服务。参加养老行业展会、研讨会等活动，展示机构形象，与同行、供应商、潜在客户等建立联系，拓展业务渠道。在展会上设置精美的展位，展示机构的优势和特色服务项目，吸引参观者的关注。

三、渠道整合

线上＋线下渠道相融合，可以是用户通过小程序预约参观，线下提供免费接送、定制化讲解。也可以将机构内的活动内容剪辑成短视频，二次传播扩大影响力。老客户推荐新客户入住，双方各获赠服务时长或现金券。

知识点四　促销策略

促销策略是养老机构通过短期激励手段，刺激目标客户（老年人及其家属）快速决策、提高入住率或增强客户黏性的关键环节。

一、广告宣传

制作宣传海报、宣传册、视频等广告资料，突出机构的特色服务、优美环境、专业团队等优势。在医院、老年活动中心、商场等人流量较大的场所投放广告。例如，在当地大型医院的老年病科病房张贴宣传海报，吸引住院老人及家属的注意。利用本地报纸、电视台、广播电台等媒体进行广告投放，选择适合的栏目和时段，提高广告的针对性和效果。例如，在本地电视台的生活频道投放养老机构广告，在晚间黄金时段播出，提高广告的曝光率。

二、公共关系与活动营销

举办开业庆典、周年庆等活动，邀请政府官员、行业专家、媒体记者、潜在客户等参加，通过活动展示机构实力，提升机构知名度。在活动中安排参观、体验环节，让嘉宾亲身感受机构的服务和环境。开展公益活动，如为社区老人提供免费体检、健康咨询服务等，树立良好的社会形象，增强社会认可度。例如，每月定期在社区广场为老人进行免费健康检查，并宣传养老机构的健康管理服务。

三、促销策略风险控制

养老机构促销需平衡"引流获客"与"服务品质"，避免短期促销损害长期口碑。促销重点转向"价值感知"，而非单纯降价（如强调服务升级而非折扣幅度）。确保促销内容符合《中华人民共和国广告法》《中华人民共和国价格法》，避免虚假宣传。促销后提供"价格保护"政策，避免老客户心理失衡。常见风险类型见表4-6-1。

表4-6-1　促销策略常见风险类型

风险类型	风险描述	典型后果
价格战风险	过度降价导致服务缩水，引发客户投诉	客户流失、品牌信任度下降
虚假宣传风险	夸大服务内容（如"24小时医生值守"）	法律纠纷、监管处罚

（续表）

风险类型	风险描述	典型后果
服务承诺风险	承诺无法兑现（如"免费接送"成本过高）	客户不满、口碑崩塌
数据安全风险	促销活动收集老人隐私信息，被泄露或滥用	法律诉讼、社会信任危机
政策合规风险	违反《中华人民共和国广告法》《养老机构管理办法》等法规	罚款、停业整顿

课后拓展

1. 选择一家当地的养老机构，分析其当前的市场营销策略组合，提出改进建议并撰写报告。

2. 为一家拟新建的中高端养老机构设计一套完整的市场营销策略方案，包括产品、价格、渠道、促销及组合策略，并说明设计理由。

测试

在线练习

任务3　市场营销计划的制定与执行

知识索引

关键词： 养老机构　市场营销计划　SMART 原则　营销策略整合　预算分配　资源配置

理论（技能）要点： SMART 原则　产品与服务策略

重点： SMART 原则下的营销目标设定

难点： 分配预算与资源

任务目标

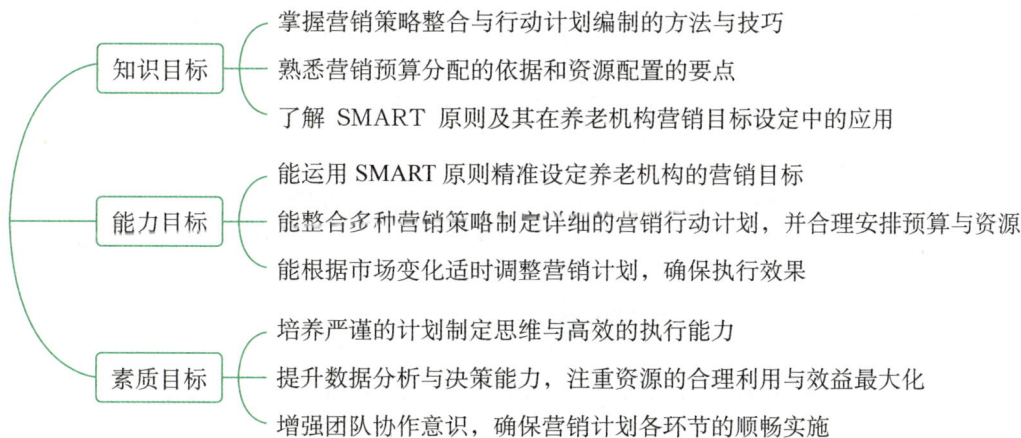

知识目标
- 掌握营销策略整合与行动计划编制的方法与技巧
- 熟悉营销预算分配的依据和资源配置的要点
- 了解 SMART 原则及其在养老机构营销目标设定中的应用

能力目标
- 能运用 SMART 原则精准设定养老机构的营销目标
- 能整合多种营销策略制定详细的营销行动计划，并合理安排预算与资源
- 能根据市场变化适时调整营销计划，确保执行效果

素质目标
- 培养严谨的计划制定思维与高效的执行能力
- 提升数据分析与决策能力，注重资源的合理利用与效益最大化
- 增强团队协作意识，确保营销计划各环节的顺畅实施

任务情境

某养老机构计划在未来一年内提升市场份额和品牌知名度，以应对日益激烈的市场竞争。管理层意识到需要制定一份全面且切实可行的市场营销计划，但在目标设定的合理性、策略的有效整合以及资源

的优化配置方面面临诸多挑战。他们召集了营销团队及相关部门负责人,共同探讨如何依据机构的现状和市场环境,制定出符合SMART原则的营销目标,并在此基础上规划营销策略与执行方案,那么,他们要如何合理分配预算与资源,以确保营销计划的顺利实施与目标达成呢?

知识准备

1. 预习SMART原则的具体内容及应用案例,尤其是在服务行业的应用实例。

2. 收集养老机构过往营销活动的数据资料,包括投入产出比、客户来源渠道、活动效果评估等信息,为计划制定提供参考。

知识学习

知识点一 SMART原则下的营销目标设定

SMART原则是一个目标设定框架,旨在帮助制定具体性、可衡量性、可实现性、相关性、时限性的目标。在养老机构床位营销中,运用SMART原则设定目标,可有效提升营销策略的精准性和落地性。

1. 具体(specific)

明确营销目标的具体内容,例如"在未来12个月内,将机构的入住率提高20%",相较于模糊的"提高入住率",这样的目标更具指向性,便于后续的策略制定与执行评估。

2. 可衡量(measurable)

确定能够衡量目标达成情况的指标,如入住率、新客户咨询量、客户满意度评分等。对于"在未来6个月内,使机构网站的月均访问量达到5 000人次"这一目标,可通过网站流量统计工具进行数据监测与评估。

3. 可达成(attainable)

结合养老机构的实际运营状况、市场竞争态势和资源条件设定目标。若机构当前入住率为50%,在市场需求稳定且有一定营销资源投入的情况下,一年内提高20%是具有挑战性但可实现的目标;若设定过高,如一年内提高50%,则可能因脱离实际而难以达成。

4. 相关联(relevant)

营销目标应与养老机构的整体战略和定位紧密相关。如果机构主打高端养老服务,那么营销目标可侧重于吸引高收入、对服务品质有较高要求的老年客户群体,如"在未来9个月内,将高端养老服务套餐的销售额提升30%",确保营销活动与机构的核心业务和市场定位相契合。

5. 有时限(time-bound)

为营销目标设定明确的时间期限,如"在本季度末,使机构在本地养老服务市场的品牌知名度达到40%(通过市场调研评估)",这样能增强团队的紧迫感和执行力,便于定期检查目标进度并及时调整策略。

知识点二 营销策略整合与行动计划制定

在养老机构床位营销中,策略整合与行动计划需要基于SMART原则,系统化设计执行路径,确保资源高效配置和结果可控。

一、产品与服务策略

根据目标客户群体的需求和市场反馈,优化养老机构的服务产品组合。例如,针对有康复需求的老年人,增加专业康复护理服务项目,并制定相应的服务标准和流程;同时,为不同健康状况和兴趣爱好的老年人设计个性化的服务套餐,如"活力长者套餐"(包含文化娱乐、健康讲座等服务)和"护理关怀套餐"(侧重于医疗护理和生活照料)。在行动计划中,明确各服务项目的推出时间、责任人及推广方式,如"在第2个月内完成康复护理服务项目的筹备工作,由护理部主任负责,通过机构官网、社交媒体平台及社区宣传活动进行推广"。

二、价格策略

基于成本分析和市场竞争状况制定合理的价格体系。对于新推出的服务套餐,可采用渗透定价策略,以较低价格吸引客户尝试,如"新推出的文化娱乐季度会员套餐,定价为[X]元,低于市场同类服务价格20%,在第1个月内进行推广";对于高端定制服务,则采取价值定价策略,突出服务的高品质和独特性。在行动计划中,详细说明价格调整的时间节点和幅度,以及针对不同价格策略的促销活动安排,如"在节假日期间,对长期入住客户提供5%~10%的价格优惠,由营销部负责制定优惠方案并在机构各宣传渠道发布"。

三、渠道策略

整合线上线下渠道资源,形成全方位的营销网络。线上方面,优化机构官方网站的用户体验,确保在搜索引擎上的排名靠前,利用社交媒体平台进行精准营销,如在微信公众号上定期发布养老知识、机构活动等内容,吸引潜在客户关注,并通过微信群与客户进行互动交流。同时,与养老服务相关的线上平台合作,如本地生活服务类网站、老年旅游平台等,拓宽客户来源渠道。线下方面,加强与社区、医院、老年活动中心等机构的合作,开展宣传推广活动,如在社区举办养老讲座和健康义诊活动,在医院设立咨询点,发放机构宣传资料。在行动计划中,制定渠道拓展的具体步骤和时间表,如"在第3个月内与5个社区签订合作协议,每月在合作社区举办至少2次宣传活动;在第4个月内完成与3家线上平台的合作洽谈与签约工作,并上线机构服务产品"。

四、促销策略

策划多样化的促销活动,提高机构的知名度和吸引力。例如,举办开业周年庆优惠活动,推出限时折扣、免费体验、赠品等促销手段;开展会员推荐奖励计划,鼓励老客户推荐新客户,给予双方一定的奖励,如减免部分费用或赠送服务时长。在行动计划中,明确促销活动的主题、时间、内容及执行细节,如"在机构开业周年庆期间(第7个月),推出为期一周的'感恩回馈'活动,所有服务项目8折优惠,新客户入住可获赠价值[X]元的健康体检套餐;由营销部负责活动策划与宣传推广,各部门协同配合确保活动顺利进行"。

知识点三 预算分配与资源配置

一、预算分配

根据营销策略的重点和预期效果合理分配营销预算。一般来说,可将预算分为广告宣传、市场调研、活动策划与执行、渠道拓展、人员培训等几个主要部分。例如,如果机构计划在新市场拓展业务,可将较大比例的预算(如40%)用于广告宣传和渠道拓展;若需要深入了解目标客户需求,则应预留足够的资金(如20%)用于市场调研。在制定预算分配方案时,需详细列出各项费用的预估金额和用途,如"广告宣传预算为[X]元,其中[X]元用于制作宣传资料(海报、宣传册、视频等),[X]元用于在本地报纸、电视台、网络媒体等平台投放广告;市场调研预算为[X]元,主要用于委托专业机构进行市场需求调查和竞争对手分析"。

二、资源配置

合理调配人力、物力和信息资源,确保营销计划的顺利实施。人力方面,明确各营销活动的负责人和团队成员,根据活动需求配备具有相应专业技能的人员,如营销策划人员、文案撰写人员、活动执行人员、客户服务人员等,并制定人员培训计划,提升团队整体素质。物力方面,确保营销活动所需的物资设备充足,如宣传资料的印刷、活动场地的布置、礼品的采购等。信息资源方面,建立完善的客户信息管理系统,收集、整理和分析客户数据,为营销决策提供支持;同时,关注市场动态和行业信息,及时调整营销策略。在资源配置计划中,详细说明各项资源的来源、调配时间和使用方式,如"从机构内部调配3名营销人员和2名客服人员组成活动执行团队,并在第1个月内完成针对本次营销活动的专项培训;宣传资料印刷工作在活动前2周完成,由指定的印刷公司负责,确保资料质量和数量满足需求"。

📖 课后拓展

1. 为当地一家养老机构制定一份年度市场营销计划,按照SMART原则设定目标,并详细规划营销策略、行动计划、预算分配和资源配置,形成完整的书面报告。

2. 选取一家已实施市场营销计划的养老机构案例,分析其营销目标设定、策略整合、预算与资源配置的合理性与不足之处。

测试

在线练习

模块五

提升篇

项目一

标准化建设

近年来，随着老龄化程度的加剧，政府鼓励措施的加强，养老服务业蓬勃发展，养老机构数量不断增多，服务规模不断扩大，但是，如果缺乏服务标准和服务质量规范，将严重影响养老行业以及养老机构的健康发展。因此，开展标准化建设对于养老机构有着极其重要的意义。

通过养老机构标准化建设，一是可以促进养老服务机构提高整体服务质量与水平；二是可以促进养老服务业的均衡发展；三是可以让养老机构的整体规模与质量能紧跟快速增长的养老服务需求。

本项目主要包括两大任务，即养老机构标准化建设概述、养老机构标准化建设的主要内容及要求，涉及标准化的概念、意义、基本要求、建设原则，标准制定规则、主要内容及要求等。

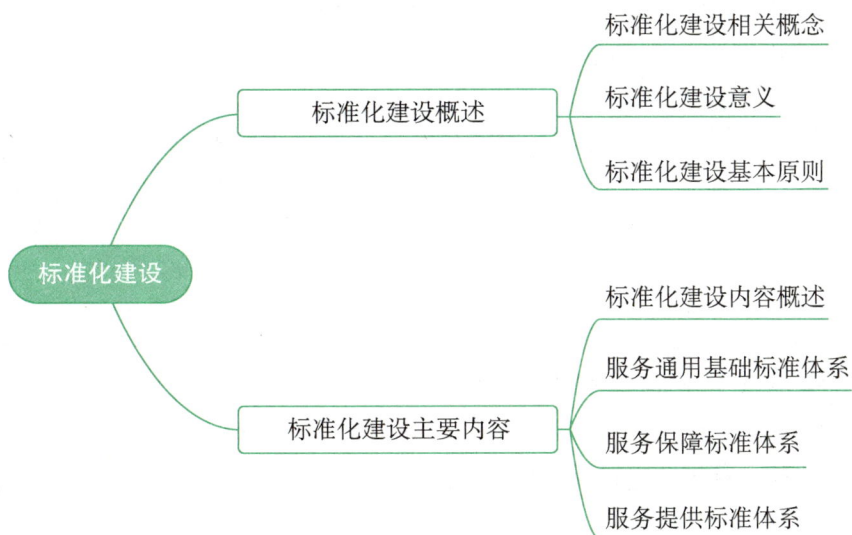

```
                                  ┌─ 标准化建设相关概念
                     ┌─ 标准化建设概述 ─┼─ 标准化建设意义
                     │                └─ 标准化建设基本原则
        标准化建设 ────┤
                     │                ┌─ 标准化建设内容概述
                     │                ├─ 服务通用基础标准体系
                     └─ 标准化建设主要内容 ─┼─ 服务保障标准体系
                                      └─ 服务提供标准体系
```

任务1　标准化建设概述

知识索引

关键词：标准化建设　建设意义　建设原则

理论（技能）要点：标准化建设相关概念　标准化建设原则

重点：标准化建设原则

难点：标准化建设原则

任务目标

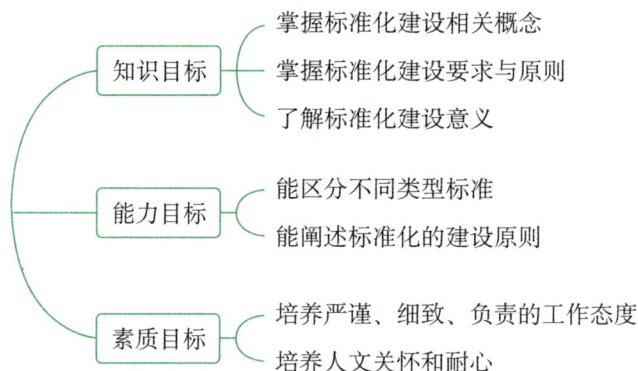

任务情境

小刘进入一家新办养老机构工作，目前养老机构功能设置不完善、护理服务水平不高、各照护及管理标准设置不齐全，导致入住率较低，养老服务资源空置浪费。院长要求开启养老机构的标准化建设工作，并且对标准化工作进行了基本的工作部署及安排。作为养老机构标准化建设的负责人，小刘陷入了沉思，什么是标准化？为什么机构要进行标准化建设，它的意义是什么？标准化建设的原则是什么？

知识准备

1. 查找《养老机构服务标准体系建设指南》（MZ/T 170—2021）文件并预习。

2. 阅读5个养老行业相关的国家标准和行业标准。

知识学习

知识点一　标准化建设相关概念

养老机构标准化建设是指通过制定和实施一系列统一的标准和规范，对养老机构的服务、管理、设施设备等各个方面进行规范和优化，以提高养老机构的服务质量和管理水平，保障老年人的权益和福祉。

一、标准化

标准化是指在经济、技术、科学和管理等社会实践中，对重复性的事物和概念，通过制定、发布和实施标准达到统一,以获得最佳秩序和社会效益。

二、标准

标准是对重复性事物和概念所做的统一规定,它以科学、技术和实践经验的综合为基础,经过有关方面协商一致,由主管机构批准,以特定的形式发布,作为共同遵守的准则和依据。标准根据不同的划分依据可以进行不同分类,具体见表5-1-1。

表5-1-1　标准分类

序号	分类依据	主要类别
1	适用范围	国际标准、国家标准、行业标准、地方标准、团体标准、企业标准
2	内容功能	术语标准、符号标准、分类标准、实验标准、规范标准、规程标准、指南标准
3	标准对象	产品标准、过程标准、服务标准
4	标准性质	强制性标准GB、推荐性标准GB/T、指导性技术文件GB/Z

三、标准体系

标准体系是一定范围内的标准按其内在联系形成的科学的有机整体。标准体系是按照一定的内在联系,组合在一起的标准文件集合体;是分析问题、梳理问题、顶层规划的工具。

知识点二　标准化建设意义

养老机构标准化建设是提升养老服务质量、促进养老行业健康发展的重要举措。养老机构标准化建设具有多方面的重要意义,主要体现在以下三个方面。

一、提升养老机构服务质量

1. 确保服务稳定性

标准化建设为养老机构的各项服务制定了明确、细致的规范和流程,使服务人员在提供服务时有章可循,从而保证了服务的稳定性和一致性,避免因人员变动或其他因素导致服务质量出现较大波动。

2. 促进服务专业化

通过标准化建设,对服务人员的专业知识、技能和服务态度提出了具体要求,促使服务人员不断学习和提升自己,进而提高整个养老机构的服务专业化水平,为老年人提供更优质、更专业的服务。

3. 满足多样化需求

标准化建设不仅关注基本的生活照料和医疗护理服务,还涵盖了精神慰藉、文化娱乐等多个方面,能够更全面地满足老年人多样化、个性化的需求,提升老年人的生活品质和幸福感。

二、规范机构管理

1. 优化运营流程

养老机构标准化建设对机构的运营管理各个环节,如行政管理、财务管理、人力资源管理等进行规范和优化,明确各部门和岗位的职责、工作流程和标准,有助于提高机构的运营效率,降低管理成本,使机构的运营更加顺畅、高效。

阅读卡

民政部、市场监管总局关于全面推进新时代民政标准化工作的意见

2. 加强风险防控

在安全管理、服务质量控制等方面制定标准化的制度和流程，能够及时发现和排除潜在的风险隐患，有效预防各类事故和纠纷的发生，保障老年人的生命财产安全和机构的正常运营。

3. 提升管理水平

标准化建设要求养老机构建立健全各项管理制度和监督机制，促使机构管理者不断改进管理方法和手段，提高管理的科学性和规范性，从而提升机构整体的管理水平。

三、增强养老机构竞争力

1. 树立良好形象

实施标准化建设的养老机构，在服务质量、管理水平等方面表现出色，能够在社会上树立良好的品牌形象和声誉，赢得老年人及其家属的信任和认可，吸引更多的入住者，提高机构的市场竞争力。

2. 推动行业发展

养老机构标准化建设为整个养老行业提供了统一的标准和规范，有助于引导行业内其他机构学习和借鉴，促进养老行业整体服务质量和管理水平的提升，推动养老行业向规范化、专业化方向发展。

知识点三　标准化建设基本原则

养老机构标准化建设需要把握多维度原则，始终坚持以人为本，围绕老年人多元需求，打造适配服务；严格依法合规，在消防、食品、医疗等领域严守法律红线；运用科学思维，搭建结构合理、层次分明的标准体系；保持开放态度，持续收集反馈，依据行业变化动态改进标准；促进协同合作，打破部门壁垒，消除标准间的矛盾冲突，促使各环节紧密配合，推动养老机构标准化建设有序前行，为养老机构的高质量发展筑牢根基。

一、定位准确

养老机构需深入了解行业发展趋势，包括新兴服务模式的兴起、政策导向的变化等。同时，结合本机构发展规划，设定标准化建设目标。标准化建设体系既能体现养老服务的普适性，又能突出机构的独特性，满足不同老年群体的需求。比如，某养老机构主打高端医养结合服务，在标准体系建设中需重点围绕专业医疗护理、个性化康复服务等方面制定标准。

二、依法依规

养老机构服务标准体系必须严格遵循国家有关法律法规以及各级政府部门发布的政策文件要求。无论是服务规范的制定、设施设备的配置，还是人员管理的流程，都要在法律的框架内进行。如在食品安全管理方面，要严格遵守《中华人民共和国食品安全法》的相关规定，从食材采购、储存、加工到配送的全过程，制定详细的操作标准，确保食品安全；在消防管理方面，需依据《中华人民共和国消防法》的要求，建立消防设施配置、检查、维护以及消防演练的标准流程，为老年人的生命财产安全筑牢法律防线。

三、科学合理

服务标准体系应体现机构的服务特色，是在服务内容、服务流程以及服务模式方面，都应考虑机构的独特性。在结构上，标准体系应层次分明，涵盖基础通用标准、服务保障标准、服务提供标准等多个层次，且各层次之间逻辑严密。要素方面，要做到全面覆盖，从人员、设施、环境到服务的各个环节，均要有相应的标准支撑。例如，部分养老机构在文化娱乐服务方面形成了独特的品牌，通过举办各类特色文化活动，丰富老年人的精神生活，在标准体系建设中，就可围绕文化活动策划、组织、效果评估等环节制定详细标准。

四、动态优化

养老机构在进行标准化建设过程中，应结合机构的实际运营情况，对标准体系进行合理的删减与扩充。由于养老行业发展迅速，机构的内外部环境不断变化，服务标准体系也需要持续更新。如随着科技的进步，智能化养老设备的应用越来越广泛，养老机构应及时将相关设备的使用、管理标准纳入体系中；当国家出台新的养老服务政策时，也要对标准体系进行相应调整，确保其始终符合行业发展要求。

五、协同一致

养老机构服务标准体系的各个子体系之间，如服务提供子体系、服务保障子体系、管理标准子体系等，要相互协调，形成有机整体。体系内的各项标准也应避免冲突，实现无缝对接。以服务流程为例，生活照料服务标准与医疗护理服务标准在老年人健康信息传递、服务衔接等方面应保持一致；在人员管理方面，招聘、培训、考核等标准要相互配合，共同为提高服务质量提供支持。通过建立有效的沟通协调机制，定期对标准体系进行审查，及时解决标准之间的矛盾和问题，确保标准体系的协同性和有效性。

📖 课后拓展

1. 养老机构标准化建设对养老机构有实际的指导意义，请联系一家养老机构，了解养老机构的标准化落地执行情况，了解其标准化建设开展的主要工作内容。

2. 查看三家养老机构的标准化体系。

在线练习

任务2 标准化建设主要内容

🗂 知识索引

关键词： 标准化建设 标准建设内容 基本要求

理论（技能）要点： 标准化建设的内容

重点： 标准化建设的内容

难点： 标准化建设的基本要求

📚 任务目标

知识目标	掌握标准化建设的内容
	熟悉标准化建设的基本要求
能力目标	能完成标准化体系构建
	能区分不同标准体系的构建内容
素质目标	培养学生的团队协作素养
	培养学生的法律意识和合规思维

任务情境

小刘跟着老师到一家连锁的四星级养老机构参观,在参观的过程中,养老机构的院长跟他们进行了重点介绍,如机构如何开展的标准化工作、机构开展标准化工作后的变化等,机构院长表示机构进行标准化建设后提升了工作效率,规范了工作流程,很大程度上提升了在住客户的满意度。这让小刘不禁好奇,作为养老机构应该如何开展标准化的建设工作?标准化制定应该遵守什么原则?标准化又包含了哪些内容、有哪些要求呢?

知识准备

1. 阅读《标准化工作导则》(GB/T 1.1—2020)。
2. 阅读《养老机构服务标准体系建设指南》。

知识学习

知识点一 标准化建设内容概述

养老机构标准化建设是指在养老机构内部实施的标准化工作,主要通过制定和实施一系列标准化的规章制度和操作流程,以提高养老机构的服务质量和管理效率。标准化建设主要包括制定标准体系、优化服务步骤、确保部门间的衔接等。此外,还需要对员工进行标准化培训,确保每个人都熟悉并能够执行标准,以及持续改进和优化现有的标准体系。

根据《养老机构服务标准体系建设指南》,养老机构的服务标准体系应由多个子体系组成,包括服务通用基础标准、服务保障标准、服务提供标准和岗位标准。这些标准涵盖了从服务的基本要求到具体操作的各个方面,确保养老服务的全面性和细致性。通过这些标准化措施,养老机构能够提供更加规范化、高效和高质量地服务,满足日益增长的养老服务需求。

一、标准体系构建步骤

养老机构标准体系构建是一个系统工程,为构建适合机构发展的优质标准体系,可按照图5-1-1六个步骤来完成标准化建设。

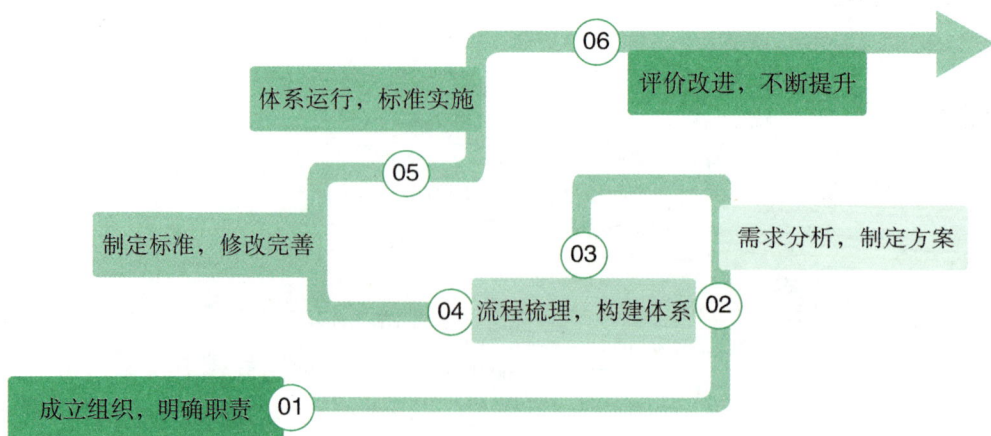

图5-1-1 标准体系构建步骤

二、标准体系的主要内容

标准体系由标准体系表及标准组成(图5-1-2),标准体系表包括标准体系结构图、标准明细表、标准统计表及标准体系编制说明组成。

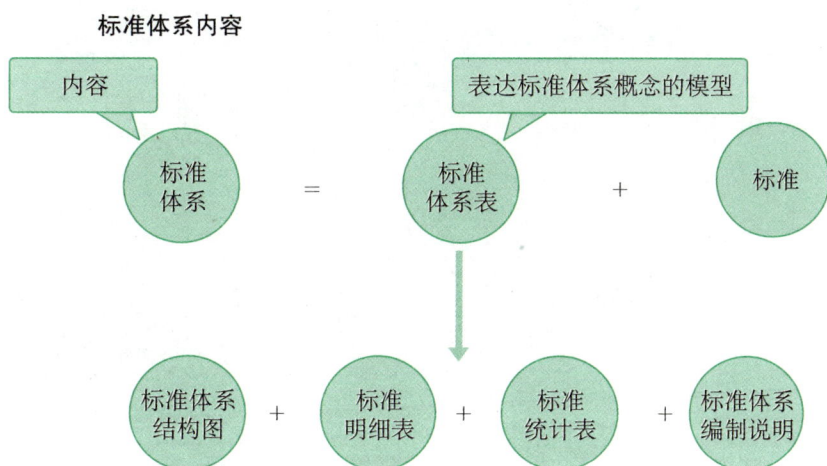

图5-1-2 标准体系构成

标准体系主要内容包括服务通用基础标准体系、服务保障标准体系和服务提供标准体系(图5-1-3)。其中,服务通用基础标准体系是服务保障标准体系、服务提供标准体系的基础。服务保障标准体系是服务提供标准体系的直接支撑,服务提供标准体系促使服务保障标准体系的完善。

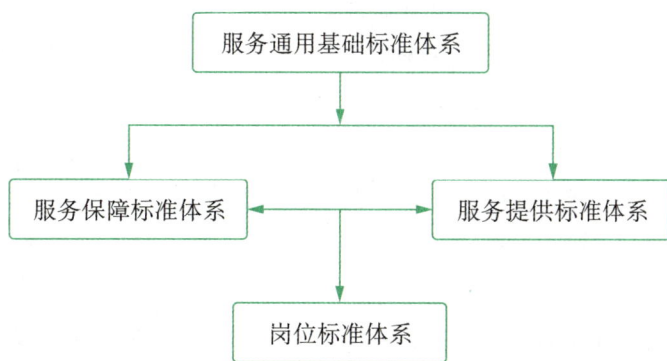

图5-1-3 标准体系主要内容

知识点二 服务通用基础标准体系

养老机构服务通用基础标准体系是养老服务标准体系中的基础部分(图5-1-4),为其他标准的制定和实施提供通用的准则和依据,主要包括标准化导则、术语和缩略语、符号和标志、分类、数据及质量管理六个方面。

一、标准化导则

标准化导则规定养老机构内标准化管理的职责、内容、工作范围、要求等;规定养老机构内标准体系文件的编写、审查、管理规则,修订、实施、监督和检查规则等;梳理支撑养老机构标准化管理工作及标准编制工作相关的基础性国家标准,可直接采用或进行转化。

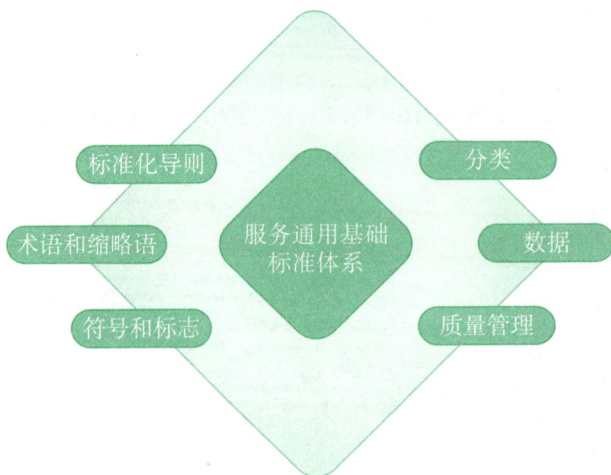

图 5-1-4　服务通用基础标准系图示

二、术语和缩略语

对养老服务领域中涉及的专业术语、概念进行明确的定义和解释,统一各方对相关术语的理解,避免因术语含义不一致而产生的沟通障碍和误解。同时,对常用的缩略语进行规定,方便在标准文本和日常工作中使用。如明确"自理老年人""部分自理老年人""完全不能自理老年人"等术语的定义,以及"ADL"(日常生活活动能力)等缩略语的含义。

三、符号和标志

适用于养老机构的符号与标志应符合相关的国家标准、行业标准、地方标准。养老机构制定的对符号与标志的样式、颜色、字体、结构及其含义和使用管理的规范性文件,规定养老机构内使用的各种符号、标志的含义和使用方法,包括安全标志、导向标志、设施设备标志等。这些符号和标志有助于引导老年人、工作人员及访客在机构内的活动,提高安全性和便利性,同时也体现了机构的规范化管理。比如,在楼梯口设置"小心台阶"的警示标志,在卫生间设置无障碍设施标志等。

四、分类

对养老服务相关的对象、服务项目、设施设备等进行分类,为标准化管理提供基础。例如,可按照老年人的自理能力将其分为自理、部分自理和完全不能自理三类,以便为不同类型的老年人提供有针对性的服务;也可对养老服务项目进行分类,如生活照料服务、医疗护理服务、精神慰藉服务等,便于对各类服务进行规范和管理。

五、数据

应规范养老机构服务过程中的数据收集、整理、分析和应用等方面的要求,确保数据的准确性、完整性和可用性。这些数据可以包括老年人的基本信息、健康状况数据、服务记录数据等,通过对数据的分析,能够为养老机构的管理决策、服务优化提供支持。例如,通过分析老年人的健康数据,及时发现潜在的健康问题,调整照护计划;通过分析服务记录数据,了解服务需求的变化趋势,合理配置服务资源。

六、质量管理

明确养老机构服务质量管理的基本原则、目标、方法和流程,建立质量管理体系,确保服务质量的持续改进。包括制定服务质量方针和目标、进行服务质量策划、实施服务质量控制、开展服务质量改进等活动,通过内部审核、管理评审等手段,对质量管理体系的有效性进行评价和改进。

知识点三　服务保障标准体系

养老机构服务保障标准体系是确保养老机构能够提供优质、高效服务的重要支撑,主要涵盖环境能源、安全与风险、设施设备、人力资源、财务、信息等方面的标准(图5-1-5)。

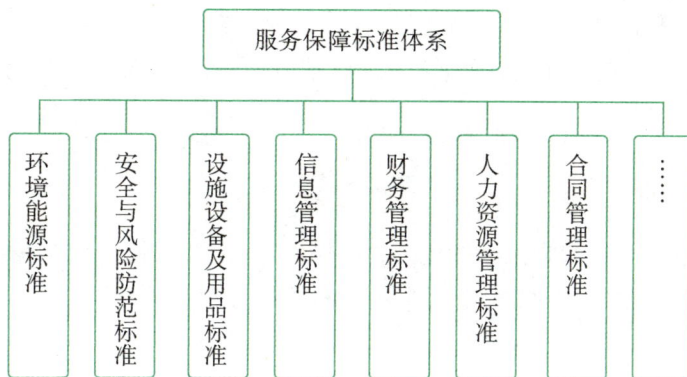

图5-1-5　服务保障标准体系

一、环境能源标准

养老机构应制定环境条件和环境保护标准,节能降耗管理标准,内容包括:①老年人居室、公共活动区域、医疗区域、康复区域、食堂区域等温度、湿度、光线、照度、绿化、空气质量、卫生、清洁度、噪声、场地面积等基本条件的要求;②经营和管理活动中废弃物处置与管理标准;③日常环境卫生维护管理标准;④水、电、气、油等节能降耗管理标准。

二、安全与风险防范标准

养老机构风险包括设施设备、食品、消防、医疗护理、信息、突发事件、职业防护、公共安全、法律、服务安全等风险。养老机构以保护服务对象、员工的生命和财产安全为目的,收集、制定各项安全标准。

安全与风险防范标准内容包括但不限于:安全责任制度、安全教育制度、安全操作规范或规程、安全检查制度、事故处理制度、突发事件应急预案及考核与奖惩制度等。

突发事件应急管理应明确应急管理部门及其责任,制定应急预案。应急预案内容包括:突发事件类型、组织机构、职责分工、处置原则、处理流程及工作要求等。

养老机构针对员工职业活动中存在的健康损害、安全危险及其有害因素收集、制定的标准包括,但不限于:①工作场所的空气、噪声、温湿度、辐射等要求;②劳动防护标准,应包括配备劳动防护服装和用品,定期体检和职业健康教育,随时监测和维护作业场所的环境及设施,如:放射专业人员防护等;③职业暴露防范与应急处置,如养老护理员腰背肌的损伤、老年人心理异常造成的伤害、传染病的防护等;④职业健康管理要求。

三、设施设备及用品标准

养老机构设施设备及用品包括办公设备、医疗设备、康复器材、餐饮设备、适老化用品等,标准内容包括但不限于:①用品、食品、药品采购标准;②储运标准;③安装调试标准;④使用与维护保养标准;⑤停用改造与报废标准;⑥设施设备操作标准;⑦设施设备安全管理标准。

四、信息管理标准

信息是对养老机构运营管理具有参考价值的数据资料,包括但不限于:电子数据信息、网络信息、文件、档案、服务记录。信息管理标准包括,但不限于:①信息分类、采集、发布、保存及处理;②信息发放、回收、借阅、销毁的要求;③信息的安全管理。

五、财务管理标准

养老机构按法律法规和标准的要求,对财务活动中的成本核算和收支等方面进行管理,收集、制定标准包括,但不限于:预决算、收费标准、营运资金管理标准、资产管理标准、票据与凭证管理标准、会计核算标准及会计电算化管理标准等。

六、人力资源管理标准

养老机构对人员配备与管理的相关标准包括,但不限于:①人员聘用、教育和培训标准;②薪酬与福利标准;③人员工作绩效考核标准;④人事合同、档案标准。

七、合同管理标准

养老机构在服务管理过程中,对形成的合同进行管理的相关标准包括,但不限于:①合同的分类、起草、订立;②合同的审查、签订、授权或委托的权限和程序要求;③合同的履行、变更和解除;④合同的纠纷处理;⑤合同的备案及保存。

知识点四　服务提供标准体系

养老机构服务提供标准体系是养老机构为老年人提供服务的具体规范和要求,涵盖生活照料、精神慰藉、健康管理等多个方面。建设内容包括服务标准、运行管理标准及服务评价与改进标准等(图5-1-6)。

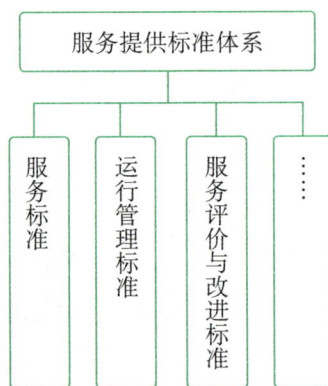

图5-1-6　服务提供标准体系

一、服务标准

服务标准的构建主要有以下方法。

1. 服务流程法

适用于服务流程相对固定单一、不因服务对象或服务项目的不同发生变化的服务项目。

2. 服务要素法

适用于主要依托各类要素集成而提供服务的活动,如:养、食、乐、医、护、康。

3. 服务对象法

适用于因服务对象不同而需提供不同服务项目的服务活动,如自理、半自理、不能自理。

4. 服务项目法

适用于通常提供不同组合、不同种类服务项目的服务活动。服务项目较多时,宜先将服务项目适当的分类,如出入院服务、生活照料服务、膳食服务、清洁卫生服务、洗涤服务、医疗护理服务、文化娱乐服务、心理/精神支持服务、安宁服务。

二、运行管理标准

应根据养老机构所提供的服务类别和项目,对服务提供过程中涉及的人员配备、资金投入、设施与设备配置、环境与能源、安全管理、信息传递等提出的要求。

三、服务评价与改进标准

通过对养老服务的有效性、适宜性和满意度进行评价，并对达不到预期效果的服务进行改进而收集、制定的标准，包括但不限于：①评价的基本条件、原则和依据；②评价的组织机构和人员；③评价的程序和方法；④评价内容和要求；⑤检验和验证；⑥数据分析、处理和评价；⑦改进的原则与方法；⑧服务产品的开发与设计。

《养老机构标准
体系建设指南》

📖 课后拓展

养老机构标准化体系建设是一个全周期且持续改进更新的工作，根据《养老机构服务标准体系建设指南》(MZ/T 170—2021)的要求，自己对照书写一个护理员岗位规范标准。

在线练习

项目二

智慧化建设

　　随着全球人口老龄化程度的不断加深,养老问题日益受到关注。一方面,老年人口数量快速增长。更多的老年人选择在养老机构安度晚年,对养老机构的服务质量、安全保障等要求也在提高,传统养老机构服务和管理方式已难以满足需求。另一方面,科技发展日新月异。物联网、大数据、人工智能等技术不断成熟,可以为养老机构的服务升级提供技术支撑。这些技术能够使养老机构实现从人工管理为主向智能化管理的转变,进而催生了养老机构智慧化建设这一理念,它是顺应养老需求和科技发展潮流的必然产物。

　　本项目主要包括两大任务,即养老机构智能设备和用品配置、养老机构智慧管理系统,涉及养老机构中的智能设备和用品的种类、用途、使用方法,养老机构智慧管理系统的构成、使用流程、功能及操作等。

```
                                  ┌─ 养老智能设备和用品种类
          ┌─ 养老机构智能设备和用品配置 ┤
          │                       └─ 智能设备和用品的使用方法
智慧化建设 ┤
          │                       ┌─ 养老机构智慧管理系统构成
          └─ 养老机构智慧管理系统 ────┤
                                  └─ 养老机构智慧管理系统功能及使用流程
```

任务1 养老机构智能设备和用品配置

知识索引

关键词： 智能设备和用品配置　种类　用途　使用方法
理论（技能）要点： 养老机构智能设备和用品配置的种类　养老机构智能设备和用品配置的用途
重点： 养老机构智能设备和用品配置的种类；使用方法
难点： 养老机构智能设备和用品配置的用途

任务目标

任务情境

某养老机构成立多年，随着老龄化程度的加深和科技的发展，原有的服务模式和设施设备已无法满足老人日益增长的需求。为了提升服务质量，院长决定对机构进行智能化升级改造。作为本次改造项目的负责人，你认为该从哪些方面进行改造？需要购买什么设备和用品？对员工如何进行智能化培训？

知识准备

1. 了解智慧健康养老产业的发展趋势，包括技术集成创新、产品种类丰富和智慧化水平提升。
2. 了解与养老相关的法律法规，以及智能设备相关的国家标准和安全标准。

知识学习

知识点一　养老智能设备和用品种类

智慧养老是应用新一代信息技术、云计算、大数据、人工智能等技术，为老年人提供全方位、个性化、定制化的健康管理、生活照护、社交娱乐等服务的模式。智慧化养老机构通过配置各种智能设备和用品，提升老年人的生活质量、安全保障及幸福感。这里介绍一些常见的智能设备和用品。

一、健康监测设备

1. 智能手环

可实时监测老年人的心率、血压、睡眠质量等基本健康数据，并将数据同步至手机或机构管理系统，方便照护人员随时了解老人的身体状况。

2. 智能健康监测床垫

通过压力传感器等技术，监测老年人的呼吸频率、心率、体动等信息，即使老年人在睡眠中也能持续监测健康状况，一旦发现异常数据可及时预警。

3. 智能血压计、血糖仪

老年人使用此类设备测量血压、血糖后，数据可自动上传至电子健康档案，便于照护人员跟踪观察老年人的健康指标变化，为疾病诊断和治疗提供依据。

二、安全监护设备

1. 智能摄像头

（1）实时安全监控　能对养老机构的公共区域如走廊、活动室、餐厅等进行实时监控，确保这些区域的安全，防止外来人员非法闯入，保障老人和工作人员的人身及财产安全。同时，也可及时发现公共区域内的设施设备故障、物品损坏等情况，以便及时维修和处理。

（2）老人日常活动监测　通过在老人房间（需尊重老人隐私、合理设置监控范围）和生活区域安装智能摄像头，工作人员可以远程观察老人的日常活动状态，如是否正常起床、活动、休息等。对于行动不便或患有慢性疾病的老人，能及时发现他们是否出现摔倒、突发疾病等紧急情况，以便工作人员迅速响应并提供帮助，争取宝贵的救援时间。

（3）行为分析与预警　智能摄像头具备行为分析功能，能够通过图像识别技术对老年人的行为进行分析，如长时间静止、异常行为动作等。当检测到异常行为时，系统会自动发出预警信息，提醒工作人员关注，有助于提前发现潜在的安全风险，防患于未然。

2. 智能门锁

（1）提升安全性　智能门锁采用先进的加密技术和开锁方式，如指纹识别、密码、刷卡或手机远程控制等，相比传统机械门锁，能有效防止不法分子通过撬锁、复制钥匙等手段进入房间，为老年人提供更安全的居住环境。

（2）便利简捷　对于老年人而言，智能门锁的指纹识别或密码开锁功能可以避免常常因忘记携带钥匙带来的不便。工作人员也可以通过授权的卡片或手机应用程序快速打开房门，方便进行日常的护理和服务工作，提高工作效率。

（3）远程控制与管理　养老机构管理人员可以通过手机APP或管理平台远程控制智能门锁，如为新入住老人添加开锁权限、为离职工作人员删除权限等。还能设置门锁的使用时间段，方便对不同区域进行管理，提升养老机构的整体管理水平。

3. 跌倒监测仪

（1）及时监测与报警　跌倒报警器通过内置的传感器，能够实时监测老人的身体姿态和运动状态。当检测到老人发生跌倒动作时，会迅速发出报警信号，这一过程无需老人手动操作，确保在老人因跌倒而受伤或失去意识无法求助的情况下，也能及时被养老机构的工作人员察觉。

（2）精准定位与快速救援　部分跌倒报警器配备了定位功能，能够准确显示老人跌倒的位置，帮助工作人员快速找到老人所在地点，缩短救援时间。尤其是在养老机构这种较大的场所中，精准定位可以让工作人员在第一时间赶到现场，为老人提供及时的医疗救助，降低因跌倒导致的严重伤害风险。

4. 智能燃气报警器

（1）实时监测燃气泄漏　智能燃气报警器能够24小时不间断地监测周围环境中的燃气浓度。它采用高灵敏度的传感器，一旦检测到空气中燃气浓度超过安全阈值，就会立即发出警报信号，提醒养老机构的工作人员和老人存在燃气泄漏危险。

（2）及时报警通知　当检测到燃气泄漏时，智能燃气报警器会通过多种方式发出警报。通常会发出响亮的声音和闪烁的灯光，引起人们的注意。同时，一些智能燃气报警器还具备远程报警功能，能够将报警信息实时发送到工作人员的手机或养老机构的监控中心，确保工作人员即使不在现场也能第一时间得知情况，及时采取措施。

5. 智能烟雾报警器

（1）早期火灾预警　烟雾报警器能敏锐探测到空气中的烟雾颗粒，在火灾初期，当烟雾还较稀薄时就发出警报。养老机构人员众多，且老人行动相对不便，早期预警可以为疏散老年人、组织救援等争取更多时间，极大地降低火灾对老年人生命安全的威胁。

（2）及时通知救援　一旦检测到烟雾，烟雾报警器会立即发出高分贝的警报声，引起养老机构内人员的注意。同时，一些先进的烟雾报警器还能与养老机构的消防系统或监控中心联动，将报警信息实时传送给工作人员，使他们迅速响应，采取相应的灭火和救援措施。

6. 水渍报警器

（1）及时发现漏水　水渍报警器可以通过感应元件实时监测地面或特定区域的湿度情况。当检测到有积水或湿度超过正常范围时，能迅速发出警报信号，提醒工作人员及时查看，以便快速发现养老机构内水管破裂、水龙头未关紧、屋顶漏水等各类漏水问题。

（2）保障老人安全　积水会使地面变得湿滑，增加老年人滑倒摔伤的风险。水渍报警器及时报警，可使工作人员尽快清理积水，保持地面干燥，降低老年人因滑倒而受伤的可能性，保障老年人在养老机构内的行走安全和日常活动安全。

三、生活照料设备

1. 智能护理床

具备自动翻身、起背、屈腿等功能，有的还带有便盆功能，可帮助护理人员更便捷地照顾失能老人，同时提高老人的舒适度。一些高端护理床还能监测老人的生命体征，如心率、呼吸、体动等。

2. 智能马桶

具有温水清洗、暖风烘干、座圈加热等功能，部分产品还能检测尿液成分，分析老人的健康状况。

3. 智能沐浴设备

可以自动调节水温、水流，有的还具备按摩功能，为老人提供舒适安全的沐浴体验。一些沐浴设备还配备了防滑设计和安全扶手，保障老人沐浴时的安全。

四、康复护理设备

1. 智能康复机器人

根据老年人的康复需求，制定个性化的康复训练方案，如肢体运动训练、平衡训练等。机器人可辅助老年人进行康复动作，并实时监测训练数据，评估康复效果。

2. 电动轮椅

具备电动驱动功能，方便老人出行，减轻护理人员的负担。一些电动轮椅还具有智能导航、避障功能，提高行驶的安全性。部分高端产品可通过手机APP进行远程控制。

3. 康复辅助器具

如智能助行器，带有传感器和智能控制系统，能根据老年人的行走速度和姿态提供相应的助力，帮助老年人保持平衡，防止摔倒。

五、休闲娱乐类

1. 智能电视或平板

具备大屏幕、高清画质和智能操作系统，老人可以通过简单的操作观看电视节目、电影、戏曲等，还能进行视频通话，与家人朋友保持联系。一些设备还预装了适合老年人的游戏、学习软件，丰富老年人的精神文化生活。

2. 智能音响

支持语音交互功能，老人可以通过语音指令播放音乐、收听广播、查询天气等信息。部分智能音响还具备智能陪伴功能，能与老人聊天解闷，提供情感支持。

3. 虚拟现实（VR）设备

为老人提供沉浸式的娱乐体验，如观看虚拟旅游景点、体验历史文化场景等，丰富老年人的精神世界，缓解孤独感。

知识点二　智能设备和用品的使用方法

养老机构智能设备和用品种类繁多，大多数使用方法较为简单，这里主要针对在安装和使用方面较为复杂的四类产品予以介绍。

一、智能燃气报警器

1. 安装

通常安装在厨房等燃气使用区域，距离燃气用具或气源0.5～2米范围内，且要安装在通风良好的地方，避免安装在墙角、橱柜内等空气不流通处。安装高度根据燃气种类有所不同，如天然气报警器应安装在距离天花板0.3～0.6米处，因为天然气比空气轻；液化气报警器则应安装在距离地面0.3～0.6米处，因为液化气比空气重。

2. 设置

通过报警器上的设置按钮或手机APP，可以设置报警阈值、报警声音大小、是否开启远程报警功能等参数。一般出厂时都有默认的安全阈值，非专业人员不建议随意更改。

3. 使用

正常使用时，报警器会实时监测周围燃气浓度。当燃气浓度达到报警阈值时，报警器会发出声光报警。如果连接了手机APP或远程监控系统，也会同时向相关人员发送报警信息。工作人员听到报警后，应立即关闭燃气阀门，打开门窗通风，严禁点火或使用电器设备，并迅速组织人员疏散，同时通知专业维修人员进行检查和维修。

二、烟雾报警器

1. 安装

安装在房间、走廊、楼梯间等易发生火灾的区域的天花板上，一般每10～15平方米安装一个。安装时要确保报警器周围没有遮挡物，远离空调出风口、窗户等气流较大的地方，以免影响烟雾探测效果。

2. 测试

定期（一般每月一次）按下报警器上的测试按钮，检查报警器是否正常工作。测试时，报警器会发出警报声，表示其功能正常。如果报警器没有发出声音，应及时更换电池或联系专业人员进行维修。

3. 使用

当发生火灾,烟雾进入报警器时,报警器会立即发出高分贝的警报声。工作人员听到警报后,应立即启动应急预案,组织老人疏散到安全地点,并拨打火警电话119报警,同时采取相应的灭火措施,如使用灭火器、消火栓等进行灭火。

三、跌倒监测仪

1. 安装与佩戴

跌倒监测仪的安装方式因设备类型而异。有些是固定安装在房间内的,通过摄像头或传感器监测老人的活动;有些则是可穿戴设备,如智能手环、智能鞋垫等,老人需要正确佩戴或放置在相应位置。对于可穿戴设备,要确保佩戴舒适,不影响老年人的正常活动,同时要注意定期充电或更换电池。

2. 系统设置

使用前需通过手机APP或电脑端软件对跌倒监测仪进行设置,包括老人的基本信息、活动区域设置、报警阈值调整、报警接收方式(如短信、电话、APP推送等)以及与其他设备的联动设置等。根据老年人的身体状况和生活习惯,合理调整各项参数,以提高监测的准确性和有效性。

3. 日常使用

在老年人日常活动过程中,跌倒监测仪会持续监测老人的运动状态和身体姿态。当监测到可能发生跌倒的情况时,设备会按照预设的方式发出报警信号。工作人员或家属收到报警后,应及时查看老人的情况,如通过监控视频(如果有配套设备)了解现场状况,或直接前往老人所在位置进行检查和救助。同时,跌倒监测仪记录的数据可以帮助医护人员或护理人员分析老人的活动规律和身体状况,为制定个性化的护理方案提供依据。

四、水渍报警器

1. 安装

安装在容易发生漏水的地方,如卫生间、厨房、洗衣房、地下室等地面较低处,以及靠近水管、水龙头、热水器等水源设备的地方。将报警器平放在地面上或安装在距离地面不超过5厘米的墙上,确保感应探头能够及时接触到积水。

2. 设置

部分水渍报警器可能具有一些简单的设置功能,如通过按钮设置报警灵敏度、报警声音大小等。一般来说,默认的设置能够满足大多数场景的需求,如果没有特殊情况,不建议随意调整设置。

3. 使用

当报警器的感应探头检测到地面有水渍时,会立即发出警报声。工作人员听到警报后,应尽快赶到现场查看漏水情况,关闭相关水源阀门,清理积水,并及时通知维修人员对漏水点进行维修。同时,要记录漏水的位置、时间和大致情况,以便后续进行分析和采取预防措施,避免类似情况再次发生。

阅读卡

智慧养老简介

📖 课后拓展

1. 课后选择一种智能设备进行实际操作,记录操作过程和遇到的问题,并撰写操作报告。

2. 选择一个具体的养老机构,研究其智能设备和用品的配置情况,分析其优势和不足,并提出改进建议。

测试

在线练习

任务2 养老机构智慧管理系统

知识索引

关键词：智慧管理系统　功能及操作

理论（技能）要点：养老机构智慧管理系统的构成　智慧管理系统的使用流程

重点：智慧管理系统构成

难点：养老机构智慧管理系统功能及操作

任务目标

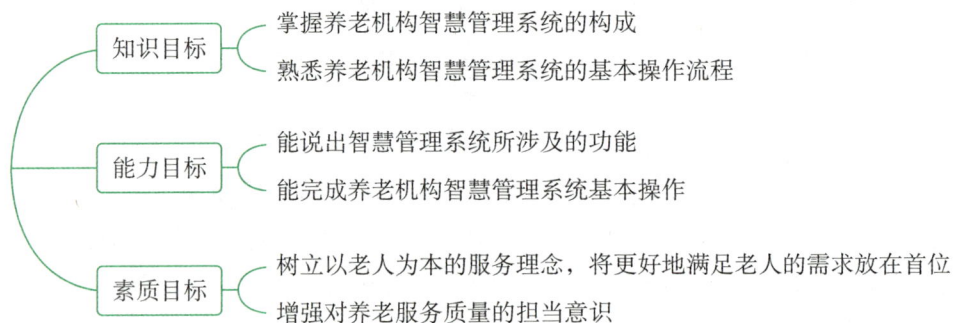

知识目标	掌握养老机构智慧管理系统的构成
	熟悉养老机构智慧管理系统的基本操作流程
能力目标	能说出智慧管理系统所涉及的功能
	能完成养老机构智慧管理系统基本操作
素质目标	树立以老人为本的服务理念，将更好地满足老人的需求放在首位
	增强对养老服务质量的担当意识

任务情境

某养老院扎根行业多年，一直致力于为老人提供优质贴心的养老服务。近来却陷入管理泥沼，工作一团乱麻。入住登记手写资料错漏多；护理排班靠手写，错漏频出，老人护理不及时；健康管理纸质病历难查询，人工监测易延误病情。院长愁眉不展，决意购入智慧管理系统扭转局面，把选型、采购及落地重任交给你所在项目小组，要求两个月内让系统平稳运行。请你思考，养老机构智慧管理系统是怎么构成的？它应该有什么功能？这套系统又该怎样使用呢？

知识准备

1. 掌握不同的养老服务模式，如居家养老、社区养老、机构养老等各自的特点。

2. 了解养老机构内部各个部门（如护理部、后勤部、医疗部等）的基本职责和工作流程。

知识学习

知识点一　养老机构智慧管理系统构成

养老机构智慧管理系统是指通过信息化技术和智能化手段，对养老机构的各项管理进行协调、监督和控制的一种管理方式。其主要目的是提高养老服务的质量和效率，使老年人能够享受到更加优质的服务。

养老机构智慧管理系统主要由多个子系统组成，这些子系统共同构成了智慧养老管理系统的整体框架。这里介绍主要构成部分及其功能。

一、基础硬件设施层

1. 智能终端设备

包括智能手环、智能床垫,可实时监测老人生命体征,还有智能门禁系统,通过刷卡、人脸识别等精准识别人员出入,保障安全。

2. 网络通信设备

利用Wi-Fi、ZigBee等无线技术和路由器、交换机等网络设备,构建稳定网络,实现数据快速传输与共享。

3. 服务器与存储设备

服务器处理数据,存储设备存放老人健康、护理等数据,为管理提供支持。

二、软件应用平台层

1. 综合管理平台

涵盖老人信息管理、员工管理、财务管理、物资管理等模块,实现全面信息化管理。

2. 健康管理平台

能收集分析老人健康数据,提供健康评估和预警,便于医护人员及时干预。

3. 护理服务平台

用于制定护理计划、记录护理过程,确保护理工作标准化与个性化结合。

三、数据分析与决策支持层

1. 数据挖掘与分析系统

挖掘老人健康、生活习惯等数据潜在价值,为机构运营和服务优化提供依据。

2. 决策支持系统

依据数据分析结果,生成可视化报表,辅助管理者决策。

四、外部接口与服务层

1. 第三方对接接口

与医保系统、医疗机构等对接,实现数据共享与业务协同。

2. 家属移动端应用

方便家属随时了解老人情况,促进家属与机构互动沟通。

五、养老机构智慧管理系统功能

1. 智慧监管系统

在线记录养老机构的入住管理、生活照护、安全防护等情况,帮助民政部门更好地开展工作,提升服务质量。

2. 数据分析系统

对养老质量、工单预警等情况进行数据分析,为决策提供依据。

3. 居家养老服务系统

为辖区内老年人提供应急呼叫、紧急救援、服务需求等服务,全天候24小时服务。

4. 人员管理系统

包括人员信息管理、人员排班管理、考勤管理等。

5. 物资管理系统

实现物资的采购、库存管理、出入库管理等。

6. 设备管理系统

设备的维护管理、设备巡检管理、设备维修管理等。

7. 财务管理系统

财务预算管理、费用核算管理、票据管理等。

8. 服务管理系统

服务计划管理、服务评估管理、服务投诉管理等。

9. 健康管理系统

通过智能化设备监测老年人的健康状况,如血压计、血糖仪等。

10. 生活照料系统

通过智能门锁、智能家电等设备,提供便捷的生活照料服务。

11. 安全监测系统

通过摄像头、传感器等设备,监测老年人的居住环境,确保安全。

12. 社交互动系统

通过社交软件、视频通话等平台,为老年人提供社交互动的机会,缓解孤独感。

13. 紧急救援系统

通过智能化设备和信息化平台,提供紧急救援服务,及时处理老年人的突发状况。

知识点二　养老机构智慧管理系统功能及使用流程

养老机构智慧管理系统是一种利用信息技术和物联网技术,为老年人提供养老服务的系统。它可以通过智能化设备和信息化平台帮助养老机构进行高速有效的管理。

一、主要功能

1. 老人信息管理功能

(1)功能　全面记录老人基本信息、健康状况、病历等,方便医护人员随时查阅。

(2)操作　工作人员在系统录入界面输入老人资料,可通过搜索栏快速查找特定老人信息,还能对信息进行修改、更新与删除操作。

2. 健康监测功能

(1)功能　借助智能设备实时采集老人生命体征数据,如心率、血压等,并生成健康报告,及时发现潜在健康风险。

(2)操作　为老人佩戴智能监测设备并与系统配对,系统自动接收数据,在健康监测模块可查看实时数据和历史趋势,设置异常阈值,一旦超出,系统自动预警。

3. 护理服务管理功能

(1)功能　制定个性化护理计划,安排护理人员工作任务,记录护理过程与服务质量。

(2)操作　根据老人评估结果创建护理计划,明确护理项目、时间和责任人。护理人员在移动端接收任务提醒,完成护理后在系统记录服务内容和老人状况。管理人员可在后台查看任务进度和质量评估。

4. 安全管理功能

（1）功能　通过门禁、监控等系统确保养老机构安全,实时掌握老人位置,防止意外走失。

（2）操作　安装智能门禁设备,设置不同权限,老人和工作人员刷卡或人脸识别进出。在监控系统可查看公共区域实时画面,对于行动不便老人,可通过定位标签追踪其位置。

5. 餐饮管理功能

（1）功能　制定营养均衡的食谱,记录老人饮食偏好和特殊需求,安排餐饮配送。

（2）操作　营养师根据老人健康状况制定每周食谱,工作人员将老人饮食信息录入系统。老人可提前预订餐食,系统生成配送任务清单,餐饮人员据此准备和配送。

6. 活动管理功能

（1）功能　组织各类文化娱乐活动,记录老人参与情况和反馈意见。

（2）操作　活动策划人员在系统发布活动信息,老人报名参加。活动结束后,工作人员在系统收集老人评价,以便改进后续活动。

7. 家属互动功能

（1）功能　让家属实时了解老人在院情况,促进家属与机构间的沟通交流。

（2）操作　家属下载安装移动端应用,注册并关联老人信息。通过应用查看老人健康数据、生活照片等,可与工作人员在线沟通或留言。

二、使用流程

1. 前期准备阶段

（1）系统安装与配置　技术人员需安装服务器、网络设备等硬件,搭建系统运行环境,并配置软件,设置机构组织架构、人员权限等。

（2）数据录入与初始化　工作人员录入老人基本信息、健康档案等数据,为后续管理打基础。

2. 日常运营阶段

（1）老人入住管理

①信息登记与评估:办理入住时,详细登记老人信息,进行健康和生活能力评估,依此制定护理计划。

②智能设备配备:为老人发放智能手环等设备,关联其信息至系统。

（2）健康监测与管理

①实时数据采集:通过智能设备实时收集老人生命体征等数据,自动上传至系统。

②健康预警与干预:系统分析数据,异常时自动预警,医护人员及时评估处理。

（3）护理服务执行与监督

①护理计划制定与派单:依老人评估结果制定护理计划,分解任务派给护理人员。

②护理过程记录与反馈:护理人员执行时通过移动端记录情况,实时反馈给系统,方便监督查看。

（4）日常活动与餐饮管理

①活动组织与安排:工作人员制定活动计划并发布,老人报名参与,系统记录评价。

②餐饮计划与配送:营养师制定食谱,系统生成订单配送,收集老人反馈改进。

3. 对外交互阶段

（1）家属沟通与互动　家属通过移动端应用查看老人信息、接收通知等,可与工作人员交流反馈。

（2）第三方合作与协同　与医疗机构等第三方对接,实现数据共享和业务协同。

4. 系统维护与评估阶段

（1）系统维护与更新　技术人员定期维护系统,更新软件功能和硬件设备,确保稳定运行。

（2）服务质量评估与改进　机构定期评估系统使用效果和服务质量，收集意见建议，优化系统和服务。

课后拓展

我国养老机构的数字化进程经历了不同的阶段，不同阶段的进程具有一定历史特点和特色，请在你的周边寻找一所养老机构，了解一下它是否引进了智慧管理系统？具有哪些功能？

测试

在线练习

项目三

医养结合

医养结合是一种集医疗、康复、养生、养老等多功能于一体的新型养老模式,旨在满足老年人日益增长的健康养老需求,提高他们的生活质量与幸福指数。

医养结合并非简单的"医"+"养"相加,而是深度融合与协同发展。从宏观层面看,它是社会资源优化配置的体现,整合了医疗机构的专业医疗技术与养老机构的贴心生活照料服务。在微观层面,它聚焦于每一位老人个体,根据其身体状况、疾病史、生活习惯等制定个性化的医养方案。无论是日常的健康监测、基本的医疗护理、慢性病的管控,还是康复训练、心理疏导以及临终关怀,都被纳入这一综合体系之中。

本项目主要包括两大任务,即医养结合主要服务模式、长护险业务管理。涉及医养结合概念、医养结合模式的历史沿革、医养结合的意义、主要结合模式及适用情况、长护险参保、评估、服务提供、费用结算等流程管理及配套的信息系统建设与人员培训等。

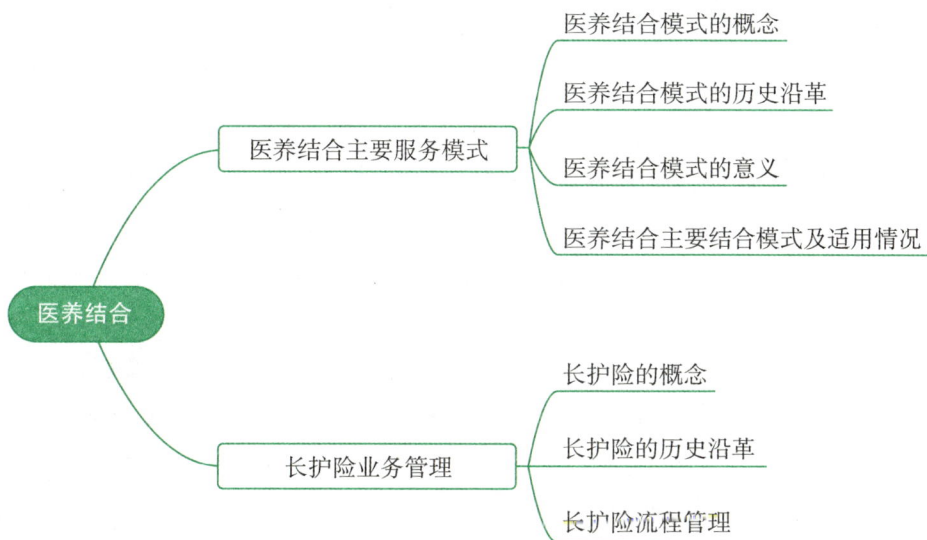

- 医养结合
  - 医养结合主要服务模式
    - 医养结合模式的概念
    - 医养结合模式的历史沿革
    - 医养结合模式的意义
    - 医养结合主要结合模式及适用情况
  - 长护险业务管理
    - 长护险的概念
    - 长护险的历史沿革
    - 长护险流程管理

任务1　医养结合主要服务模式

知识索引

关键词： 医养结合定义　主要模式　适用情况
理论（技能）要点： 医养结合的定义　医养结合的主要模式
重点： 医养结合的主要模式
难点： 医养结合适用情况

任务目标

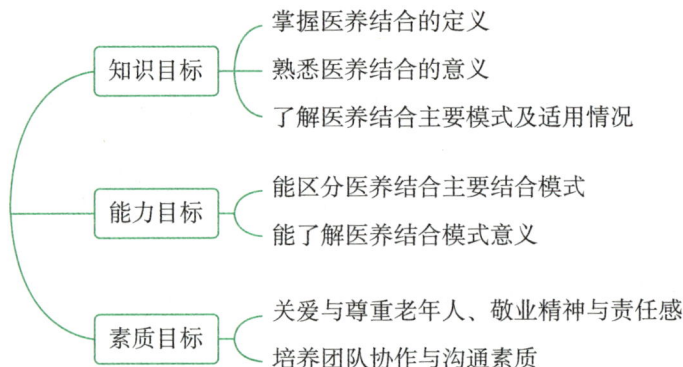

知识目标 —— 掌握医养结合的定义
—— 熟悉医养结合的意义
—— 了解医养结合主要模式及适用情况

能力目标 —— 能区分医养结合主要结合模式
—— 能了解医养结合模式意义

素质目标 —— 关爱与尊重老年人、敬业精神与责任感
—— 培养团队协作与沟通素质

任务情境

王爷爷在养老机构居住，使用智能健康监测设备，每天测量血压、血糖、心率等数据。这些数据会实时传输到养老机构老年病科的健康管理平台。护士小赵每天上班后，首先登录平台查看王爷爷的数据。一天，小赵发现王爷爷的血糖数据连续几天偏高，于是立即打电话给王爷爷，询问他的饮食和身体状况。王爷爷表示最近饮食有些不规律，小赵在电话里为王爷爷调整了饮食建议，并通知科室医生上门为王爷爷进行进一步检查。

科室医生上门后，为王爷爷进行了详细的身体检查，包括检查足部是否有糖尿病足的迹象等。医生根据检查结果，调整了王爷爷的降糖药物剂量，并为他讲解了糖尿病的自我管理知识，同时叮嘱王爷爷要严格按照饮食建议进食，定期使用健康监测设备测量数据并及时反馈给社区医养服务中心。请你谈谈，医养结合机构与普通养老机构对比，最大的优势在哪些方面？

知识准备

1. 网上查找《居家和社区医养结合服务指南（试行）》全文并预习。
2. 了解各自当地医养结合相关政策。

知识学习

知识点一　医养结合模式的概念

医养结合模式，简称医养结合，是指医疗资源与养老资源相结合，实现社会资源利用最大化的一种养老模式。旨在为老年人提供更全面的照护与支持,这种模式强调医疗与养老的协同,旨在满足老年人在健康、生活照料、心理支持等方面的多重需求。医养结合模式是一种适应老龄化社会需求的创新养老服务模式,它通过整合医疗和养老服务资源,为老年人提供更加便捷、高效、个性化的服务,以提高他们的生活质量和健康水平。

在医养结合模式中,养老机构配备专业的医疗团队,包括医生、护士、康复师等。老人们日常可接受生活照料,如饮食、住宿安排、个人卫生护理等服务,同时,能随时进行身体检查、疾病诊断与治疗。对于患有慢性疾病的老人,有持续的医疗监测与用药管理,康复治疗师还会根据老人身体状况制定个性化康复计划,助力其恢复身体机能。

📖 延伸阅读

2024年12月,国家卫生健康委办公厅、民政部办公厅、国家中医药局综合司、国家疾控局综合司联合印发《关于深化医疗卫生机构与养老机构协议合作的通知》,提出医疗卫生机构与养老机构应按照"平等自愿、就近就便、服务衔接、共谋发展"的原则,协商确定合作内容,并依法依规开展协议合作,做好医师多机构执业地点备案等工作。同时建立基层协议合作机制,支持有需求的养老机构对接所在辖区的各类基层医疗卫生机构开展协议合作,还支持多层次协议合作,鼓励有条件的机构依法依规提供嵌入式服务,探索托管式协议合作等。

知识点二　医养结合模式的历史沿革

医养结合模式是应对人口老龄化而兴起的一种创新型养老服务模式。它打破了传统养老与医疗的界限,将二者有机融合。与普通养老模式相比,医养结合的优势显著。当老年人突发疾病时,能在第一时间得到专业救治,避免了因转运延误导致的病情恶化。而且,这种模式注重老年人的身心健康,提供心理咨询与疏导服务,缓解老年人因身体不适或长期养老生活产生的心理压力。医养结合模式减轻了家庭养老的负担,家庭成员无须在老年人的医疗与生活照料之间疲于奔命。医养结合模式既满足了老年人多层次、多样化的健康养老需求,又为社会养老事业的发展开辟了新路径,提高了养老资源的利用效率,是适应时代发展、极具推广价值的养老模式,有助于构建更加完善、人性化的养老服务体系。

一、起步萌芽期(20世纪末至21世纪初)

随着人口老龄化的加剧,全球众多国家的目光逐渐聚焦于老年人健康领域,医养结合理念顺势而生。彼时,发达国家率先踏上探索之路,尝试将医疗资源巧妙融入养老服务体系,力求为老年人的生活品质提升开辟新径。自20世纪末起,医养结合概念崭露头角,部分养老机构初步试水,设立医务室等基础医疗设施,为老年人提供诸如常见疾病诊治、基本药品发放等基础医疗服务。然而,受困于经验匮乏与资金短缺的双重枷锁,这一时期的医养结合发展举步维艰,进展相对迟缓。

二、初步探索期(2000年至2015年)

步入21世纪,尤其是在中国,随着老龄化问题愈发严峻,政府对医养结合模式的关注度与日俱增。养老机构与医疗机构之间的互动合作日益频繁,双方积极探索资源共享的创新模式。医疗机构定期为养老机构的老年人开展巡诊服务、举办健康讲座,养老机构则为医疗机构精准推荐有医疗需求的老年人,双方协同合作,互利共赢。在此期间,政府积极作为,陆续出台一系列初步支持政策,大力鼓励社会力量投身医养结合项目,为医养结合的初步探索注入强大动力。

2011年,中国前瞻性地提出构建以居家为基础、社区为依托、机构为支撑的社会养老服务体系蓝图。同年,国务院办公厅重磅印发《社会养老服务体系建设规划(2011—2015年)》,明确要求机构养老应具备应对老年人突发性疾病及其他紧急情况的应急处置救援能力,鼓励老年养护机构内部设立医疗机构,并将医护型养老社会建设列为重点推进任务。2013年9月6日,国务院颁布《国务院关于加快发展养老服务业的若干意见》(国发〔2013〕35号),旗帜鲜明地提出推动医养融合发展,医养结合自此正式登上政府工作议程的重要舞台。2014年,国家发展改革委等9部门联合发布《关于加快推进健康与养老服务工程建设的通知》,"医养结合"表述首次亮相,引发各界广泛关注。2015年,国务院办公厅以国办发〔2015〕84号文件转发卫生计生委等部门《关于推进医疗卫生与养老服务相结合的指导意见》,对国发〔2013〕35号文件中提及的"推进医疗卫生与养老服务相结合"进行全面、深入、细致的阐释,并首次对医养结合概念进行精准界定。

三、快速拓展期(2016年至2020年)

2017年,党的十九大报告高瞻远瞩地提出"推进医养结合,加快老龄事业和产业发展"的宏伟战略,深刻彰显医养结合在应对人口老龄化国家战略布局中的关键地位与核心价值,明确勾勒出构建全方位政策体系与良好社会环境的宏伟蓝图,全力推动医养结合事业蓬勃发展,加速老龄事业与产业阔步前行。这一战略部署不仅饱含对老年人健康福祉与养老服务需求的深切关怀,更为未来老龄工作及产业发展指明清晰方向与光明前景。

2019年,经国务院批准同意,卫生健康委等12部门联合印发《关于深入推进医养结合发展的若干意见》,进一步提出在成功创建医养结合示范省的基础上,持续深入开展医养结合试点示范县(市、区)及机构创建工作,为医养结合的全面推广树立典范,提供可复制、可借鉴的成功经验。

2020年10月29日,党的十九届五中全会审议通过的《中共中央关于制定国民经济和社会发展第十四个五年规划和二〇三五年远景目标的建议》,历史性地将积极应对人口老龄化提升为国家战略高度,并创新性地提出构建居家社区机构协调联动、医养康养深度融合的养老服务体系,为新时代养老事业发展锚定新坐标、规划新路径。

四、全面深化期(2021年至今)

2021年,《中共中央 国务院关于加强新时代老龄工作的意见》重磅发布,明确提出"创建一批医养结合示范项目"的战略任务,国家卫生健康委迅速响应,积极组织开展医养结合示范项目创建工作,旨在通过示范引领,带动医养结合服务水平整体跃升。

2022年,国家卫生健康委联合多部门协同发力,先后印发《关于开展社区医养结合能力提升行动的通知》以及《关于进一步推进医养结合发展的指导意见》,精准聚焦失能、慢性病、高龄、残疾等特殊老年群体,提供涵盖健康教育、预防保健、疾病诊治、康复护理、安宁疗护等多元服务,并兼顾日常生活照料的一站式医养结合服务。同时,大力支持医疗资源富集地区的二级及以下医疗卫生机构转型升级,积极拓展康复、护理以及医养结合服务领域,全力推动养老机构改造升级,增加护理型床位与设施配备,全面提升医养结合服务的供给质量与水平。

2023年11月1日,国家卫生健康委、国家中医药局、国家疾控局联合印发《居家和社区医养结合服务指南(试行)》,为医疗卫生机构开展居家养老和社区养老的老年人医疗服务提供权威指导,明确规定医疗机构在医养结合服务中的具体内容与操作方式,确保服务的规范化、标准化与专业化。

2024年12月12日,国家卫生健康委、民政部、国家医保局、国家中医药局、国家疾控局联合印发《关于促进医养结合服务高质量发展的指导意见》(以下简称"意见"),该意见着重强调对医养结合服务的支持,其中包括积极支持医疗卫生机构在养老机构设立执业站点和家庭医生工作站,以此为老年人提供便捷、高效且近在咫尺的医养结合服务。

同时,意见指出要将符合条件的医养结合机构纳入长期护理保险定点服务机构范围。这一举措对于保障老年人长期护理服务的质量和可及性具有深远意义。通过将医养结合机构纳入长期护理保险体系,能够有效减轻老年人及其家庭在长期护理费用方面的经济负担,使更多老年人能够享受到专业、持续的护理服务。并且,这也有助于规范医养结合机构的服务行为,促使其不断提升服务质量,以达到长期护理保险定点服务机构的标准要求。

阅读卡

《关于进一步推进医养结合发展的指导意见》

知识点三　医养结合模式的意义

我国人口老龄化程度不断加深,老年人口数量庞大且增长迅速。医养结合模式是积极应对人口老龄化的重要举措,它能够满足老年人多样化、多层次的健康养老需求,这种模式在应对老龄化社会、提高老年人生活质量方面具有重要意义。

一、积极应对人口老龄化挑战

在人口老龄化进程加速推进的当下,老年人口规模持续攀升,其健康与养老诉求也呈现出高度的多元化态势。医养结合模式凭借其丰富的服务层次,精准覆盖了不同健康状况老年群体的需求。针对健康老人,可提供全面的保健服务,助力其维持良好的身体机能;对半失能老人,侧重于生活照料与康复训练的协同支持,助力其恢复部分自理能力;而对于失能老人,则聚焦于长期专业护理服务,确保其生活品质与尊严得以维护。这种多元化服务模式,无疑是应对人口老龄化浪潮的有力举措。

更为重要的是,医养结合模式作为构建完善社会养老服务体系的关键拼图,显著提升了养老服务的供给质量与效率。在政府的科学引导与社会各界的广泛参与下,多元主体共同发力,塑造出多元化的养老服务供给生态。这不仅有效缓解了社会养老压力,还极大地促进了社会的公平正义与和谐稳定发展,为老年群体的幸福晚年生活奠定了坚实基础。

二、优化医疗资源与养老资源配置

医养结合模式驱动着养老产业与医疗产业携手共进、协同发展。一方面,养老机构为契合医养结合服务需求,持续加大对设施设备的投入与更新力度,全方位提升服务品质;另一方面,医疗机构也积极响应,主动拓展服务边界,深度涉足老年康复、长期护理等新兴领域。二者的深度融合与良性互动,催生了健康养老产业的繁荣盛景,构建起一个互利共赢、循环发展的良好生态,为社会经济的持续增长注入了新的活力源泉。

在此过程中,积极鼓励养老机构与医疗机构开展多维度、深层次合作,合力打造医养结合一体化的大型综合性机构。这类机构集医疗救治、康复理疗、养老护理、生活照料等多元功能于一身,为老年人提供便捷高效的一站式服务体验,极大地提升了资源利用效率与服务效能。

三、健康维护与提升、生活质量优化

医养结合模式以其独特的整合优势,将医疗服务与生活照料无缝衔接,为老年人精心打造一站式服务解决方案。在医疗护理层面,专业医护人员能够及时精准地处理老年人的各类疾病与健康问题;在日常生活照料方面,如饮食安排、个人卫生护理、起居协助等。对于失能、半失能老年人来说,这种全面的服务能够确保他们的基本生活需求得到满足,让他们生活得更加舒适、安全。同时,医养结合模式将医疗服务和生活照料有机结合,对于失能、半失能老年人来说,这种全面的服务能够确保他们的基本生活需求得到满足,让他们生活得更加舒适、安全,充分保障了他们的基本生活需求,为老年人提供一站式服务,使其能够在舒适、安全的环境中安享晚年生活,有效提升了生活质量与幸福感。

四、增强家庭和社会支持

伴随社会经济的快速发展，家庭结构日益小型化，家庭成员面临着愈发沉重的工作与生活双重压力。传统养老模式下，家庭承担着主要的养老照护责任，这无疑给家庭成员带来了巨大的身心负担。而医养结合模式的应运而生，为家庭提供了全新的解决方案。家庭得以将老年人的医疗与养老照护重任托付给专业机构，家庭成员从而能够从繁重的照护任务中解放出来，将更多的时间与精力合理分配于工作事业与其他家庭成员的关爱照顾之上，实现家庭生活的平衡与和谐。

医养结合模式秉持以人为本理念，不仅聚焦老年人的身体健康维护，更高度重视其心理与社会层面的支持需求。通过构建完善的家庭支持体系与社区服务网络，有效促进老年人的社会参与，增强其归属感与价值感。与此同时，这一模式也极大地缓解了家庭照护者的压力，为家庭和谐与社会稳定贡献了积极力量。

知识点四　医养结合主要结合模式及适用情况

2013年9月6日，国务院颁布《国务院关于加快发展养老服务业的若干意见》（国发〔2013〕35号），到2020年，全面建成以居家为基础、社区为依托、机构为支撑的，功能完善、规模适度、覆盖城乡的养老服务体系。并且强调医疗机构应积极助力并推动养老服务的发展，大力支持有条件的养老机构设立医疗机构，以此促进医养融合模式的深入推进。正是这一标志性的政策出台，使得2013年被广泛视作医养结合养老模式的起始元年。自那时起，随着各界对医养结合养老模式持续地探索与实践，当前其主要呈现出以下五种较为常见的模式。

一、"由养添医"模式及适用情况

此模式通常存在于规模较大的养老机构之中，这类机构会专门划分出部分楼栋或特定区域，用以开展医疗卫生服务相关工作。它们在内部设立医务室、护理站等基础医疗服务站点，若条件允许，还会积极鼓励开设诸如老年病医院、专科医院、护理医院、康复医院等更为专业、完备的医疗机构。该模式的核心在于对养老服务进行延伸与拓展，在全力保障老年人基本生活品质不受影响的前提下，着重强化对老年人的健康管理以及医疗支持力度，从而有效应对随着年龄递增而日益增长的医疗服务需求。

这种模式适用于规模较大且具备充足空间与资源，能够在内部自行设置医疗机构的养老机构。对于那些收纳了大量高龄、身体衰弱、存在失能状况以及患有多种慢性病的老年人的养老机构而言，其适用性更为显著。通过该模式的运行，能够切实有效地整合医疗与养老这两大服务资源，不仅有助于显著提升老年人的生活质量，还能为养老机构自身创造一定的经济效益，促进其可持续性发展。

二、"医养协同"模式

依托于养老机构与医疗机构之间所构建的紧密且稳固的合作。此合作呈现出鲜明的双向交互特性，即医疗机构与养老机构会通过正式签署合作协议的方式，达成深度合作意向。医疗机构会依照约定，定期选派专业的医护人员前往养老机构开展巡诊，为养老机构中的老年人提供各类医疗服务，涵盖基础的健康检查、疾病诊断、治疗方案拟定以及必要的医疗护理操作等，达成医疗服务与养老服务之间的高效衔接以及协同并进的良好发展态势，其核心聚焦点在于将医疗服务与养老服务予以有机整合，精准对接老年人在健康保障与养老生活方面的多元需求，致力于为老年人打造一个兼具专业性医疗关怀与贴心养老服务的优质环境。

适用那些坐落于城市中心地带，或者毗邻大型医院、社区卫生服务中心等医疗资源极为丰富区域的

养老机构,"医养协同"模式无疑是最为契合与理想的运作方式。这类养老机构能够充分借助周边医疗机构所具备的强大专业资源优势,为机构内的老年人全方位、高质量地提供各类医疗服务。例如,周边医院的专家团队可定期前往养老机构开展健康讲座与义诊活动,针对患有疑难病症的老人迅速组织多学科会诊;社区卫生服务中心则可为养老机构提供便捷的预防保健、基础医疗以及慢性病管理等服务,使得老年人在养老机构中就能享受到如同在专业医疗机构般的全面医疗保障,有力地提升了老年人的生活质量与健康水平。

三、"两院一体"型模式

"两院一体"模式即养老机构与医疗机构处于同一建筑体内部,抑或彼此紧密相邻,达成深度融合的一种模式,实现医疗服务与养老服务的对接,二者之间毫无间隙,相互交融。此模式能够实现医疗机构与养老机构资源的交互共享,并在服务过程中协同合作、相辅相成,进而有效提升整体服务的效率与品质。养老区域主要提供生活照料、文化娱乐等服务,包括舒适的居住房间、餐厅、活动室等设施;医疗区域则配备了各种医疗科室,如内科、中医科、康复科、检验科等,如同一个小型医院。

失能、半失能老人往往需要频繁的医疗护理和生活照料,"两院一体"模式可以让他们在一个地方就得到专业的护理服务,如定期的翻身、换药、导尿等医疗操作,以及喂饭、洗漱等生活照料。而且,医护人员能够及时发现老年人的病情变化并进行处理,减少并发症的发生。

四、"医-康-养"型模式

"医-康-养"模式乃是一种以医疗作为根基、以康复当作核心、以养老视为终极目标的综合性服务模式。其秉持的服务理念聚焦于为老年人构建从疾病治疗起始,逐步推进至功能恢复,最终达至生活照料的全维度贴心关怀体系。于服务流程而言,首要环节即为医疗部分,一旦老年人遭遇健康问题,该模式能够确保其迅速获取精准且及时的诊断与治疗。此模式的一大显著特征是深度整合了医疗、康复以及养老这三大关键领域的资源,全力强调医疗服务、康复服务与养老服务之间的有机融合与无缝衔接,旨在切实满足老年人在健康维护、功能康复以及日常生活照料等诸多方面的多样化需求。

该模式极具适用性,诸如养老机构内部设置医疗机构,或者医疗机构另行开辟养老服务板块,以此达成医养结合服务的高效供给。其对于那些处于居家状态的失能(失智)、饱受慢性病困扰、年事已高、身患残疾等行动存在不便抑或确实面临生活困难的老年人而言,意义非凡。能够为他们精准提供涵盖康复训练、家庭病床搭建、上门巡诊等一系列专业化的居家医疗服务,有效提升这一特殊老年群体的生活品质与健康水平,为他们的晚年生活保驾护航。

五、"居家养老 + 长护险"型模式

"居家养老 + 长护险"模式构建起了一种将居家养老服务与长期护理保险有机融合的服务体系。其核心宗旨在于为选择居家养老的老年人输送更为周全且专业的护理服务,与此同时,有效缓解家庭在经济层面所承受的压力。针对那些由于年老体衰、身患疾病或者遭受伤残等状况而陷入失能或半失能困境的老年人,他们对长期生活照料以及医疗护理服务存在迫切需求,"居家养老 + 长护险"模式的优势尽显,能够使他们于熟悉亲切的家庭环境之中,便捷地获取专业的护理服务资源。

"居家养老 + 长护险"模式为那些有一定经济压力但又不符合养老机构入住条件(如轻度失能)或者暂时没有床位的老年人提供了另一种选择。同时,有利于推动社区养老服务的蓬勃发展,社区可以依托长护险政策,建立社区护理站或服务中心,整合社区内的医疗、护理、康复等资源。

适用于需要居家护理服务的老年人群体,特别是对于失能、失智老人,这种模式能够提供更专业的护

理服务,同时减轻家庭的经济和照护负担。养老机构的床位供应相对紧张,无法满足所有老年人的入住需求。

📖 课后拓展

请寻找周边的一家医养结合养老机构,了解它的发展过程及结合模式。

测试

在线练习

任务2　长护险业务管理

📋 知识索引

关键词:长护险定义　长护险参保　长护险评估
理论(技能)要点:长护险的定义　长护险流程管理　长护险配套的信息系统建设与人员培训
重点:长护险参保　评估　服务提供　费用结算等流程管理
难点:长护险配套的信息系统建设与人员培训

👓 任务目标

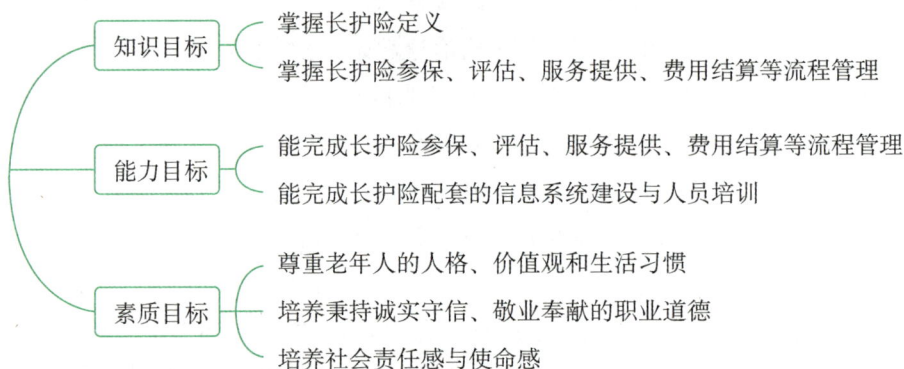

知识目标 —— 掌握长护险定义
掌握长护险参保、评估、服务提供、费用结算等流程管理

能力目标 —— 能完成长护险参保、评估、服务提供、费用结算等流程管理
能完成长护险配套的信息系统建设与人员培训

素质目标 —— 尊重老年人的人格、价值观和生活习惯
培养秉持诚实守信、敬业奉献的职业道德
培养社会责任感与使命感

🧹 任务情境

　　李大爷今年72岁,居住昆明,原本身体还算硬朗,每天都会去公园散步和老友下棋聊天。然而,一次突发的脑溢血让他的生活发生了天翻地覆的变化。虽然经过抢救保住了性命,但他却落下了严重的后遗症,半边身体瘫痪,失去了大部分自理能力。李大爷的子女们都有自己的工作和家庭,平时只能在下班后轮流来照顾老人。但长期下来,他们渐渐感到力不从心。老人的日常起居,如穿衣、洗漱、进食、翻身等都需要专人协助,而且还需要定期进行康复训练,以防止肌肉萎缩和关节僵硬。家庭护理的压力和不专业,让李大爷的康复进展缓慢,子女们也疲惫不堪。幸运的是,昆明早已推行了长期护理保险制度。李大爷的子女了解到这一政策后,便为老人申请了长护险。经过专业的失能评估,李大爷符合长护险的待遇享受条件。
　　请谈一谈,长护险参保、评估、服务提供、费用结算等流程管理都有哪些呢?

🏠 知识准备

　　网上查找《长期护理保险经办规程(试行)》全文并预习。

📋 知识学习

知识点一　长护险的概念

随着社会老龄化程度的不断加深,国家和社会面对着巨大的养老负担。截至2024年年底,我国60岁及以上人口为31 031万人,占全国人口的22%,其中65岁及以上人口为22 023万人,占全国人口的15.6%。尤其值得关注的是,在60岁以上的老年群体当中,半失能以及失能人口的规模总计达4 000余万人,占老年人口比例超18%。

目前,对于半失能与失能老人长期护理所产生的费用,其覆盖范围较为有限。众多失能老人在漫长的康复护理进程以及日常生活照料等方面有着迫切需求,然而这些服务所衍生的高昂费用常常超出了普通家庭所能承受的经济极限,并且此类费用也不属于基本医疗保险的报销范畴之内。在此情形之下,长期护理保险应运而生,它作为医疗保障体系的关键补充部分,有效地填补了这一保障领域的空白之处,从而极大地促进了整个保障体系更为全面、完善的构建,为应对老龄化社会的养老挑战提供了更为有力的支撑与保障。

长期护理保险(Long-Term Care Insurance),简称长护险,是通过多渠道筹资建立社会统筹基金,为符合条件的参保人员提供生活照料和专业护理服务或费用补偿的一种社会保险制度。因年老、疾病或伤残导致身体上全部或者部分功能完全丧失,生活不能自理需要长期照顾的被保险人,提供护理费用补助的健康保险,又被称为"社保第六险"。长护险确保失能人员在丧失日常生活自理能力后能够获得必要的护理服务,包括基本生活照料、医疗护理等,有助于满足其日常护理需求。长护险主要分为社会保险型长护险、商业保险型长护险和互助型长护险(补充类型),本书着重介绍社会保险型长护险。

📖 延伸阅读

积极应对人口老龄化、健全社会保障体系作出的一项重要部署。近年来,部分地方积极开展长期护理保险制度试点,在制度框架、政策标准、运行机制、管理办法等方面进行有益探索,取得初步成效。"十四五"时期,根据有关部门《关于扩大长期护理保险制度试点的指导意见》,将深入推进试点工作,稳步建立长期护理保险制度,基本形成适应我国经济发展水平和老龄化发展趋势的长期护理保险制度政策框架,推动建立健全满足群众多元需求的多层次长期护理保险制度。

知识点二　长护险的历史沿革

长护险在中国自2000年起开始探索,初期以居家养老服务为主。2012年,青岛率先建立长护险制度,随后全国多个城市试点。2016年6月底,人力资源社会保障部确定了上海市、山东省青岛市、吉林省长春市等15个城市作为我国第一批长护险试点城市,标志着长护险进入制度化阶段。2020年9月,国家医保局、财政部印发《关于扩大长期护理保险制度试点的指导意见》,在原有15个试点城市基础上进一步增加了北京市石景山区、福建省福州市、云南省昆明市等14个试点城市。经过多年实践,长护险制度不断完善,覆盖范围城市逐步扩大,截至2023年年底,全国49个试点城市共有1.8亿人参加长护险,累计超过235万人享受了待遇,基金支出累计超720亿元,且该数字仍在持续增长。2024年,政府工作报告再次强调推进建立长护险制度,显示了国家对老年人护理问题的高度重视。

一、政策探索阶段(2012—2015年)

2012年,卫生部印发了《2012年卫生工作要点的通知》,明确提出推进康复医疗体系建设,并开展长期护理服务试点工作。同年,青岛市在全国范围内率先开启了长期医疗护理保险制度的开创性探索;2013年,青岛市人民政府办公厅发布《关于加快社会养老服务体系建设任务分工的通知》,要求建立老年护理补贴、长期医疗护理保险制度,2014年开展首批职工长期护理保险省级试点。2015年,党的十八届五中全会提出"探索建立长期护理保险制度"。2015年,吉林省长春市实施"失能人员医疗照护保险制度",成为当地第三个"幸福长春"行动计划的一部分,所有城镇职工和居民医疗保险的参保人员,在因年老、伤残或罹患重特大疾病导致长期卧床、生活完全不能自理的情况下,经认定符合条件的,可申请在定点的养老机构或医院的医疗照护机构接受日常照料和医疗护理。

二、政策启动阶段(2016—2019年)

2016年,人力资源和社会保障部印发《关于开展长期护理保险制度试点的指导意见》,将上海市、山东省青岛市等15个城市作为长期护理保险制度试点城市,并将吉林和山东两省作为国家试点的重点联系省份,标志着长期护理保险制度试点正式启动。

2016年,南通实施"基本照护保险制度",从当年1月起,南通市区长期失能人员的日常生活护理和照料被纳入制度保障。2017年年底,15个试点城市全部出台相应试点方案,基本形成了多方筹资、待遇形式多样、待遇标准分层以及委托第三方鉴定评估和经办服务的制度框架。

三、政策推进阶段(2020年至今)

2020年9月,国家医保局、财政部印发《关于扩大长期护理保险制度试点的指导意见》,进一步增加北京市石景山区等14个试点城市,确立长期护理保险的社会发展导向,凸显独立险种地位。2021年7月,国家医保局办公室、民政部办公厅印发的《长期护理失能等级评估标准(试行)的通知》,提出首个全国统一的长期护理失能等级评估标准,标志着我国长期护理保险制度建设迈出了关键一步,为后续的规范化、科学化发展奠定了坚如磐石的基础。2021年3月,国家"十四五"规划进一步提出"稳步建立长期护理保险制度",进一步明确了制度建设的渐进性与稳健性要求,为各级政府部门和相关机构在推进该项制度时提供了清晰明确的行动纲领。2022年10月,党的二十大首次将"建立长期护理保险制度"写入党的代表大会报告,彰显了党和国家对长期护理保险制度的高度重视与坚定决心。2023年12月,国家医保局、财政部联合印发《长期护理保险失能等级评估管理办法(试行)》,对定点评估机构、评估人员、评估标准、评估流程的规范操作等各个方面进行了详尽而明确的规定,为长期护理保险失能等级评估工作的公正、科学、高效开展提供了全方位的制度保障,极大地提升了制度运行的公信力与可靠性。2024年2月,国家医疗保障局印发《长期护理保险失能等级评估机构定点管理办法(试行)》,从准入条件、服务规范、监督考核等多维度进行系统梳理与严格规范,确保其在制度框架内规范有序地运行。2024年9月23日,国家医疗保障局办公室印发《长期护理保险经办规程(试行)》,对长期护理保险经办工作进行规范,明确了坚持依法规范、政府主导、以人为本、统筹推进的原则,规定了国家、省级、统筹地区医疗保障经办机构的职责,还对失能评估流程、评估机构协议管理等具体工作进行了详细规范,从而有力地推动了长期护理保险制度整体的高质量、可持续发展。

延伸阅读

2021年12月,上海市政府办公厅印发《上海市长期护理保险试点办法》(沪府办规〔2021〕15号),该办法明确,长期护理保险制度,是指以社会互助共济方式筹集资金,对经评估达到一定护理需求等级的长期失能人员,为其基本生活照料和与基本生活密切相关的医疗护理提供服务或资金保障的社会保险制度。服务形式包括居家上门照护、社区日间照护、养老机构照护。评估等级为二至六级的参保人员,可以享受居家上门照护；评估等级为二至四级的参保人员，可以享受社区日间照护；评估等级为二至六级的参保人员，可以享受养老机构照护。

知识点三　长护险流程管理

随着社会的不断发展和人口老龄化问题的日益严峻，长护险已经成为现代社会保障体系中的关键组成部分。长护险旨在为那些因年老、疾病或伤残而失去自我照顾能力的人群提供必要的经济援助和专业服务，它不仅缓解了个体和家庭的照护压力，也对传统的养老模式形成了有益的补充。长护险的有效实施涉及一系列的环节和流程，包括参保、评定、护理服务提供以及费用结算等。坚持依法规范，确保长期护理保险经办有序开展；坚持政府主导，构建以政府经办为基础、社会力量为补充的经办体系；坚持以人为本，提供便民高效的经办服务；坚持统筹推进，各方联动，提升管理效能。

一、长护险参保

当前，我国多数地区，长期护理保险的参保对象主体为当地基本医疗保险的参保群体。其中，职工基本医疗保险的参保人员，涵盖了企业、机关事业单位、社会团体等各类组织中的在职员工以及退休人员。城乡居民基本医疗保险参保人员同样被纳入其中，这包括了城镇居民群体，诸如那些缺乏固定工作岗位的灵活就业人员、处于失业状态的人员，还有未成年人（借助监护人参与医保进而获得长护险参保资格）等。只要上述人员参与了基本医疗保险，一般情况下便会被归入长期护理保险的覆盖范畴。

伴随农村地区老龄化持续加剧，众多农村老年人正暴露于失能风险之下。在部分经济发展水平相对较高的农村区域，如2021年，山东青岛出台了《青岛市长期护理保险办法》，经评估为失能三、四、五级或重度失智的农村参保居民，与参保职工一样享受医疗护理和生活照料双重保障。而城镇居民在参加城乡居民医保后，也成了长护险的潜在受益对象，一旦满足失能评定的相关条件，便可享受相应的长护险保障待遇，为其失能后的生活照料与护理服务提供了稳定的经济与服务支持渠道，有力地缓解了家庭与个人在失能护理方面所面临的压力与困境。

长护险的参保对象以职工基本医疗保险和城乡居民基本医疗保险的参保人员为主，部分城市已将参保对象扩展至年满18周岁的城乡居民医保参保人员，重点保障长期处于失能状态的老年人，以年满60周岁及以上，职工医保人员中已按照规定办理申领基本养老金手续的人员和居民医保人员。

二、长护险评估

2021年7月，国家医保局办公室、民政部办公厅印发的《长期护理失能等级评估标准（试行）的通知》，对长护险评估机构、评估人员、评估标准、评估流程等作出了规定。国家制定全国统一的失能等级评估标准，明确评估量表、评估指标、等级划分等，统筹地区医疗保障部门统一执行，并探索建立评估结果跨部门互认机制。

1. 现场评估

定点评估机构原则上应派至少2名评估人员上门，其中至少1名为评估专家。现场评估人员依据失能等级评估标准和评估操作指南，采集信息，开展评估。须有至少1名评估对象的监护人或委托代理人在场。同时，可在邻里、社区等一定范围内走访调查评估对象的基本生活自理情况，做好调查笔录和视频录像，并参考医院住院病历或诊断书等相关资料，作为提出评估结论的佐证资料。评估人员应严格执行评估操作规范要求，独立、客观、公正地开展评估工作。与评估对象有亲属或利害关系的，应当回避。

2. 提出结论

现场评估人员能够直接提出评估结论的，由现场评估人员提出评估结论。现场评估人员不能直接提出评估结论的,由定点评估机构组织评估专家依据现场采集信息,提出评估结论。

评估结论应经过至少2名评估专家的评估确认。统筹地区医疗保障经办机构按照医疗保障行政部门确定的评估结论有效期开展工作。重度失能等级评估结论有效期一般不超过2年。

3. 公示与送达

评估结论达到待遇享受条件对应失能等级的,定点评估机构和统筹地区医疗保障经办机构应当在一定范围内公示评估结论,接受社会监督。不符合待遇享受条件的,或符合待遇享受条件经公示无异议的,定点评估机构出具评估结论书。统筹地区医疗保障经办机构向评估对象或其监护人、委托代理人送达评估结论书。原则上评估结论书应在申请受理之日起30个工作日内送达。

三、评估流程

以青岛市长期护理保险失能失智等级评估工作流程为例:

总体要求参保人因疾病、伤残等原因长年卧床已达或预期达六个月以上,生活完全不能自理,病情基本稳定,按照《日常生活能力评定量表》评定低于60分(不含60分),且符合规定条件的,可申请护理保险待遇。

1. 评估申请

参保人因年老、疾病、伤残等原因,基本生活不能自理已达六个月或预期持续六个月以上,可申请长期护理保险待遇。申请人可填写《青岛市长期护理失能失智等级评估申请表》,并提供失能失智相关的病历材料,直接向定点护理机构提出申请,也可通过"青岛市医疗保障"微信公众号或"青岛医保"小程序提出申请。

2. 机构初筛

定点护理机构收到评估申请后,按《青岛市长期护理失能等级自评(初筛)表》进行初步筛查,对无病历资料的,安排医保医师参与筛查并出具《医保医师意见书》。对失能人员,按照《日常生活能力评定量表(ADL量表)》进行筛查;对失智人员,核查由指定医院出具的疾病诊断资料,包括《中文简易智能精神状态检查量表(MMSE量表)》。定点护理机构收到评估申请后,对经初筛符合条件的失能人员,定点护理机构在3个工作日内上传申请人基本信息。

3. 评估及结果反馈

评估机构自受理申请之日起,在20个工作日内完成现场评估和综合评估工作,做出评估结论,并出具评估结果。评估结果应明确评估等级和有效期,评估进程、评估结果及可享受的照护服务形式通过信息系统、微信公众号等途径及时反馈给定点护理机构、参保人或家属,评估结论在申请受理之日起30个工作日内送达。对气管切开、昏迷患者申请长期护理保险待遇的,评估机构应开通绿色通道,优先实施评估,在10个工作日内完成整个评估流程,并出具评估结论。

4. 待遇形式确定

根据照护需求等级评估结果,确定参保人可享受的具体服务形式,照护服务形式包括居家照护(家护)、机构照护(院护)和日间照护(日护)。医保经办机构会综合考虑参保人和家属意愿、疾病情况及照护需求评估结果等因素,合理确定参保人可享受的具体服务形式,并鼓励使用家护和日护服务。

5. 待遇内容与支付标准

护理保险待遇包含医疗服务和照护服务待遇,符合《青岛市长期护理保险支付范围》的服务,按规定予以支付。失能人员照护需求等级评估为三、四、五级的,照护服务费月度最高支付标准有所不同。参保职工分别为660元/月、1 050元/月、1 500元/月;参保居民分别为450元/月、600元/月、1 050元/月。每周最多可纳入护理保险资金支付的照护服务时长:参保职工分别3、5、7小时,参保居民分别为2、3、5小时。照护人员照护服务最高支付标准：护理员、社工等为50元/小时，护士为60元/小时，康复师、康复士为70元/小时。重度失智人员参照照护需求等级评估为五级的失能人员执行。

6. 监督管理

医疗保障行政部门对长期护理保险评估服务合同履行、评估机构工作等进行监督管理。医疗保障经办机构加强评估机构管理，加强对第三方评估机构监管，定期通过视频排查、现场跟评、随机抽检、交叉互检等方式对评估信息抽查，并将评估工作情况和评估质量纳入年度考核。研发移动护理App，开发精准定位、人脸识别、视频通话、满意度评价和服务时长记录等功能，对护理服务进行全程监控，并通过即时视频连线对服务过程中产生的疑点数据实时核查。

7. 评估人员管理

通常要求评估人员具备医学、护理学、康复治疗学等相关专业背景知识，比如具有执业医师、执业护师、康复治疗师等相应的专业资质证书，以此确保其有扎实的专业基础来准确判断参保人的失能等情况。严格按照既定的评估标准和流程开展工作，无论是现场评估时对各项指标的查看、询问、测试，还是综合评估环节对各项结果的汇总分析等，都不能随意简化或变更步骤，保证评估过程规范有序。同时，医疗保障经办机构应落实国家对评估人员的资质要求，建立评估人员库，定期考核，完善准入退出机制，并优化评估流程。

四、长护险服务提供

长期护理保险涵盖多种照护模式，其中居家照护、机构照护以及日间照护为失能人员提供了全面而贴心的服务选择。其服务内容丰富多样，主要可分为生活照料服务、心理关怀服务等。

1. 生活照料服务

生活照料服务方面，个人卫生护理涵盖了协助失能人员进行诸如洗脸、刷牙、梳头、剃须、剪指甲等日常清洁活动。进食照料则需依据失能人员具体的身体状况与饮食需求，或协助其自主进食，或直接进行喂食操作。例如，针对吞咽困难的患者，护理人员会凭借专业知识与丰富经验，巧妙地采用特殊喂食技巧，精准地调整食物质地以使其更易于吞咽，严格地控制喂食速度从而有效防止呛噎等危险情况的发生。排泄护理同样关键，护理人员会耐心地帮助失能人员使用便器，及时更换尿布，时刻留意保持其皮肤的清洁干爽，并且密切观察排泄物的性状，以便能够及时察觉异常并迅速告知医护人员。此外，移动与体位转换护理对于预防长期卧床可能引发的一系列并发症意义重大，护理人员会悉心协助失能人员在床上进行翻身、坐起等动作，安全地将其转移到轮椅或椅子上，确保身体各部位血液循环顺畅，避免肌肉萎缩与压疮的形成。

2. 心理关怀服务

心理关怀服务也是长期护理保险服务体系中的重要一环，主要体现在情绪疏导与社会交往支持两方面。在情绪疏导方面，护理人员会密切关注失能人员的情绪波动，无论是焦虑、抑郁还是烦躁等不良情绪，都会通过耐心倾听、真诚安慰以及积极鼓励等方式进行有效疏导。例如，当失能人员因身体不便而陷入情绪低谷时，护理人员会像知心朋友一般，静静倾听他们内心的烦恼与困惑，用温暖的话语给予他们积极的心理暗示与鼓励。在社会交往支持方面，会积极鼓励失能人员参与各类社交活动，以此增强他们的社会交往能力与归属感。社区服务组织常常会定期精心组织失能人员之间的交流互动活动，或者贴心地安排志愿者前来陪伴，让失能人员深切感受到来自社会大家庭的关爱与温暖，使其在心理层面得到有力的支持与慰藉。

五、长护险的结算

2024年9月30日，国家医疗保障局办公室关于印发《长期护理保险经办规程（试行）》的通知，明确，各地区医疗保障经办机构按规定编制下一年度长期护理保险基金预算草案,做好长期护理保险基金预算管理相关工作。同时,各地区医疗保障经办机构做好结算申报、费用初审、费用复核、费用拨付等工作。

1. 结算申报

定点评估机构应按要求及时报送评估费用清单(或规范票据),并对其真实性负责。定点长护服务机构应按要求及时报送护理服务清单(或规范票据)、服务项目费用结算明细、护理人员等信息,并对其真实性负责。

2. 费用初审

初审人员对评估费用、长护服务费用进行初审,并提出结算建议。对申报费用经审查核实违规的,不予支付。

3. 费用复核

复核人员负责对拟结算的评估费用、长护服务费用进行复核。

4. 费用拨付

统筹地区医疗保障经办机构按协议约定及时足额向定点机构拨付长期护理保险费用。

📖 课后拓展

寻找周边的医养结合养老机构,学习长护险流程管理。

阅读卡
长护险的信息系统建设与人员培训

阅读卡
《长期护理保险护理服务机构定点管理办法(试行)》

阅读卡
星级评定

测试
在线练习

主要参考文献

References

标准或指南

1. 肥胖症诊疗指南（2024年版）.

2. 老年人能力评估规范：GB/T 42195—2022.

3. 老年人膳食指导：WS/T 556—2017.

4. 老年人照料设施建筑设计标准：JGJ 450—2018.

5. 养老机构餐饮环境要求：DB14/T 1899—2019.

6. 养老机构出入院服务基本规范：征求意见稿.

7.《养老机构等级划分与评定》国家标准实施指南（2023年版）.

8. 养老机构服务质量基本规范：GB/T 35796—2017.

9. 养老机构岗位设置及人员配备规范：MZ/T 187—2021.

10. 养老机构老年人文化娱乐服务规范：DB43/T 1613—2019.

11. 养老机构膳食服务基本规范：MZ/T 186—2021.

12. 养老机构设施设备配置：MZ/T 215—2024.

13. 养老机构设施与服务要求：DB31/T 685—2013.

14. 养老机构生活照料服务规范：MZ/T 171—2021.

15. 养老机构文娱服务安全规范：MZ/T 235—2024.

16. 养老机构心理与精神支持服务规范：DB61/T 1330—2020.

17. 中国高尿酸血症与痛风诊疗指南（2023年版）.

18. 中国居民膳食营养素参考摄入量（2023年版）.

19. 中国居民膳食指南（2022年版）.

20. 中国老年高血压管理指南（2023年版）.

21. 中国老年人膳食指南（2022）.

22. 中国老年糖尿病诊疗指南（2024年版）.

部门规章

民政部.养老机构管理办法，2020.

书籍

1. 陈雪萍,等.养老机构老年护理服务规范和评价标准[M].杭州:浙江大学出版社,2011.

2. 陈卓颐.实用养老机构管理实务[M].天津:天津大学出版社,2009.

3. 黄岩松,谭秋玉.养老服务机构院长实务培训[M].北京:高等教育出版社,2019.

4. 贾素平.养老机构管理与运营实务[M].天津:南开大学出版社,2013.

5. 李冬梅,徐虹,[日]东海林万结美,等.医养结合养老服务机构运营管理实务[M].北京:机械工业出版社,2019.

6. 唐金容,蒋玉芝,谭美花.老年人能力评估实务[M].上海:复旦大学出版社,2024.

7. 王凤彬,李东.管理学[M].5版.北京:中国人民大学出版社,2015.

8. 谢培豪.养老机构服务与管理[M].北京:科学出版社,2021.

9. 许虹,李冬梅.养老机构管理[M].杭州:浙江大学出版社,2015.

10. 杨月欣,葛可佑.中国营养科学全书实务[M].2版.北京:人民卫生出版社,2019.

11. 张鹭鹭,王羽.医院管理学[M].2版.北京:人民卫生出版社,2014.

12. 周燕珉,等.老年住宅[M].3版.北京:中国建筑工业出版社,2023.

期刊

1. 安炳辉.社区嵌入式养老模式问题与改进路径研究[J].广西经济管理干部学院学报,2020(01).

2. 段宝印,于世旺.我国养老机构设施管理现状及适老化改造研究[J].城市建筑空间,2022(10).

3. 何兰萍."放管服"改革背景下我国养老服务业如何"管"——基于标准化建设的视角[J].天津大学学报(社会科学版),2020(04).

4. 李晶磊.医养结合模式下养老机构建筑设计实践探讨——以上海某新建公办养老院为例[J].居舍,2020(16).

5. 涂慧君,等.北欧养老建筑设计理念的基本原则与形成根源[J].时代建筑,2020(01).

6. 赵曼,朱丽君.取消设立许可:养老机构事中事后监管研究[J].社会保障研究,2020(02).

图书在版编目(CIP)数据

养老机构智慧运营与管理/潘国庆,刘隽铭,彭婷
主编.--上海:复旦大学出版社,2025.6. -- ISBN
978-7-309-18025-1

Ⅰ. D669.6

中国国家版本馆 CIP 数据核字第 202502HH21 号

养老机构智慧运营与管理

潘国庆　刘隽铭　彭　婷　主编

责任编辑/夏梦雪

复旦大学出版社有限公司出版发行

上海市国权路 579 号　邮编:200433

网址:fupnet@fudanpress.com　　http://www.fudanpress.com

门市零售:86-21-65102580　　团体订购:86-21-65104505

出版部电话:86-21-65642845

上海新艺印刷有限公司

开本 890 毫米×1240 毫米　1/16　印张 18　字数 507 千字

2025 年 6 月第 1 版第 1 次印刷

ISBN 978-7-309-18025-1/D·1224

定价:69.00 元